Betsy Cohen · Der ganz normale Neid

Betsy Cohen

# Der ganz normale Neid

Positiver Umgang mit einem verdeckten Gefühl

Kreuz Verlag

CIP-Titelaufnahme der Deutschen Bibliothek

**Cohen, Betsy:**
Der ganz normale Neid: positiver Umgang mit e. verdeckten
Gefühl / Betsy Cohen. [Aus d. Amerikan. übertr. von Helga
Felbinger]. – 1. Aufl. – Zürich: Kreuz-Verl., 1988
    Einheitssacht.: The snow white syndrome < dt. >
    ISBN 3-268-00064-9

Die Originalausgabe erschien bei MACMILLAN PUBLISHING
COMPANY, New York, N. Y., U.S.A.
unter dem Titel
THE SNOW WHITE SYNDROME. All About Envy
© 1986 by Betsy Cohen

Aus dem Amerikanischen übertragen von Helga Felbinger


1. Auflage
© Kreuz Verlag AG Zürich 1988
»The Snow White Syndrome« © Betsy Cohen 1986
Umschlaggestaltung: HF Ottmann
Umschlagbild: Cuno Amiet (1868-1961), Die gelben Mädchen, 1905,
© Kunsthaus Zürich
Gesamtherstellung: Ebner Ulm
ISBN 3 268 00064 9

# Inhalt

Einleitung                                                    7

Erinnern wir uns an Schneewittchen                           11

Was ist Neid?                                                27

Nie gab es mehr Neid als heute                               53

Mütter, Töchter und der Neid                                 73

Partnerneid und Neid in der Familie                         107

Neid am Arbeitsplatz                                        139

Neid in der Freundschaft                                    175

Die Frauen und der Neid                                     191

Der ganz normale Neid – und seine positiven Seiten         205

Anmerkungen                                                 219

Literaturverzeichnis                                        231

Ich widme dieses Buch Faye, Albert und Dashiell

# Einleitung

Haben Sie Angst, Sie könnten zu erfolgreich sein? Haben Sie Angst, Ihre beste Freundin zu verlieren, wenn Sie Ihre Sache zu gut machen oder zu gut aussehen? Halten Sie sich selbst aus unbestimmter Furcht davor zurück, Ihre Talente zu entwickeln und Ihre geistigen und kreativen Möglichkeiten auszuschöpfen? Haben Sie Angst, anderen weh zu tun, wenn Sie sie auf irgendeine Weise überflügeln?

Mir ist aufgefallen, wie viele Frauen diese Fragen mit Ja beantworten. Ich möchte sie einmal als Schneewittchen-Frauen bezeichnen, denn ihre Problematik spiegelt sich, so meine ich, im Märchen von Schneewittchen besonders gut wider.

Dieses Buch handelt vom Neid. Es möchte dazu beitragen, Gefühle zu verstehen, die wir alle immer wieder verspüren, über die wir aber normalerweise nicht nachdenken – zum Beispiel weil sie uns unbewußt bleiben, oder weil wir sie lieber verdrängen.

*Webster's New-World-Wörterbuch der amerikanischen Sprache* besagt, Neid sei das »Gefühl der Unzufriedenheit und Feindschaft in bezug auf die Vorteile und den Besitz anderer ...; ein ärgerlicher Widerwille auf jemanden, der etwas Wünschenswertes hat«. Im *Brockhaus-Lexikon* von *dtv* heißt es ähnlich*: Neid sei ein »gerichtetes, mißgünstiges Gefühl gegenüber einzelnen oder Gruppen wegen eines Wertes (Eigentum, persönliche Eigenschaften, Erfolg), dessen Besitz dem Neider nicht gegeben ist ... Die traditionelle christliche Lehre zählt den Neid zu den sieben Hauptsünden«. Mit anderen Worten, neidisch zu sein heißt, etwas zu wollen, was ein anderer besitzt, und sich zu grämen, weil man es nicht selber hat. Nur selten gestehen wir jemandem, daß wir neidisch sind – wir wollen das ja nicht einmal vor uns selber wahrhaben. Wir werden nämlich dazu erzogen, nicht neidisch zu sein beziehungs-

---

* Ergänzung der Übersetzerin

7

weise nicht darüber zu sprechen, unseren Neid also zu verstekken. Aber Neid ist eine ganz natürliche Empfindung. Jeder kennt und jeder spürt sie bisweilen. Trotzdem kann der Neid etwas sehr Hinderliches sein, ohne daß wir es merken.

Neid bedeutet, daß man sich durch den Erfolg eines anderen bedroht fühlt und gleichzeitig glaubt, man dürfe nicht so empfinden.

Neid ist es zum Beispiel auch, wenn wir uns danach sehnen, den Körper einer anderen Frau zu haben, und den eigenen Körper ablehnen oder hassen.

Neid ist, sich dabei zu ertappen, daß man zu jemandem, den man wirklich mag, plötzlich boshaft und regelrecht gemein ist.

Neid ist, sich nach jener Vielseitigkeit zu sehnen, die man an der eigenen Tochter kritisiert, die Arbeit und Kinder offenbar unter einen Hut bringt.

Dieses Buch handelt aber auch vom Beneidet-Werden.

Haben Sie Angst, daß irgend etwas Schreckliches passieren könnte, wenn Sie zuviel Geld, Mut, Selbständigkeit oder Talent haben, und spielen Sie deshalb das, was Sie haben, herunter?

Haben Sie Angst, jemand könnte das, was Sie haben, besitzen wollen?

Haben Sie Angst, einem Freund, einer guten Freundin, dem oder der es nicht besonders gutgeht, von Ihrer jüngsten Beförderung zu erzählen?

Weichen Sie Ihrer Kollegin auf der Toilette aus, aus Angst, sie könnte nicht mehr Ihre Freundin sein wollen, wenn sie von Ihrem Erfolg erfährt?

Haben Sie schon einmal Angst gehabt, auf einem Elternabend zu fließend zu sprechen? Tragen Sie schlußendlich lieber doch das alte, etwas unscheinbare Kleid und nicht das neue, extravagante, von dem Sie gestern so hingerissen waren, daß Sie es kaufen mußten?

Stottern Sie manchmal, wenn Sie sich unsicher fühlen?

Sie könnten Angst haben, beneidet zu werden.

In meiner sechzehnjährigen Praxis als Psychotherapeutin habe ich immer wieder die Erfahrung gemacht, daß die meisten

Frauen unter Neid leiden. Viele meiner Patientinnen hatten neidische Mütter, konnten sich das vor der Therapie aber nicht eingestehen. Mit der Zeit entdeckten sie, daß es der Neid war, der ihnen angst machte, für jemanden eine Bedrohung zu sein.

Und je mehr eine Frau im Beruf Erfolg hat und im Rampenlicht steht, um so mehr muß sie sich damit auseinandersetzen, beneidet zu werden. Man kann lernen, mit dem Neid fruchtbar umzugehen. Das möchte ich in diesem Buch zeigen.

Was hat nun Schneewittchen mit all dem zu tun? Ich möchte auf dieses Märchen zurückgreifen, weil wir viel daraus lernen können, wenn wir uns mit unserem Erfolg wohl fühlen möchten. Die Geschichte von Schneewittchen zeigt nämlich, daß und wie man sich von der Furcht, beneidet zu werden, befreien kann.

Ich möchte von Frauen erzählen, deren Leben dem von Schneewittchen auf die eine oder andere Art ähnelt. Die Grundlage für dieses Buch waren Interviews mit über 300 Frauen aus unterschiedlichen Berufen. 150 Frauen haben Fragebögen ausgefüllt und 150 wurden persönlich interviewt. Alle diese Frauen haben geantwortet, weil sie mit dem »Problem Neid« zu kämpfen hatten.

Vielleicht werden Sie sich in manchen Aussagen dieser Frauen wiederfinden. Und vielleicht kann dieses Buch Wege aufzeigen, wie Sie den Schmerz und die Scham über Ihren eigenen Neid in eine positive, motivierende Kraft umwandeln können. Da der Neid sehr lange tabuisiert gewesen ist, ist es schwierig, dieses Gefühl überhaupt zu identifizieren. Das ist aber die Voraussetzung dafür, daß man mit dem Neid in sich und anderen umzugehen lernt.

Machen Sie sich mit Ihrem eigenen Neid vertraut!

Dieses Buch ist kein Fachbuch. Sie müssen kein Psychologe sein, um es lesen zu können. Alles, was Sie brauchen, ist der Wille, etwas über sich selbst zu lernen. Es ist nicht ganz einfach, mit dem Neid umzugehen, aber es ist möglich.

Dieses Buch hat seinen Zweck erfüllt, wenn Sie in Zukunft nicht mehr im verborgenen neiden, wenn Sie offen über Ihren Neid sprechen können, ohne beschämt oder verlegen zu sein; und vielleicht können Sie dann sogar darüber lachen.

Natürlich ist die Auseinandersetzung mit dem Neid nicht der

einzige Schlüssel zur Lösung zwischenmenschlicher Probleme, aber er muß ans Licht, muß bewußtgemacht werden. Wenn man sich seinen Neid eingestehen kann, läuft man weniger Gefahr, sich selbst oder demjenigen, den man beneidet, weh zu tun.

## 1. KAPITEL

# Erinnern wir uns an Schneewittchen

## Das Märchen von Schneewittchen

Märchen enthalten uraltes Menschheitswissen. Viele ihrer Aussagen berühren uns heute noch genauso, wie sie früher die Menschen berührt haben. Sehen wir uns das Märchen von Schneewittchen, das im 19. Jahrhundert von den Gebrüdern Grimm niedergeschrieben wurde, genauer an, so erkennen wir in Schneewittchen eine Frau, die sich von ihrer Mutter löst und in die Welt der Arbeit und Beziehungen eintritt, indem sie sich selbst besser kennenlernt.

Die Geschichte von Schneewittchen ist ein Beispiel für eine extreme Mutter-Tochter-Beziehung. Das Märchen beleuchtet auch das Motiv, das dahinter steht: Neid ist die verborgene Kraft, die diese Geschichte vorantreibt.

Nachfolgend eine Nacherzählung der Grimmschen Version des Märchens:

Es war einmal eine Königin, die saß an einem Wintertag am Fenster und nähte. Es schneite, und als sie verträumt aus dem schwarz gerahmten Fenster sah, stach die Nadel in ihren Finger, und drei Bluttropfen fielen auf den Schnee. Das rote Blut leuchtete in dem weißen Schnee, und die Königin dachte: »Hätt' ich ein Kind, so weiß wie Schnee, so rot wie Blut und so schwarz wie das Holz an dem Rahmen.«

Ihr Wunsch erfüllte sich. Bald brachte sie ein Töchterchen zur Welt, mit einer Haut so weiß wie Schnee, Haaren so schwarz wie Ebenholz und Wangen so rot wie Blut. Sie nannte das Kind Schneewittchen. Kurz danach starb die Königin. (Psychologisch ausgedrückt, war diese Königin die gute Mutter.)

Als Schneewittchen ein Jahr alt war, heiratete sein Vater, der König, wieder. Er wählte eine wunderschöne Frau, die aber

11

stolz und hochmütig war. Weil ihr Selbstwertgefühl, so wollen wir es deuten, von ihrer äußeren Erscheinung abhing, mußte Schneewittchens neue Stiefmutter schöner sein als alle anderen. Sie behielt ihre Konkurrenz mit Hilfe eines Zauberspiegels im Auge, der jederzeit eine »Rangliste« anbot, wenn sie folgende Frage stellte:

> *»Spieglein, Spieglein an der Wand,*
> *Wer ist die Schönste im ganzen Land?«*

Solange die neue Königin noch jung war, antwortete der Spiegel immer:

> *»Frau Königin, Ihr seid die Schönste im Land.«*

Die Königin, die wußte, daß ihr Spiegel nie die Unwahrheit sagte, konnte dann erleichtert aufatmen.

Sechs Jahre vergingen. Schneewittchen wuchs still heran und wurde immer schöner. Die Königin aber wurde älter, und schließlich traten ihre schlimmsten Befürchtungen ein: Als sie eines Tages ihren Spiegel fragte, ob sie noch immer die Schönste im Lande sei, da antwortete er:

> *»Frau Königin, Ihr seid die Schönste hier;*
> *Aber Schneewittchen ist tausendmal schöner als Ihr.«*

Die böse Königin war starr vor Entsetzen und – gelb vor Neid. Sie mußte eine bittere Wahrheit zur Kenntnis nehmen: Ihre Hoffnung auf ewige Jugend war zerstört. Immer, wenn sie nun Schneewittchen sah, tat ihr das Herz weh vor lauter Haß, den sie gegen ihre Stieftochter verspürte.

Das Gefühl des Hasses verfolgte die Königin am Tage und bereitete ihr schlaflose Nächte. Schließlich befahl sie einem Jäger, Schneewittchen in den Wald zu bringen und zu töten. (Psychologisch repräsentiert die neue Königin die böse Mutter.)

Als Beweis für die Ausführung des Auftrags verlangte die Königin, der Jäger solle ihr Schneewittchens Lungen und Leber bringen. Der Jäger, voller Schuldgefühl und Mitleid, brachte es nicht übers Herz, Schneewittchen zu töten. (Er »spielt« die Rolle eines Vaters, der seiner Frau gegenüber nicht direkt

»nein« sagen und seiner Tochter nur hinter dem Rücken der Mutter helfen kann.) Der Jäger tötete statt dessen ein wildes Tier und brachte dessen Lungen und Leber der bösen Königin. Diese verschlang die Eingeweide und freute sich an ihrem vermeintlichen endgültigen Sieg. Sie hoffte, sich auf diesem Wege die Jugend und Schönheit Schneewittchens im wahrsten Sinne des Wortes einverleiben zu können.

Verschont von den wilden Tieren, fand Schneewittchen im Walde Sicherheit. (Während es in den Wald und damit auch tiefer in sein eigenes Wesen hineinläuft, entfernt es sich gleichzeitig von einer Auseinandersetzung mit dem Neid seiner Stiefmutter.) Als es Nacht wurde, gelangte es zu einer kleinen Hütte und schlief dort ein. Das Häuschen, das aufgeräumt und sauber war, gehörte den sieben Zwergen.

Am Morgen bestürmten die neugierigen und freundlichen Zwerge Schneewittchen mit Fragen, und es erklärte seine mißliche Lage. Als sie die traurige Geschichte gehört hatten, fragten die Zwerge, ob Schneewittchen ihr Haus instand halten und bei ihnen leben wolle. (Diese konventionelle Rolle der Frau verschonte Schneewittchen mit einer direkten Konfrontation mit dem Neid seiner Mutter – jedenfalls für den Augenblick.)

Weil Schneewittchen den ganzen Tag allein war, machten sich die Zwerge Sorgen um seine Sicherheit. (Sie verstanden ihre Pflicht väterlich – patriarchalisch: tagsüber hart zu arbeiten und abends Ratschläge und Mitgefühl anzubieten.) Sie warnten das Mädchen davor, mit Fremden zu sprechen, weil sie ahnten, daß die böse Stiefmutter bald wieder in Erscheinung treten würde. (Sie spürten, daß es Schneewittchen unmöglich sein würde, einer Konfrontation mit dem Neid seiner Stiefmutter zu entgehen. Sie wußten, daß die Macht dieses Neides Schneewittchen bis in seinen stillen Zufluchtsort hinter den Bergen verfolgen würde.)

Und sie sollten recht behalten. Bald nach dem vermeintlichen Tod Schneewittchens bat die böse Königin ihren Spiegel, ihr die guten Nachrichten zu bestätigen. Statt dessen mußte sie erfahren, daß Schneewittchen wohlbehalten war. Nun konnte die Königin an nichts anderes mehr denken als daran, wie sie Schneewittchen umbringen könnte. Der Neid ließ ihr keine Ruhe.

So verkleidete sich die Königin als Hausiererin und führte

Schneewittchen mit einem Schnürriemen aus bunter Seide in Versuchung. Während sie Schneewittchen ihre Ware anbot, äußerte sie, das junge Mädchen sehe nicht so aus, als habe es in jüngster Zeit viel Zuwendung von einer Frau erhalten. Schneewittchen nahm das Angebot der alten Frau an, vielleicht auch deshalb, weil es sein Mädchen-Sein mit den entsprechenden Kleidungsstücken unterstreichen wollte. (Außerdem wird es durch die mütterliche Zuwendung verführt. Es braucht die Liebe einer Frau, nachdem es von einer neidischen Stiefmutter aufgezogen worden war.) Aber die böse Königin schnürte Schneewittchen so fest, daß es keine Luft mehr bekam und wie tot zu Boden sank.

Die Zwerge kehrten wenig später nach Hause zurück, fanden das Mädchen und schnitten den Schnürriemen entzwei. Schneewittchen begann wieder zu atmen und kehrte ins Leben zurück. Die Zwerge wußten, daß die alte Frau die Königin gewesen war, und warnten Schneewittchen, nie wieder jemanden hereinzulassen.

Im Schloß wollte die Königin erneut von ihrem Spiegel das erlösende Wort hören, doch der Spiegel sagte auch diesmal die Wahrheit. Noch einmal verkleidete sich die Königin und nahm die Gestalt einer alten Frau an. (Indem sie diese Verkleidung wählt, mag die Königin versuchen, sich mit dem Undenkbaren auseinanderzusetzen – dem Älterwerden.)

Diesmal nahm die Königin einen vergifteten Kamm mit und bot Schneewittchen an, ihr das Haar zu kämmen. Schneewittchen nahm auch dieses Angebot an. In dem Moment, in dem die alte Frau den Kamm in Schneewittchens schönes, ebenholzschwarzes Haar steckte, sank es wie tot zu Boden.

Wieder kehrten die Zwerge kurz danach zurück. Sie zogen den Kamm aus Schneewittchens Haar und holten es damit ins Leben zurück. Noch einmal warnten sie Schneewittchen, niemandem mehr die Tür zu öffnen.

Wie vorauszusehen, eilte die Königin zu ihrem Spiegel zurück. Und wieder sagte der Spiegel die Wahrheit. Die böse Königin wurde von Wut geschüttelt. »Schneewittchen soll sterben, und wenn es mein eigenes Leben kostet!« Das Leben bedeutete für die Königin aber nur eines – die Schönste von allen zu sein.

14

Mit ihren Hexenkünsten zauberte sie einen roten und weißen Apfel. Die eine, rote Hälfte war vergiftet, die andere nicht.

Dann färbte sie sich das Gesicht und verkleidete sich als Bauersfrau. Und so ging sie über die sieben Berge zu den sieben Zwergen.

Sie klopfte an die Tür. Schneewittchen streckte den Kopf zum Fenster hinaus und sprach: »Ich darf keinen Menschen einlassen, die sieben Zwerge haben's mir verboten.«

»Mir auch recht«, antwortete die Bäuerin, »meine Äpfel will ich schon loswerden. Da, einen will ich dir schenken.«

»Nein«, sprach Schneewittchen, »ich darf nichts annehmen.«

»Fürchtest du dich vor Gift?« fragte die Alte. »Siehst du, da schneide ich den Apfel in zwei Teile, den roten Backen iß du, den weißen will ich essen.« Schneewittchens Bedürfnis nach dem nährenden Apfel und einer guten Mutter war unbezwinglich. Als es die alte Frau selbst essen sah, fürchtete es sich nicht länger. Es biß von der vergifteten Hälfte ab und sank tot zu Boden.

Die Zwerge, die Schneewittchen diesmal nicht wieder lebendig machen konnten, wollten es zuerst begraben, doch seine Wangen waren immer noch rot, und sie brachten es nicht übers Herz, das Mädchen unter die Erde zu bringen. Statt dessen bauten sie einen Glassarg und legten es behutsam hinein. Sie nahmen Glas anstelle von Holz oder Metall, so daß Schneewittchen von allen Seiten sichtbar war und sie es weiterhin bewachen und beschützen konnten.

Die Zwerge stellten den Sarg auf einen Hügel und bewachten ihn. (Diese seelischen Helfer sind die Unterstützung, die Schneewittchen für diesen Zeitraum der Ruhe in seiner Entwicklung braucht. Mit ihren erst sieben Jahren ist es für den Prinzen noch nicht reif. Es braucht in einer nicht zerstörerischen Umgebung Zeit für sich selbst. Es braucht Schutz und Beschützer, um sich auf die Welt der Erwachsenen vorbereiten zu können.)

Nun lag Schneewittchen lange, lange Zeit in seinem Sarg und sah aus, als wenn es schliefe, denn es war noch so weiß wie Schnee, so rot wie Blut und so schwarz wie Ebenholz.

Eines Tages kam ein Königssohn vorbei und sah das Mädchen daliegen. Seine Schönheit überwältigte ihn so, daß er den Blick nicht mehr abwenden konnte. Der Prinz flehte die Zwerge an, ihm den Sarg zu überlassen, denn er glaubte, ohne Schneewittchen nicht mehr leben zu können. (Nach unserer Lesart des Märchens ist der Prinz auch ein Teil Schneewittchens – der männliche Teil ihrer Persönlichkeit, den es zu integrieren gilt: Initiative, Aggressivität, Zielstrebigkeit und ein für das Leben notwendiger Ehrgeiz.) Der Prinz sprach so liebevoll von Schneewittchen, daß die Zwerge Mitleid mit ihm hatten. Wie alle guten Väter wußten sie, daß sie Schneewittchen gestatten mußten, erwachsen zu werden und sie zu verlassen. Und so überließen sie den Sarg dem Prinzen.

Als die Diener des Prinzen den Sarg wegtragen wollten, stolperten sie, und der Sarg wurde erschüttert. Dadurch löste sich der vergiftete Apfel, der in Schneewittchens Hals steckengeblieben war. (Wie so oft mußte auch hier erst eine Krise eintreten, ehe es zu einem Erwachen kommt.) Schneewittchen öffnete plötzlich die Augen, hob eigenhändig den Deckel des Glassarges, setzte sich auf und war wieder lebendig. Der Prinz gestand ihm seine Liebe und bat es um seine Hand, damit es mit ihm in seinem Schloß lebe. Und Schneewittchen sagte ja.

Das junge Paar lud auch Schneewittchens böse Stiefmutter zu seiner Hochzeit ein. Der verläßliche Spiegel hatte der bösen Königin bereits die schlechte Nachricht überbracht, daß Schneewittchen lebte. Die Königin war gezwungen, sich mit ihrer Konkurrenz auseinanderzusetzen, denn es schien keinen anderen Ausweg zu geben, Frieden zu finden. Sie nahm die Einladung an. Sowie sie Schneewittchen, ihre Tochter und Feindin, sah, erstarrte die Königin vor Angst und Wut.

Schneewittchen und der Prinz hatten ihre Rache geplant. Auf dem Feuer glühten Pantoffeln aus Eisen, die auf die teuflische Königin warteten. Die Königin mußte auf der Hochzeitsfeier so lange darin tanzen, bis sie tot zu Boden fiel. (Die Königin wird gezwungen, die Vergänglichkeit, ihre eigene Sterblichkeit, die Unausweichlichkeit des Todes anzunehmen. Indem sich Schneewittchen von seiner neidischen Stiefmutter befreit, ist es gleichzeitig als nächste an der Reihe, selbst Mutter zu werden – um hoffentlich in der Lage zu sein, mit dem Neid besser umzugehen, als seine Stiefmutter es vermochte.)

## Die symbolische Bedeutung des Märchens

»Schneewittchen« ist nicht die Nacherzählung einer tatsächlichen Begebenheit. Es ist vielmehr die Geschichte der Entwicklung eines Mädchens zur Frau. Das Märchen deckt ein psychologisches Verhaltensmuster auf, das viele von uns in unseren ursprünglichen Familien beim Erwachsenwerden und in unserem Kampf um Unabhängigkeit erlebt haben.

Schneewittchen ist keine psychologische Anleitung, sondern ein Märchen. Märchenerzähler wissen, daß Emotionen wie Neid tabu sind; normalerweise ist uns verboten, Neid zu empfinden und darüber zu sprechen. Deshalb sind Märchen ähnlich wie Träume: Sie decken das Unakzeptable in verhüllter Form auf.

Die Sprache der Märchen wie der Träume ist die der Bilder und Metaphern. Viele Frauen erleben diesen Schneewittchen-Traum. Elementare Konflikte zwischen Müttern und Töchtern werden im Märchen bildhaft thematisiert. Wer der Sprache dieses Traumes lauscht, das Märchen analysiert und auf die allgemeinen Elemente der Geschichte achtet, öffnet sich für eine neue Betrachtungsweise seines eigenen Lebens.

### Spieglein, Spieglein

In diesem Märchen beleuchten Spiegel die verborgenen Gefühle. Bekanntlich sind Spiegel für die Selbsteinschätzung und -wertschätzung der Frau wichtig. Ein Spiegel hat schon so manchen schönen Tag verdorben, weil Frauen den Spiegel bestimmen lassen, wer sie sind.

»Schneewittchen« ist aber nicht nur die Geschichte des tatsächlichen Spiegels der bösen Königin, sondern auch die des Fehlens ihrer mütterlichen »Spiegelung«. Wenn die böse Königin eine gute Mutter wäre, wäre *sie* Schneewittchens Spiegel. Eine gute Mutter würde Schneewittchens Schönheit – seine Werte – reflektieren und ihm damit die Möglichkeit bieten, sich selber als wertvoll und positiv zu erfahren.

Ein Kind braucht aufmerksame, akzeptierende, wohlwollende und unterstützende Eltern, damit es lernen kann, die eigenen Gefühle wahrzunehmen und ihnen zu trauen. Schneewittchen fehlten solche Eltern. Es hatte das, was man gemeinhin eine »narzißtische« Mutter nennt – eine egozentrische, ganz auf sich selbst und nicht auf das Kind bezogene Mutter. Im Märchen guckt die Königin entweder in den Spiegel (sich selber an) oder versucht ihre Tochter umzubringen. Sie nimmt ihre Tochter nur wahr, wenn diese zu einer Bedrohung wird.

Schneewittchen hat nicht gelernt, seine eigenen Gedanken und Gefühle ernst zu nehmen; bis zum Ende des Märchens wirkt es wie ein Wesen ohne eigene Emotionen oder Ziele. Es ist durch das Fehlen einer Spiegelung deutlich verletzt. Ein Kleinkind, das ausreichend positive Spiegelung erfährt, wird an sein Recht glauben, auf der Welt zu sein, Wünsche zu haben und Forderungen zu stellen. Ein solches Kind wird mehr Vertrauen in sich selbst und in seine Möglichkeiten, selbständig zu sein, haben.

Ist eine Mutter nicht in der Lage, die Entwicklung der positiven Fähigkeiten ihrer Tochter zu reflektieren, weiß diese nicht, daß sie diese Qualitäten überhaupt besitzt. Die Tochter kann dann nicht ihr eigenes, sondern nur das Spiegelbild der Mutter sehen. Die neidische Mutter ist nicht nur unfähig, die individuellen Qualitäten ihrer Tochter zu reflektieren, sie blockiert auch deren Entwicklung.

Die Schneewittchen-Tochter, deren gute Fähigkeiten nicht gespiegelt werden, glaubt, daß sie kein Recht hat, im Leben etwas zu erreichen. Deshalb fehlt es ihr auch an Eigeninitiative. Sie kümmert sich immer nur um andere, sie wendet sich an einen Mann, um sich selbst und ihren Wert bestätigt zu sehen, und hofft, sich selbst durch diesen Mann zu finden. Sie muß ihren eigenen Spiegel finden, ihr eigenes Spiegelbild.

## Die böse Königin

Jede Mutter ist in *bestimmten Momenten* ihres Lebens die böse Königin. Die meisten Mütter wollen für ihre Töchter das Beste, möchten ihnen etwas ermöglichen, was ihnen selbst nie vergönnt war, und versuchen dafür zu sorgen, daß es ihre Töchter einmal besser haben als sie selbst. Trotzdem stellt sich Neid ein – und das ist auch verständlich –, wenn es der Tochter dann tatsächlich besser zu gehen scheint. Neben der Freude über die Möglichkeiten der Tochter taucht doch auch natürlicherweise bei der Mutter ein Schmerz auf über das, was ihr selber immer verwehrt war. Dabei mag sie sich ihres Neides nicht einmal bewußt sein.

In Schneewittchens Elternhaus gibt es keine klärenden Aussprachen, sondern die Mutter beschließt ganz einfach, ihr Kind zu töten. Die meisten kleinen Mädchen können sich nicht vorstellen, daß ihre geliebte Mutter je etwas so Schreckliches planen könnte. Die einfachste Art, mit den negativen Gefühlen der Mutter umzugehen, ist für das Kind eine Spaltung des Mutterbildes in seiner Vorstellungswelt: »Die gute Mutter liebt mich, die schlechte nicht. Also ist die schlechte Mutter nicht wirklich meine Mutter.«

Das Märchen reflektiert diese Abspaltung. Schneewittchens wirkliche Mutter, eine gute Mutter, stirbt. Es ist die Stiefmutter, die das Böse verkörpert. Immer wieder hofft Schneewittchen, von einer guten Mutter versorgt zu werden, begegnet aber statt dessen nur der schlechten Mutter. Es fällt ihr unendlich schwer, die Tatsache zu akzeptieren, daß ihre Mutter sie nicht liebt.

Schneewittchens Stiefmutter ist unsicher und eitel. Sie kann das Leben ihrer Tochter nicht über ihre eigene Unsicherheit triumphieren lassen. Sie haßt es zu verlieren.

Jede Frau muß sich mit ihrem Neid auf die Jugend und die Schönheit auseinandersetzen, wenn sie älter wird. Dieser Neid ist am intensivsten, wenn sie ihre eigene Tochter als Rivalin betrachtet. Die böse Königin, die Verkörperung der schlechten Mutter, geht mit ihrem Neid auf die denkbar schlimmste Art um – sie führt ihre Phantasien aus.

Wie wirkt es sich für Schneewittchen und uns alle aus, eine

Mutter zu haben, die manchmal der bösen Königin ähnelt? Es ist sehr schwer, sich wohl zu fühlen, wenn man eine sehr neidische Mutter hat. Um der Mutter, die man liebt und braucht, nicht weh zu tun und um nicht ihren Zorn heraufzubeschwören, bekämpft man die eigenen Erfolge und versagt sich Vergnügungen und Wohlbefinden. Man läßt sozusagen den Deckel drauf und wagt nicht, sein Glück zu zeigen. Es mangelt uns dann an Selbstvertrauen. So geht es dem armen Schneewittchen.

Eine Tochter mit einer solchen Mutter-Beziehung fühlt sich verpflichtet, sich nur so gut wie ihre Mutter oder schlechter zu fühlen. Andernfalls befürchtet sie, deren Neid und Unsicherheit heraufzubeschwören. Eine solche Tochter glaubt, sich um ihre Mutter kümmern zu müssen, indem sie selbst nicht zu erfolgreich ist. Genaugenommen muß sie ihre neidische Mutter erst hinter sich lassen, ehe sie eine erfolgreiche, glückliche und mit sich selbst in Frieden lebende Frau werden kann.

Das Schneewittchen-Syndrom, wie ich dieses Verhalten nennen möchte, besteht aus zwei Teilen: dem Neider – in diesem Falle der Königin, und dem Beneideten – in diesem Falle Schneewittchen. Die Beziehung zwischen den beiden erzeugt die Furcht, beneidet zu werden, und damit die Angst, nicht geliebt zu werden, wenn man zu erfolgreich ist. Die Auswirkung dieser Furcht besteht darin, daß man sich im Leben zurückhält aus lauter Angst, zur Zielscheibe des Neides zu werden. Man verhält sich wie Schneewittchen, weil man selbst nicht verletzt werden oder einem anderen Menschen weh tun möchte. Aber: Indem man seine eigenen Möglichkeiten einengt, läuft man Gefahr, nun selbst auf die Talente und Erfolge anderer neidisch zu werden.

Viele Frauen drücken das so aus: »Ich habe Angst, stark zu sein, weil sich meine Mutter dann rächen könnte.« Oder: »Zu Hause wurde mir beigebracht, daß Erfolg etwas Gefährliches ist.«

Wenn es aber um Leben oder Tod geht – warum hört Schneewittchen dann nicht auf die Warnung der Zwerge? Weil Schneewittchen, wie jeder Mensch, der eine neidische Mutter hat, das Offensichtliche nicht wahrhaben und sich vor der

Wahrheit schützen möchte, die zu schmerzhaft, die unerträglich ist. Zu schmerzhaft, weil das kleine Schneewittchen eine Mutter braucht, lebensnotwendig braucht. Darum bleibt es auf der Suche nach jener Bemutterung, die zusammen mit der »guten Mutter« gestorben ist.

Und für jedes Kind, das eine böse Königin-Mutter hat, ist der Kampf, ein selbständiger, erwachsener Mensch zu werden, genauso anstrengend wie jener Kampf, den Schneewittchen auszufechten hat.

## Der abwesende Vater

Wo war Schneewittchens Vater? Wo war der König? Das Märchen verrät uns nichts über diesen Mann. Das ganze Drama zwischen Schneewittchen und der Königin findet ohne seine Gegenwart statt.

Der Vater ist nicht da. Er ist im Büro bei der Arbeit, im Krieg, unterwegs, in einer Konferenz, repariert gerade das Auto, macht einen Marathonlauf, sieht im Wohnzimmer fern. Der Vater ist nicht da, als Schneewittchens Stiefmutter den Befehl erteilt, das Kind zu töten.

Hätte Schneewittchen einen guten Vater gehabt, der sich um seine Tochter kümmert, vielleicht hätte er sein Kind vor den lauernden Gefahren gewarnt. Oder er hätte zu Schneewittchen gesagt: »Schau, mein Kind, deine Mutter hat Probleme mit ihrem Aussehen. Sie ist da zuwenig selbstsicher. Ihre Mutter war auch nicht anders. Deine Mutter kann nichts dafür.« Oder er hätte seiner Frau geholfen, indem er verstanden hätte, ihr zu zeigen, daß er sie auch als ältere Frau liebenswert und begehrenswert findet. Oder er hätte sich scheiden lassen und sich dann selbst mehr um Schneewittchen kümmern können.

Er hätte seiner Tochter helfen können, mit einer neidischen Mutter umzugehen. Er hätte versuchen können, ein Gegengewicht zur Mutter zu sein, eine Gegenstimme. Er hätte zu seiner Tochter sagen können: »Du, ich bin so stolz auf dich! Du bist wunderbar!« Aber die einzigen Botschaften, die Schneewittchen zu Hause empfängt, sind die negativen Botschaften der Mutter.

Aber – würde eine Mutter wie die von Schneewittchen, die nicht teilen kann, ihre Tochter nicht daran hindern, eine enge Beziehung zu ihrem Vater aufzubauen? Könnte die böse Königin eine Vertrautheit zwischen Schneewittchen und dem König dulden? Eine enge Beziehung zum Vater hat einen großen Einfluß auf die Entwicklung der Sexualität eines jungen Mädchens.

Schneewittchen muß erst die Zwerge finden, damit es reifen kann.

## Die wunderbaren Helfer

Die Zwerge, Schneewittchens Retter, sind jene Helfer, die manchmal – unvorhergesehen – genau dann in unser Leben treten, wenn wir sie brauchen. In der »wirklichen Welt« können diese Helfer Therapeuten, Freunde, Verwandte, Partner, Priester oder einfach Fremde im Bus sein.

Im Märchen von Schneewittchen sind die Zwerge bescheidene, unbedrohliche, mitfühlende, verständnisvolle und fürsorgliche Männer mit Qualitäten, die in einem lebhaften Kontrast zu denen der bösen Königin stehen. Die Zwerge sind Bergleute. Sie graben tief in der Erde und suchen wertvolle Steine und Metalle. Sie helfen Schneewittchen, nach dem zu graben, was in ihm selbst wertvoll ist.

Die Zwerge bringen Schneewittchen auf den Boden der Tatsachen zurück. Sie bewachen es und versuchen, es vor seiner neidischen Mutter zu schützen. Sie warnen und unterstützen Schneewittchen und geben ihm eine Aufgabe. Sie bringen ihm bei, wie es eine »gute Beziehung« mit ihnen haben kann. Die Zwerge sagen Schneewittchen die Wahrheit: »Deine Mutter liebt dich nicht, sie nimmt deine Bedürfnisse nicht wahr und stellt deine Wünsche und Interessen immer hintan. Sie verfolgt dich. Sei vorsichtig!« Genaugenommen bemuttern Schneewittchen und die Zwerge sich gegenseitig. Schneewittchen erfährt viel über die Welt und andere Dinge, von denen es nie etwas wußte.

Da Schneewittchen von seiner neidischen Mutter getrennt

werden mußte, um seinen eigenen Gedanken und Gefühlen und nicht nur denen der Mutter begegnen zu können, sind die Zwerge von wesentlicher Bedeutung für Schneewittchens Vermögen, erwachsen zu werden. Außerdem stellen sie eine »erdige« Umgebung zur Verfügung, in der sich Schneewittchens Reifung vollziehen kann. Sie versuchen nicht, ihm in seiner wachsenden Schönheit die Schau zu stehlen, wie seine Mutter das getan hat.

## Der gläserne Sarg

Warum ist der Sarg aus Glas? Glas ist nicht gerade das übliche Sargmaterial. Särge umhüllen – verhüllen – Verfall und Verwesung – dieser Sarg ist mehr wie ein Gewächshaus, das eine junge Pflanze beherbergt, bis sie Wind und Wetter gewachsen ist.

Der Glassarg ist ein Behälter, ein heilender Platz, an dem Schneewittchen heranreifen kann. Hier ist es in Sicherheit. Hier hat es endlich seine eigene stille Ecke, sozusagen sein eigenes Zimmer. Nur in einer sicheren und heilenden Umgebung, die getragen wird von einer positiven Beziehung (notfalls dem schützenden Raum der Therapie) kann sich Wandlung vollziehen.

Schneewittchen braucht diese lange Zeit des Schlafs. Der Schlaf wird oft mit der Wiedergeburt in Verbindung gebracht. Er erfrischt, und oft wachen wir mit dem Gefühl auf, alles noch einmal neu beginnen zu können. Eine gute Nachtruhe heilt die Seele.

Im Glas des Sarges kann sich Schneewittchen nun auch selber spiegeln. Es entdeckt seine eigene »Spiegelung«. Vorher war es nie in der Lage, sich selbst zu sehen; es konnte nur die Mutter im Spiegel entdecken.

Glas ist etwas Einzigartiges. Es spiegelt Schneewittchen nicht nur, sondern erlaubt ihm auch, nach draußen zu sehen. Dieses Betrachten einer Welt außerhalb seiner selbst, einer Welt der Vögel, des Himmels, der Blumen und Insekten, braucht Schneewittchen.

Der Blick in die Welt – und der Schritt in sie hinein –, der Kontakt mit Freunden und Klassenkameraden ist das, was Mädchen normalerweise während der Jahre, die Schneewittchen im Sarg verbringt, erleben. Der Psychiater und Märcheninterpret Bruno Bettelheim glaubt, daß Schneewittchens Aufenthalt im Sarg mit dem übereinstimmt, was die Psychoanalyse die Periode der »Latenzzeit« nennt. Das Wort »latent« bedeutet verborgen, und vieles geschieht in dieser Zeit des Lebens im verborgenen. Das Kind lernt, über sich selbst hinauszusehen und mit Gleichgesinnten enge Bindungen einzugehen, um eigene Aktivitäten und Interessen zu entdecken. Während der Latenzzeit werden die Eltern wenig beachtet. Bettelheim glaubt, daß Schneewittchens Sarg einem geschützten Aufenthaltsort entspricht, an dem es sein sexuell erwachendes Selbst entwickeln kann. Schneewittchen kommt mit ungefähr sieben Jahren in den Sarg und verläßt ihn mit der Pubertät, als es offensichtlich reif genug für eine Vereinigung mit einem Mann ist.

## Der Prinz

Schneewittchen schlägt die Augen auf und entdeckt den Prinzen. Der Prinz ist ein Symbol für jene Qualitäten, die Schneewittchen bisher gefehlt haben. Er repräsentiert den »männlichen« Anteil seiner Psyche, einen Teil von Schneewittchen selbst, jene Kräfte, deren Entwicklung seine Mutter verhindert hat. Indem Schneewittchen dem Prinzen begegnet, begegnet es Fähigkeiten, die bisher in ihm geschlummert haben.

In unserer Kultur ist es Sache der Männer, bestimmend, aggressiv, begehrend und fordernd zu sein; Unabhängigkeit und Ehrgeiz gelten als männliche Qualitäten. Der Prinz ist aktiv, er verwaltet sein Land und zeigt Begehren. Das sind Qualitäten, die Schneewittchen noch braucht, um eine vollständige, reife Persönlichkeit zu werden.

Indem es diese Fähigkeiten entdeckt, erwacht es aus seinem Zustand der Selbstversunkenheit. Es ist bereit, den Sarg zu verlassen und in die Welt hinauszugehen.

## Das Töten der bösen Königin

Ist es ein rachgieriges Schneewittchen, das den Tod seiner Stiefmutter plant und sie für das, was sie angerichtet hat, bestrafen möchte? Wenn es so wäre, hätte Schneewittchen nicht viel von den Zwergen, dem Aufenthalt im Glassarg und seiner Vereinigung mit dem Prinzen gelernt. Ginge es ihm nur um die Rache, wäre es genauso sicher zerstört worden, als wenn es durch den vergifteten Apfel gestorben wäre.

Ich behaupte hingegen, daß Schneewittchen von den Zwergen gelernt hat. Der Mord an der bösen Stiefmutter ist ein Bild für Schneewittchens Erfahrung, daß es sich der Konfrontation mit seiner negativen und neidischen Mutter stellen muß. Um nicht selbst eine böse Königin zu werden, muß sich Schneewittchen von dieser destruktiven Kraft *trennen* (indem es sich mit ihr *auseinander*setzt). Das erwachsene Schneewittchen wird keinen Spiegel brauchen, um sich seinen eigenen Wert bestätigen zu lassen. Der Tod der bösen Königin macht es Schneewittchen möglich, seine Hochzeit, sein Erwachsenwerden zu feiern.

## Siegreiches Schneewittchen

Über Schneewittchens weiteres Leben wissen wir nichts. Das ist auch nicht der Inhalt des Märchens. Klar ist lediglich, daß Schneewittchen einen heldenhaften Sieg errungen hat. Es bewältigt die vielen Aufgaben, die ihm gestellt werden, und meistert sie. Genaugenommen sagt uns Schneewittchen: »Habt keine Angst! Wenn jemand, der so passiv und so ahnungslos war wie ich, es schaffen konnte, könnt ihr das auch. Habt keine Angst vor dem Neid eurer Mütter! Es gibt Hoffnung.« Es lehrt uns, daß wir trotz elterlichen Neides überleben können.

Wie in sehr vielen Märchen, werden auch in »Schneewittchen« Extreme dargestellt: eine extrem gute Mutter, die stirbt und somit keine Zuwendung geben kann, und eine extrem böse Stiefmutter, die vom Neid beherrscht wird. Im wirklichen Leben geht es im allgemeinen weniger extrem zu. Die meisten von uns haben Mütter, die uns mal liebend förderten und dann wieder beneideten. Deshalb wollen wir uns jetzt dem wirklichen Leben und nicht länger dem Märchen zuwenden. Ehe wir uns aber ansehen, wie sich Neid im täglichen Leben darstellt, ist es sicher hilfreich, einmal zu untersuchen, was Neid überhaupt ist.

## 2. KAPITEL

# Was ist Neid?

Die Neider werden sterben, aber nie der Neid!
*Molière, Tartuffe*

Wenn Neid eine Krankheit wäre,
wäre die Welt ein Krankenhaus!
*Schoeck*

»Der Neid ist ein viel schmutzigeres kleines Geheimnis als Sex oder Geld«, sagt der moderne Schriftsteller George P. Elliott. Und ein Psychotherapeut berichtet: »Bei meiner Arbeit kann ich meinen Patienten gegenüber das Wort ›Neid‹ gar nicht benutzen, weil es ihnen so vorkommen würde, als bezichtigte ich sie einer schrecklichen Sache. Ich muß immer einen anderen Ausdruck dafür suchen.«

Warum haben wir so große Widerstände, dieses Wort zu benutzen?

Neid ist eine Sünde, eine Sünde gegen das neunte und zehnte Gebot, wie es im Alten Testament, Exodus 20, 17, heißt:

*Du sollst nicht begehren deines Nächsten Haus;*
*Du sollst nicht begehren deines Nächsten Weib,*
*Knecht, Magd, Vieh oder alles, was sein ist.*

Und nach dem Stolz ist der Neid die größte der sieben Todsünden (Unkeuschheit, Trägheit, Zorn, Geiz, Unmäßigkeit, Neid und Stolz). Ist es also ein Wunder, daß wir ihn verbergen?

Obwohl wir ihn zu unterdrücken versuchen, ist der Neid eine ganz normale menschliche Emotion – unerwünscht, aber unvermeidbar. Der Sozialpsychologe Maury Silver sagt: »Ich kann mir niemanden vorstellen, der nicht zu der einen oder anderen Zeit neidisch gewesen ist.« Er fährt fort: »Mensch sein heißt, sich mit anderen zu vergleichen. Leute können bezüglich ihrer Arbeit, ihres Gehalts, beinahe in allen Dingen verglichen werden. Das ist die Basis des Neides.«

Die bekannte Psychologin Joyce Brothers stimmt zu: »Es ist eine Schwäche, die wir alle miteinander teilen und am wenigsten zuzugeben wagen. Es gibt keinen Mann und keine Frau, nicht einmal ein Kind, das nicht schon diesen Stich in der Herzgegend gespürt hat, der daraus resultiert, daß ein anderer etwas bekommt, was wir selber haben wollten.«

Sie fügt hinzu: »Der Neid ist einer der Hauptgründe für die Unzufriedenheit vieler Menschen. Dennoch schämen wir uns unseres Neides dermaßen, daß wir ihn nur selten ans Tageslicht holen, um uns dieses Gefühl einmal anzusehen.«

Und doch, wenn wir mit ihm fruchtbar umgehen wollen, müssen wir lernen, den Neid »ans Licht zu bringen«. Er ist ein dunkles und verstecktes Gefühl, das aber schnell entlarvt werden kann. Wenn wir es uns nicht eingestehen, ist es ein gefährliches Gefühl. Holt man es jedoch ans Tageslicht, verliert es an Macht. Wir müssen es einfach beim Namen nennen – Neid. Was aber *ist* Neid? Und wie erkennt man, ob man neidisch ist?

## Sind Sie vielleicht neidisch?

1. Macht Ihnen der Erfolg anderer Menschen Schwierigkeiten?

Ferly, eine 29jährige Sprachtherapeutin, sagt: »In jüngster Zeit habe ich finanzielle Sicherheit, einen gewissen Wohlstand am meisten beneidet; wenn ich durch bestimmte Gebiete fahre, denen man den Wohlstand ansieht, zieht sich alles in mir zusammen. Das tut weh.«

2. Vergleichen Sie sich mit jemandem, der erfolgreicher ist, und fühlen Sie sich verärgert oder aber bedroht durch den Erfolg des anderen?

Cheryl, eine 44jährige Architektin, beneidet Frauen, die eine Beziehung haben. »Wenn ich jemanden beneide, sehe ich auf mich selbst herab: ›Wie kommt es, daß sie eine Beziehung hat und ich nicht? So viele Leute haben einen Vogel, aber sie haben trotzdem Beziehungen.‹ Die Leute sagen zu mir: ›Nimm dich zusammen, dann wirst du dich schon verlieben!‹ Aber statt einen Mann zu kriegen, werde ich nur immer älter.«

3. Finden Sie, daß Sie ein Recht haben, das zu besitzen oder zu sein, was Sie beneiden?

Man beneidet jemanden, wenn man das Gefühl hat, diese Person besitze etwas, das man selbst verdient. Die böse Königin fühlte sich berechtigt, die »Schönste im ganzen Land« zu sein und zu bleiben.

Pamela, eine 55jährige Fotografin, gab zu: »Ich müßte eigentlich genau so berühmt und erfolgreich wie meine Freundin sein. Ich bin genau so gut wie sie. Ich bin neidisch auf sie.«

Neid kommt dann zustande, wenn ein großer Unterschied zwischen dem besteht, was man ist, und dem, was man glaubt, sein zu können.

4. Haben Sie das Bedürfnis, jemanden, der erfolgreicher ist als Sie selbst, schlechtzumachen?

Michael, ein 48jähriger Postangestellter, schrieb: »Ich ertappe mich dabei, daß ich zu Frauen, die ich beneide, gemein bin. Ich beleidige sie und fühle mich anschließend noch schlechter.«

5. Möchten Sie einem Menschen das, worum Sie ihn beneiden, wegnehmen? Möchten Sie diesem Menschen weh tun?

»Wer seine eigenen Angelegenheiten nicht in Ordnung bringen kann, wird alles tun, um die eines anderen Menschen durcheinanderzubringen.« Das schrieb Francis Bacon schon im Jahre 1625.

Arlene, eine erfolgreiche New Yorker Schriftstellerin von 44 Jahren, gestand: »Neid ist, etwas zu wollen, was eine andere Person besitzt, und – wenn man wirklich ehrlich mit sich ist – das heißt auch, daß man fast alles tun würde, um es selbst zu bekommen. Manchmal stelle ich mir vor, ich würde sogar den Erfolg eines anderen zunichte machen, wenn mich das erfolgreicher machen würde. Wenn ich jemanden beneide und erfahre, daß es ihm schlechtgeht, fühle ich mich besser.«

6. Sind Ihre Visionen verschwommen?

Anaïs Nin sagt: »Wir sehen die Dinge nicht so, wie sie sind, sondern wie wir sind.«

Ich interviewte jemanden, der eine bestimmte Fernsehprodu-zentin beneidete. Anschließend interviewte ich diese Produzen-tin. Sie beneidete wiederum eine Frau, die als selbständige Fern-sehberaterin arbeitete, mehr verdiente und mehr Freizeit hatte. – Ist Ihnen etwas aufgefallen? Die Kirschen in Nachbars Garten sind immer verlockender als die eigenen.

In der »Göttlichen Komödie« schlägt Dante eine passende Bestrafung für die Neider vor: daß nämlich ihre Augenlider zu-sammengenäht werden sollten. Dante ging davon aus, daß je-mand, der nicht mehr sehen kann, was er nicht hat, auch nicht mehr neidisch sein kann. Andererseits sagt ein altes russisches Sprichwort: »Der neidische Mensch sieht genausogut mit seinen Ohren.«

Neidische Augen sind unersättlich, und sie sehen nur das, was sie sehen *wollen*. Neid sieht niemals, was ein Mensch für seinen (beneideten) Erfolg vielleicht hat zahlen müssen oder woran er trotz seines Erfolges leiden mag.

Der folgende Witz möge die Blindheit des Neides verdeutli-chen.

Zwei Frauen, Shirley und Rothie, gehen zusammen tauchen. Sie sind gute Freundinnen, aber auch Rivalinnen. Shirley hat eine Menge Ausrüstung dabei: eine Kappe, eine Taucherbrille, einen Schnorchler, einen Taucheranzug, Flossen, einen Sauer-stofftank, eine Unterwasseruhr und einen Badeanzug. Dennoch schwimmt Rothie, die nur einen dünnen Badeanzug anhat, ein-fach an ihr vorbei und taucht tiefer und schneller.

Shirley ist wütend und denkt: »Verflixt noch mal, sie schwimmt schneller und tiefer als ich!« Sie taucht hinab zu Ro-thie und gurgelt ihr neidisch entgegen: »Rothie, was in Teufels Namen machst du so tief hier unten?«

Rothie schnappt nach Luft: »Ich ertrinke.«

7. Glauben Sie, daß das, was der andere verliert, Ihnen selbst zugute kommt?

Schneewittchens Stiefmutter glaubt, daß die Jugend und Schönheit ihrer Stieftochter auf sie übergehen werden, wenn sie Schneewittchen tötet und sich Schneewittchens Herz und Leber einverleibt. Nur: Da sie allmählich älter wird, würde ohnehin bald eine Jüngere als die »Schönste im ganzen Land« gelten.

8. Eine aussichtslose Situation.

Wenn Sie ein neidischer Mensch sind, könnten Sie auf den Pelzmantel Ihrer Freundin neidisch sein. Wenn sie Ihnen den Mantel schenkt, tragen Sie ihn dann wirklich gern? Sie könnten auch auf die Großzügigkeit Ihrer Freundin oder darauf neidisch sein, daß sie im Gegensatz zu Ihnen so viel zu verschenken hat.

9. Ist Ihr Verlangen einfach unstillbar?

Jeder kennt die Geschichte von der Frau, die ihre Freundinnen beneidet, weil diese in einer besseren Gegend wohnen. Schließlich kauft sie in dieser Gegend selbst ein Haus, auch wenn das eigentlich ihre Mittel übersteigt. Jetzt beneidet sie ihre Freundinnen, weil diese sich Gärtner, Maler, Innenarchitekten, Fensterputzer und Putzfrauen leisten können. Es ist schwer, einen extrem neidischen Menschen zufrieden zu machen.

Neidische Menschen tun sich oft selbst weh. Der Neid will zwar, daß der andere Mensch leidet, aber normalerweise leidet der Neider selbst am meisten. Die Mutter meiner Freundin drückt das so aus: »Der Neid fügt dem Behälter, in dem er aufbewahrt wird, mehr Schaden zu als dem Objekt, auf das er gerichtet ist.«

## Die Neid-Skala

**Wieviel Neid verspüren Sie?**

Es ist klar, daß der Neid – wie andere Emotionen auch – in unterschiedlicher Stärke erlebt wird. Wir können ihn sozusagen mit einer Neid-Skala erfassen:

*Neid-Skala:* zerstörerisch – positiv.

Der Wunsch zu verletzen → Eigenhaß → Ressentiment → Habsucht → Bewunderung → Ansporn/Wetteifer.

*Der Wunsch zu verletzen.* Im schlimmsten Falle bedeutet der Neid den Wunsch, die Person, die man beneidet, leiden zu sehen. Man möchte das, was sie hat, zerstören. Oft möchte man genau das verderben, was man für das Bewundernswerteste und Wertvollste hält.

*Haß.* Hüten Sie sich vor der dunkelsten Seite des Hasses! »Ich hasse dich, ich hasse, was du hast, ich hasse, daß du es hast, aber am meisten hasse ich mich selbst, weil ich es nicht habe.«

*Ressentiment.* Eine mildere Form des Neides ist das Ressentiment: »Ich beneide dich, weil du in der Firma einen besseren Job hast als ich. Wie kommt es, daß du vorgezogen wirst?«

*Habgier.* »Ein habgieriger Mensch macht sich des *gedanklichen* Raubes schuldig«, heißt es in einer Sammlung jüdischer Zitate. Habgier ist auch eine Form von Neid. »Ich bin gierig nach dem, was du hast. Ich wünschte, es würde mir gehören.«

*Bewunderung.* »Wer nicht beneidet wird, soll auch nicht bewundert werden«, schrieb Äschylus in dem antiken griechischen Drama »Agamemnon«. »Ich beneide dich; ich finde, du hast gute Arbeit geleistet; ich wünschte, ich könnte das genau so gut.« Wenn man jemanden bewundert, ist das oft mit ein bißchen Neid verbunden, aber man möchte dem anderen natürlich nicht weh tun.

*Ansporn/Wetteifer.* Alexander Pope schrieb einmal: »Neid, dessen Sklave der niedrige Verstand ist, wird bei den Gebildeten und Mutigen zum Ansporn.« Obwohl »Webster's New World Dictionary« den Begriff als »den Wunsch oder den Ehrgeiz, gleichzuziehen oder zu überflügeln«, definiert, benutzten die meisten der interviewten Frauen ihn weniger in bezug auf das Überholen. Statt dessen betonten sie ein »Streben nach dem, was andere haben, wobei die beneidete Person als ein Vorbild gilt«. In genau diesem Zusammenhang möchte auch ich das Wort Ansporn benutzen: Wenn wir darauf achten, worauf wir neidisch sind, entdecken wir, was uns fehlt, was wir wollen und entwickeln möchten, und der Neid wird uns zum Ansporn, das zu erreichen. Ein gewisser Wetteifer, ein gewisser Ehrgeiz gehören zu einer gesunden Persönlichkeitsentfaltung.

Wo auf der Skala würden Sie Ihren Neid ansiedeln? Auf der destruktiven Seite der Neid-Skala wird viel Ärger und Bitternis erlebt. Wenn jedoch bewundert und gewetteifert wird, ist mit dem Neid nur noch wenig Ärger verbunden. Im Zusammenhang mit Bewunderung und Wetteifer ist der Neid unter Kontrolle und hat nun eine positive Ausrichtung. Je mehr Sie bewundern und die Möglichkeit erkennen, das, was Sie bewundern, auch zu erreichen oder als Eigenschaft in sich selbst zu entwickeln, um so weniger müssen Sie die Person, die Sie beneiden, verletzen.

Wenn wir uns noch einmal die Neid-Skala anschauen, können wir sehen, daß der Neid zwei Pole, zwei Seiten hat. Eine der interviewten Frauen beschrieb das sehr genau: »Neid ist eine Möglichkeit, mich selbst und andere schlechtzumachen, und gleichzeitig ein Weg, festzustellen, was und wie ich sein möchte.«

## Neid als positiver Antrieb

*Der Neid kann helfen, positive Identifikationen herzustellen.* Der Neid hilft uns, mit jemandem das einzugehen, was Psychologen eine »positive Identifikation« nennen. Am Anfang identifizieren wir uns mit unseren Eltern. Das Verlangen, sich mit jemandem zu identifizieren, bedeutet, die Qualitäten und Vorzüge der bewunderten Person zu übernehmen, sie zu kopieren und sich selbst nach diesem Menschen zu formen. Ein kleines Mädchen lernt es, eine Frau zu werden, indem es mit seiner Mutter eine positive Identifikation eingeht. Das gleiche Mädchen sieht, daß die Mutter etwas hat, was es selbst haben möchte, aber noch nicht besitzt. Es nimmt das, was es erstrebt, von der Mutter an; und in der Verinnerlichung der an der Mutter bewunderten Züge entwickelt es diese in sich selbst.

Dreißig Prozent der befragten Frauen gaben an, ihre Mütter gelegentlich beneidet zu haben. Hier ist eine Antwort: »Ja, ich habe meine Mutter um die Liebe meines Vaters beneidet. Ich machte mir klar, daß ich mich mit meiner Mutter identifizieren mußte, wenn ich wollte, daß mein Vater mich liebte. Ich mochte Rosenkohl, weil sie ihn mochte. Ich trug gleichfarbige Schuhe.

Ich hasse Leber, aber ich zwang mich, sie zu essen und zu behaupten, daß sie mir geschmeckt habe. Als ich feststellen mußte, daß mein Vater meine Mutter nicht liebte – o je!«

*Vom Neid kann man lernen.* Joyce, eine 34jährige Schriftstellerin, erklärt:

»Da war ein Gedicht von Anne Sexton, das mir sehr gut gefiel. Ich fand, das war eigentlich das Gedicht, das ich hätte schreiben müssen. Aber sie hatte es geschrieben. Es war das erste Gedicht, das ich auswendig lernte, weil ich es so sehr liebte und wollte, daß es mir gehörte. Indem ich es auswendig lernte und aufsagte, stellte ich fest, daß ich nicht mehr neidisch darauf war, weil ich es inzwischen selbst besaß.«

*Neid kann eine Warnung sein.* Der Neid kann uns darauf aufmerksam machen, daß das eigene Leben nicht so ist, wie man es gerne hätte. Wenn man wagt, sich seinen Neid einzugestehen und das, worauf man neidisch ist, anzusehen, kann man sich darauf konzentrieren, die beneidete Qualität selbst zu entwickeln. Neid kann ein Richtungsweiser für die eigene Weiterentwicklung sein.

*Neid kann ein Ansporn, ein Stimulans für Veränderungen sein.* Obwohl der Neid normalerweise als ein Mangelgefühl empfunden wird, vermittelt er doch auch die Hoffnung, eines Tages das zu bekommen oder zu werden, was man möchte. Das Motto dabei: »Wenn sie das schafft, schaff' ich das auch.«

Eleanor, eine 45jährige Psychologieprofessorin, sagt, daß Neid ihr Hoffnung gibt. »Neid ist eine Art primitives, ursprüngliches Wollen. Es ist gesund, etwas zu wollen. Manche Leute geben auf, ehe sie etwas wollen. Dabei ist Neid eine gute Sache, man kann mit ihm arbeiten. Er sagt einem, daß das, was man hat, nicht genug ist.«

Die Jungsche Psychologin Judith Hubback schreibt: »Der Neid ist für die normale Entwicklung der Persönlichkeit notwendig.« Um in Einklang mit sich selbst aufzuwachsen und von anderen zu lernen, wie man sich in der Welt zu benehmen hat, muß man anderen nacheifern. Der wollende, hungrige, wetteifernde Teil des Neides zwingt einen dazu, seine eigenen

Wünsche und Bedürfnisse, seine eigene Persönlichkeit zu entwickeln: »Der Neid spornt mich an, meine eigenen Talente zu entwickeln und produktiver zu sein.«

Wenn man den Neid als Ansporn und nicht als Anlaß empfindet, sich selbst oder der Person, die man beneidet, weh zu tun, gibt er uns die Chance, uns selbst zu entwickeln und zu verändern.

*Eifersucht.* Warum findet sich die Eifersucht nicht auf unserer Neid-Skala? Neid und Eifersucht sind, wenngleich verwandt, nicht die gleichen Emotionen.

Wenn ich neidisch bin, möchte ich das haben, was du hast. Wenn ich eifersüchtig bin, habe ich Angst davor, etwas, was ich schon »besitze«, zu verlieren. Ich mag dich um dein Messingbett beneiden, aber ich werde verrückt vor Eifersucht, wenn du meinen Liebhaber zu einem angenehmen Nachmittag in dieses Bett einlädst.

Beide Emotionen stammen von einem mangelnden Selbstwertgefühl her. Sie entwickeln sich, wenn die eigenen Bedürfnisse nicht erfüllt wurden und man mit sich selbst nicht in Einklang lebt.

»Envy«, das englische Wort für Neid, kommt von dem lateinischen Verb »invidere« – was soviel bedeutet wie jemanden voller Haß zu betrachten. Das englische Wort »jealousy« (Eifersucht) kommt – wie das Wort »zealot« – von dem griechischen Wort »zelos«, was soviel wie Vehemenz, Eifer bedeutet.

Neid kommt zwischen zwei Personen vor. Zur Eifersucht gehören drei. Eifersucht gedeiht im ewigen Dreieck. Zur Eifersucht gehört immer der Rivale, jene Person, von der man befürchtet, daß sie einem einen geliebten Menschen wegnimmt.

Der Neid wurde früher geboren und ist grundlegender, archaischer, primitiver. Die Psychoanalytikerin Melanie Klein sagt, daß die früheste Form des Neides die des Babys auf die Fähigkeit der Mutter ist, das Kind zu ernähren und zu füttern. In einer anormalen Entwicklung kommt ein Mensch über diesen infantilen Neid nie hinaus. In einer normalen Entwicklung hingegen wird aus dem Neid der Wunsch, einmal so treusorgend wie die Mutter zu sein, selbst eine gute Mutter zu werden.

Die Eifersucht entwickelt sich erst später im Leben eines Kindes, wenn das kleine Mädchen der Mutter den Vater beziehungsweise wenn der Junge dem Vater die Mutter wegnehmen möchte.

Neid ist das breitere, umfassendere Gefühl. Ein Beispiel: Sally war sieben Jahre mit Pit verheiratet. Im letzten Jahr ließen Pit und sie sich scheiden. Sallys Freundin Julie heiratete vor kurzem Jeff. Sally beneidet Julie, weil sie verheiratet ist, weil sie den sozialen Status einer verheirateten Frau, weil sie eine gute Beziehung hat. Dennoch ist Sally nicht eifersüchtig. Sie hegt für Jeff keinerlei romantische Gefühle.

Was aber, wenn man zur gleichen Zeit Neid und Eifersucht empfindet? Eine Freundin von mir nennt das (envygel) »neidsüchtig«. Man haßt eine Freundin, weil man sie für schöner hält und sie gleichzeitig versucht, einem den Mann wegzunehmen. Wenn man schon mit Neid nicht fertig wird, ist es um so schlimmer, wenn einen die »Neidsüchtigkeit« erwischt.

## Der Neid und seine Masken

Obwohl es eine ganze Palette von Neid-Gefühlen gibt, neigen wir dazu, alle zu verurteilen. Weil man uns beigebracht hat, uns über den Erfolg anderer zu freuen und nicht enttäuscht zu sein, verachtet man sich selbst für diese Gefühle. Ein Schriftsteller beschreibt das so: »Ich hasse mich selbst dermaßen wegen meiner neidischen Gefühle, daß ich bei dem ersten Stich, der mich den Neid erkennen läßt, nicht etwa versuche, den Neid zu kontrollieren, sondern ihn vielmehr zu verleugnen, ihn also vor mir selbst und anderen zu verbergen.«

Nur leider klappt dieses Verbergen nicht. Verborgener Neid wendet sich gegen die eigene Person und hindert einen daran, seine Ziele zu erreichen, weil der versteckte Neid uns noch mehr verunsichert und unser Selbstwertgefühl angreift.

Das ist der Grund, warum viele Frauen froh waren, daß ich sie interviewt habe und ihnen die Chance gab, einen Fragebogen unter dem Titel »Frauen und Neid« auszufüllen. Eine Frau schrieb: »Vorher wußten nur der liebe Gott und mein Mann von diesen neidischen Gefühlen. Jetzt kann ich auch mit anderen darüber sprechen.« Das erleichtert und klärt vieles.

Neid kostet immer etwas – einen Teil der Heiterkeit, des Wohlbefindens im Umgang mit Kollegen, Schlaf. Außerdem bezahlt man mit Scham dafür. Die meisten Menschen versuchen, den hohen Preis des Neides zu verbergen, indem sie diese Gefühle hinter einer Maske verstecken. Solange man seinen Neid hinter einer Maske verbirgt, muß man nicht zugeben, daß man ihn empfindet.

## Selbstmitleid

Benutzen Sie Ausdrücke wie: »Ich wollte, mir ginge es auch mal so gut wie der . . .«? Falls das der Fall ist, maskieren Sie Ihren Neid, indem Sie in Selbstmitleid versinken. Eine Frau drückte das so aus: »Statt meine neidischen Gefühle zuzugeben, laufe ich heulend herum, fühle mich miserabel und stampfe wie ein kleines Mädchen mit dem Fuß auf, was aber alles nicht funktioniert.«

Die Mutter einer Patientin von mir bemitleidet sich selbst. Sie jammert, daß ihre Freunde Ferien machen, während sie zu Hause bleiben und die Haustiere versorgen muß. Diese Mutter stöhnt, wie beschäftigt sie ist (weshalb sie ja auch keinen Urlaub machen kann). Sie muß beschäftigt klingen, weil ihr Leben in Wirklichkeit leer ist. Ein Grund dafür, warum ihr Leben leer ist, ist die Tatsache, daß sie soviel Zeit darauf verwendet, ihren Neid zu maskieren, indem sich sich selbst bemitleidet. Statt das Problem anzugehen, kann sie sich nicht aufraffen, nach einem neuen Lebenssinn zu suchen. Die gleiche Mutter sagt zu ihrer Tochter: »Ich bin nicht neidisch. Wenn man neidisch ist, kommt man im Leben zu nichts.« Das kann durchaus stimmen: Neid kann jemanden außer Gefecht setzen.

## Die Ungerechtigkeiten des Lebens

Neidische Menschen verbergen ihre wahren Gefühle auch dadurch, daß sie über die »Ungerechtigkeit der Welt« jammern. Immer treffen Glück und Erfolg die Falschen.

### Es macht mir wirklich nichts aus!

Um den Neid zu verbergen, kann man sich auch überlegen geben. Meine Mutter beispielsweise kann sich nie um mein Kind kümmern, weil sie bettlägerig ist. Natürlich bin ich neidisch auf Mutter-Tochter-Beziehungen, wo das anders ist. Aber ich tue so, als mache es mir nichts aus, daß die Mutter meiner Freundin Sandy sich immer um ihre Enkel kümmert, wenn Sandy sie braucht.

### Vermeidungsstrategie

Eine Frau, die in beschränkten finanziellen Verhältnissen lebt, sagt: »Ich gehe nicht viel in die Stadt. Ich sehe mir den Luxus, den ich nicht haben kann, gar nicht erst an. Ich vermeide Situationen, die meinen Neid provozieren könnten.«
Das ist eine angebrachte Reaktion auf ihre Situation.
Extrem angewendet, kann diese Vermeidungsstrategie das Leben aber auch einschränken. Nachdem ich eine Weile vorgegeben habe, daß mich Sandys hilfreiche Mutter nicht stört, fange ich an, Sandy und ihrer Mutter aus dem Weg zu gehen, wenn sie zusammen sind. Nur: Mir fehlt jetzt die Freundschaft mit ihnen ...
Joan, eine Sprechtherapeutin mit einer neidischen Mutter, sagt, daß sie selbst als Kind neidisch war auf Kinder, die aus glücklichen Familien kamen: »Ich konnte es nicht aushalten, mit Kindern zusammenzusein, die nette Mütter hatten. Es tat so weh. Ich bin vielen Leuten, die ich eigentlich mochte, aus dem Weg gegangen, Leuten, deren Freundschaft mir wohlgetan hätte.«

## Das Kritisieren

Als Marilyn Monroe im Jahre 1953 von »Photoplay« die Auszeichnung »bester Jungstar« zuerkannt wurde, kommentierte Joan Crawford: »Marilyn Monroe ist eine Bedrohung für die Familie.« Diese Reaktion, eine erfolgreiche Person zu kritisieren, ist sehr verbreitet. Wenn man unter dem Erfolg eines anderen Menschen leidet, mag man es vorziehen, ihn zu kritisieren, in der Hoffnung, daß es einem dann besser geht. Ich zum Beispiel beneide meine Freundin Kathy, die sehr sportlich ist und viel trainiert. Ich sage: »Sie verschwendet einfach zuviel Zeit auf ihren Körper, statt auch mal für andere dazusein.« Maury Silver, eine Expertin in Sachen Neid, behauptet, daß alle Kritik, die unter der Gürtellinie treffen soll, statt konstruktiv zu sein, vom Neid herrührt.

## Unechtes Lob

»Es ist schwer, mit Stil zu neiden«, sagt der Schriftsteller Harry Stein. Wenn man Leute, die man beneidet, lobt und ihnen gratuliert, kann es einem passieren, daß man unaufrichtig klingt. Neid ist hinterlistig. Er zeigt sich genau dann, wenn man ihn am wenigsten wünscht. Angenommen, ich würde beim Flötenspielen jämmerlich versagen, während meine Freundin Susan, obwohl sie viel weniger geübt hat, einen großen Erfolg feiern kann. Ich würde Susan gratulieren, aber das würde aufgesetzt klingen. Es ist schwer, Glück vorzutäuschen. Susan würde wohl merken, daß ich neidisch bin, weil ich keine echte Freude über ihren Erfolg zeigen kann.

## Geschwätz

Eine verbreitete Art, den Neid zu verbergen, ist die, bei dem beneideten Menschen Schwächen festzustellen. Deshalb vermittelt Geschwätz, das sich auf die menschlichen Schwächen und das Versagen eines anderen bezieht, für den Moment Erleichterung und Stärke. Man versucht, sich selbst aufzuwerten, indem man die Person, die man beneidet, abwertet. Wenn man sich selbst klein fühlt, versucht man, sich größer zu machen, indem man die beneidete Person klein macht. So etwas nennt man dann jemanden auf seine wirkliche Größe zurückstutzen ...

### Andere neidisch machen

Menschen, die andere neidisch machen, geben häufig nur etwas vor. Sie rufen bei anderen Neid hervor, indem sie ein »Schau-wie-toll-ich-Bin« und »Würdest-du-nicht-gerne-ich-Sein« zur Schau stellen. Solche Menschen arrangieren es so, daß sie ihre eigenen Neidgefühle nicht wahrhaben müssen. Statt dessen sorgen sie dafür, daß andere Leute *sie* beneiden. Auf diese Art und Weise bewahren sie sich vor der Wahrheit über ihre eigenen negativen Gefühle. Manchmal wirkt ein solcher Versuch allzu großkotzig, weil er zu eindeutig ist, um wirkungsvoll zu sein.

Ich weiß selber sehr gut, wie man Neid erzeugt: Als ich vierzehn war und mein Bruder zwölf, besuchte er einen Französischkurs und ich nicht. Aber ich war sprachbegabter als er. Da ich mich, aus welchen Gründen auch immer, unsicher fühlte und meinen Neid darüber, daß er ein Junge und damit etwas »Besonderes« war, nicht zugeben wollte, lag mir daran, daß er mich beneidete. Wenn er nicht hinguckte, lernte ich das französische Gedicht, mit dem er so große Schwierigkeiten hatte, auswendig. Dann marschierte ich durchs Haus und sang die französischen Reime, womit ich ihn wütend machte, weil ich ihn spüren ließ, daß mir das Sprachenlernen leichter fiel als ihm.

### Die beneidete Person idealisieren

Eine andere Methode, seinen Neid nicht zuzugeben, ist die, auf die beneidete Person zuzustürzen und auszurufen: »Wie toll du bist!« Man idealisiert den anderen und macht ihn wunderbarer, als er tatsächlich ist. Wenn man ihm nie das Wasser reichen kann, wenn etwas zu »gut ist, um wahr zu sein«, dann ist es eben nicht wahr, und man könnte sich den Neid eigentlich sparen.

Wenn man sich darauf konzentriert, wie wunderbar die andere Person ist, braucht man sich selbst und ihr gegenüber keine negativen Gefühle zu entwickeln. Eine Frau schreibt: »Es ärgert mich, wenn manche Neider meine Verdienste herabmindern, aber noch mehr ärgere ich mich über die Kriecher. Die Kriecher sind schlimmer, weil sie mich verunsichern und weil ich – wenn ich sie für wirkliche Freunde und echte Bewunderer gehalten habe – sehr verletzt bin, wenn ich spüre, daß sie erstens kein Versagen von mir tolerieren (dann sind sie plötzlich nicht mehr meine Freunde) und daß sie noch dazu zweitens eigentlich hoffen, daß ich versage.«

Eine ähnliche Art von Idealisierung ist der übertriebene Wunsch, demjenigen, den man beneidet, zu helfen und sich um ihn zu kümmern. Schwänzeln, kriechen und alles mögliche tun, damit er sich gut fühlt – das sind alles Wege, das tiefere Motiv, nämlich den Neid, zu verleugnen. Schließlich versucht man ja nur zu helfen!

Vor solchen Leuten, die »nur helfen wollen«, sollte man sich hüten, weil sie oft ihr Eigeninteresse verbergen. Wenn jemand so ganz uneigennützig helfen möchte, macht er sich selbst etwas vor und macht einem das später zum Vorwurf. Heimlich kann er einen dann sogar für die Freundlichkeit beneiden, die er selbst spendet.

### Den Neid nach außen projizieren

Eine wichtige Art und Weise, neidische Gefühle zu maskieren, besteht darin, vorzugeben, ein anderer sei neidisch. Dieser Mechanismus, unsere eigenen neidischen Gefühle auf andere zu übertragen, nennt man Projektion. Behauptet Andrea zum Beispiel, daß sie auf Janets Geld nicht neidisch sei, so sagt sie statt dessen: »Mich interessieren an einem Menschen die geistigen Werte.«

Dennoch achtet Andrea ständig auf Janets Ausgaben. Sie weiß, wie viele Ohrringe Janet besitzt, wieviel Geld sie für Modebrillen und wieviel sie im letzten Winterurlaub ausgegeben hat. Dennoch besteht Andrea darauf, daß Janet *sie* wegen *ihrer* geistigen Qualitäten beneide.

Janet, die extravagante Lebedame, hat niemals den Wunsch nach einem geistigeren Leben geäußert. Sie beklagt sich nicht. So wird deutlich, daß Andrea und nicht Janet neidisch ist.

## Der neidische Snob

Der Snob hat zwei Gesichter. Auf der einen Seite steht seine Überlegenheit, auf der anderen der Neid.

Dazu ein Beispiel: Mein Freund Terry ist ein Snob. Wenn er in der Oper nicht den besten Platz bekommt, fühlt er sich beleidigt. Er erkennt, ob man Kleider von Dior trägt. Ist das der Fall, versucht er, einen besser kennenzulernen. Wenn Terry »Marcel« zitiert, sollte man natürlich wissen, daß er damit Marcel Proust meint. Sein teures, ständig überheiztes Auto ist nicht besonders bequem. Dennoch würde er nie ein erschwingliches bequemes Auto kaufen. Glücklich ist Terry eigentlich nicht. Sein Snobismus kommt auch aus einem Gefühl der Unterlegenheit und des Neides. Er muß Leute, die er für ungebildet hält, schlechtmachen. Dabei weiß er insgeheim, daß sie vielleicht glücklicher sind als er.

Dieses Verhaltensmuster wurde ihm zum erstenmal klar, als er Norwegen bereiste und mit einem Freund auf einem großen Boot durch die Fjorde segelte. An Bord war eine Gruppe amerikanischer Touristen, deren Reiseleiterin eine kleine spröde Frau in Uniform war. Terry und sein Freund fühlten sich sofort von diesen lauten, groben Touristen abgestoßen. Sie waren nicht ihr Niveau. Die beiden waren froh, daß sie nicht zu der Gruppe gehörten.

Während sie sich über die Reiseleiterin lustig machten, stand diese am Ende des Bootes, streckte ihren Arm aus und hielt ein Stückchen Brot hoch, in der Hoffnung, daß eine Möwe herbeifliegen und es holen würde. Die Möwen umkreisten sie und das Brot eine Weile, ehe eine mutig genug war, nach unten zu stoßen und den Brocken zu attackieren. Das ganze Boot sah voller Interesse zu, während Terry und sein Freund nur grinsten und dachten: »Worüber die sich freuen!«

Die Gruppe verließ bei der nächsten Anlegestelle das Boot, während Terry und sein Freund noch weiter segelten. Kaum hatte das Schiff die Segel gesetzt, konnten Terry und sein Freund es kaum noch abwarten, die Möwen zu füttern. Bald folgte ein Schwarm von Möwen dem Boot, während Terry und sein Freund nun ihrerseits das »lächerliche Vergnügen« genossen.

Da verstand Terry plötzlich, daß er die Reiseleiterin um ihre kindliche Freude beneidet hatte. Statt sich ihren Neid einzugestehen, hatten er und sein Freund die kleine Frau schlechtgemacht und sich wie Snobs benommen, während sie eigentlich am liebsten am Spaß dieser Frau teilgehabt hätten.

### Ein Ableger werden

Eine Möglichkeit, sich seinen Neid nicht eingestehen zu müssen, ist die, genau wie die Person zu werden, die man beneidet. Wenn man ihr gleicht – so denkt man –, braucht man ihr gegenüber keinen Neid mehr zu empfinden. Das Problem ist nur, daß man dabei seine ureigene Art aufgibt und sozusagen »Ableger« wird. Darüber hinaus reagiert die Person, die man beneidet, oft feindselig auf diesen Versuch, da man als »Ableger« oder »Zwilling« das Territorium und die Individualität des anderen angreift. Der andere versteht die Botschaft so: »Ich möchte du sein, ich möchte nicht, daß du du bist.« Ein freundschaftlicher Wetteifer hingegen ist ein Kompliment. Er bedeutet: »Ich möchte so wie du sein, ähnlich wie du, aber auch mir selber treu bleiben, ich selbst bleiben.«

Der Wunsch, genauso zu sein wie die Person, die man beneidet, kann unheimlich sein. Eine 42jährige Rechtsanwältin aus San Francisco erzählte mir von einer Kollegin: »Caren war so neidisch auf meine Art, mit dem Leben umzugehen, daß sie an mir klebte, ein Chamäleon wurde und meine Qualitäten und Interessen übernahm.« Beneidet zu werden bedeutet oft, ungeheuer genau beobachtet zu werden. »Mir war das alles ziemlich unheimlich, weil sie in mein Leben eindrang. Sie versuchte, ich zu werden, und dabei hatte ich schon Schwierigkeiten genug, ich selbst zu sein.«

## Schweigend Leiden

Beliebt ist die Methode, einen erfolgreichen Freund allein zu lassen, seine gemeinen Gefühle für sich zu behalten und schweigend zu leiden. Man fühlt sich schlecht, gibt aber vor, sich aus einem anderen Grunde zurückgezogen zu haben. »Ich kann meinen Neid schon ignorieren, aber dann geht es mir noch schlechter«, sagte eine Frau. »Es klappt nicht, wenn ich mich zurückziehe und mit niemandem darüber spreche. Mein Neid wird größer, wenn ich mich deshalb schäme und damit alleine bin.«

## Der Neid der bösen Königin

Wie unsere Neid-Skala verdeutlicht, beinhaltet Neid sowohl Ressentiment als auch Verlangen. Ressentiments können unscheinbar sein, aber sie können auch allgegenwärtig werden. Wo ist der Unterschied? Eine neidische Person kann die Vorstellung nicht ertragen, daß ein anderer erfolgreicher, reicher, glücklicher, hübscher, zufriedener, begabter, mächtiger oder interessanter ist als man selbst.

Der Neid wird zu einem Problem, wenn er nicht mehr ein stilles Leiden oder ein vorübergehendes Gefühl ist. Eine Frau beschreibt das so: »Neid entsteht, wenn der Stich länger als eine Minute dauert.«

Wenn der Neid allmächtig wird, wenn man an nichts anderes mehr denken kann, wirkt er vergiftend. Man füttert sich dann selbst mit dem vergifteten Apfel der bösen Stiefmutter.

Was zunächst eine augenblicksbedingte Emotion ist, kann zu einem Teufelskreis werden, der vom Neid zum Selbstmitleid bis zur Isolation und Einsamkeit führt. In einem Artikel in »Cosmopolitan« beschreibt Suzanne McNear es so: Sie beneidete eine Frau, die ein Buch veröffentlicht hatte, während ihr eigenes abgelehnt worden war. Daraufhin erzählte sie jedem, dieses Buch sei nur deshalb ein Erfolg geworden, weil es platt und simpel sei.

»Danach begann ich, auf jeden Freund neidisch zu sein, der je ein Buch geschrieben hatte, anschließend auf Freunde, die gute Jobs hatten, und schließlich auf Leute, die es sich leisten konnten zu reisen. Ich war wie vergiftet. Ich haßte mich selbst. Andere Leute können schreiben und ich nicht ... Was kann ich denn sonst? Nichts. Aber ich muß arbeiten, weil ich niemanden habe, der für mich sorgt. Ich Arme! Was ich wirklich brauche, ist Urlaub. Aber wo kann ich denn schon hingehen, und mit wem? Vielleicht fahre ich allein? Aber dann beachtet mich niemand, weil ich alt und fett und grau und uninteressant bin. Ich könnte Leute zum Essen einladen, aber meine Wohnung ist blöd, und ich kann sowieso nicht kochen. Alle Welt lernt chinesisch kochen, und ich kann noch nicht einmal Reis machen.«

## Destruktiver Neid

Im schlimmsten Falle verletzt der Neid nicht nur uns selbst, sondern ganz konkret auch den anderen. In seinem Buch »Der Neid. Die Urgeschichte des Bösen« widmet Helmut Schoeck einen ganzen Abschnitt Morden, die den Neid zum Motiv hatten. Kürzlich fand in Nordkalifornien ein Prozeß gegen Bernadette Protti statt, die ihre Klassenkameradin Kirsten Costos erstochen hatte. Warum? Die fünfzehnjährige Bernadette schämte sich wegen ihrer Eltern und ihres Zuhauses und fühlte sich ausgeschlossen. Sie beneidete die hübsche populäre Kirsten, die, wie Zeugen aussagten, das Symbol für jenen »Erfolg und jene Popularität« war, die Bernadette selbst nicht erreichen konnte (San Francisco Chronicle vom 14. März 1985).

## Neid gibt es überall

Der destruktive Neid, der bis zum Mord führen kann, ist nicht typisch. Wohl aber gibt es den Neid selbst überall auf der Welt.

Der Anthropologe George Foster hat den Neid in vielen primitiven und Agrar-Gesellschaften studiert. Er stellte fest, daß der Neid in jeder Gesellschaft vorkommt.

Der Soziologe Helmut Schoeck glaubt, daß der Neid im Kern des Menschen als einem sozialen Wesen liege. Er weist darauf hin, daß der Mensch potentiell immer neidisch ist. Er drückt es so aus, daß der Neid eine der sorgfältig verborgenen, dennoch aber grundsätzlichsten Tatsachen der menschlichen Existenz in jeder Phase der kulturellen Entwicklung sei.

Warum ist der Mensch neidisch? Weil sich jeder die Erfüllung seiner Bedürfnisse wünscht. Diese Liste unserer Bedürfnisse aber ist endlos. Man kann immer bei anderen etwas finden, was man selbst nicht zu besitzen glaubt.

Eine Frau berichtet: »Ich beneide Frauen, die Ziele erreicht haben, die ich mir gesteckt habe: die alte Frau mit ihrer alten Hütte, die im Morgengrauen am Strand spazierengeht; lachende Menschen; Liebende, die sich gerade erst entdecken; das Kräuterweiblein hoch in den Bergen; jeden mit mehr Wissen und Einsicht als ich selbst.«

*Worauf sind wir neidisch?*

Ich fragte 300 Frauen, worauf sie neidisch sind. Die Liste der Antworten füllte fünfzig mit einfachem Zeilenabstand geschriebene Seiten. Hier sind ein paar der Antworten:

Job. Status. Zufriedenheit im Beruf. Einkommen. Geschäftssinn. Freie Zeit. Nicht arbeiten müssen. Reisen. Geerbtes Geld. Lotteriegewinn. Gesundheit. Die Kraft, Lebenskrisen zu lösen. Ehrgeiz. Ohne Hemmungen zu sein. Wissen, was man will. Berühmtheit. Verehrer. Unterstützende und erfolgreiche Ehemänner. Sich artikulieren zu können. Eine dauerhafte Ehe. Dankbare Kinder. Großzügige Verwandte. Das ungebrochene Vertrauen und die Liebe eines Elternteiles. Enkelkinder. Die Fähigkeit, Berufs- und Privatleben harmonisch miteinander zu verbinden. Sich in kulinarischen Dingen auszukennen. Eine Frau zu sein, die von ihrer Tochter bewundert wird. Bestimmtheit. Kompetenz. Ausgeglichenheit in der Sexualität. Hohe Wangenknochen. Heterosexuell und in der Lage zu sein, mit einem Liebhaber im Supermarkt Händchen zu halten und ihn zu küssen. Freundlichkeit. Selbstdisziplin. Sportlichkeit. Selbstachtung. Innere Ruhe. Ein schönes Zuhause. Materieller Besitz. Stil. Organisiert zu sein. Persönlicher Erfolg. Fruchtbare Freundschaften. Führungsqualitäten. Ohne Schwierigkeit Geld auszugeben. Glück. Macht. Schönheit. Eine gute Figur. Musikalische Talente. Freiheit eines Mannes. Abends alleine auszugehen. Popularität. Kreativität. Intelligenz. Zu wissen, wie man flirtet. Gute Erziehung. Glückliche Kindheit. Jugend. Sich nicht darum zu scheren, was andere denken. Liebe und die Fähigkeit, sich an den alltäglichen Schönheiten des Lebens zu freuen – ohne andere zu beneiden.

## Wie der Neid entsteht

*Was alle Theorien über den Neid gemeinsam haben*

Manche psychologischen Theorien besagen, daß der Neid schon bei der Geburt beginnt, daß schon der Säugling mit Neid geboren wird. Die britische Psychoanalytikerin Melanie Klein war als erste davon überzeugt, nachdem sie Neugeborene beobachtet hatte, daß der Neid natürlich und angeboren ist. Klein glaubt, daß das Kind auf die Mutterbrust (oder die Flasche) neidisch ist, weil sie die Quelle der Nahrung ist; wenn die Brust entzogen wird, entsteht Neid.

Psychiater wie Heinz Kohut, D. W. Winnicott und Leslie Farber glauben, daß der Neid erst später im Leben entsteht, wenn die Symbiose zwischen Kind und Mutter nachläßt und das Kind sich beraubt fühlt. Ich stimme dem zu. Schließlich ist die Brust für viele Kinder dann, wenn sie sie brauchen, auch da. Natürlich will das Kind das haben, was die Mutter hat. Aber ich glaube nicht, daß dieser Wunsch Neid ist, denn am Anfang ist das Kind viel zu sehr eins mit der Mutter. Neid entwickelt sich, wenn das Kind mehr und mehr frustrierende Erfahrungen gesammelt hat und einen Sinn dafür entwickelt, wer es ohne die Mutter ist. Neid entsteht, wenn das Kind in der Lage ist, zu phantasieren und sich vorzustellen, was es gerne hätte. Für manche Kinder ist der Neid auf Spielsachen ausgeprägter als der auf die Brust.

Alle Theorien stimmen darin überein, daß Neid entsteht, weil man einen Mangel an etwas empfindet. Man stellt sich vor, daß einen das, was ein anderer hat, glücklich machen und mit dem versorgen würde, was einem selbst fehlt. Das Gefühl des Mangels ist auch ein Gefühl der Erniedrigung.

Ein altes Sprichwort sagt: »Wie appetitlich ist der Fisch auf dem Tisch des anderen.« Denken Sie in einem Restaurant auch so oft, wenn ein Essen vorbeigetragen wird: »Hätte ich doch lieber das bestellt«?

Zum Neid gehört der Vergleich und die Feststellung eines Mangels. Die böse Königin spürte einen Mangel und konnte den Schmerz, unterlegen zu sein, nicht ertragen. Psychologen nennen das einen »Mangel an Selbstachtung«. Sie sprechen von einem »wirklichen Selbst« (das, was man glaubt wirklich zu sein) und »einem idealen Selbst« (so, wie man gerne wäre). Es ist der Vergleich zwischen dem wahren Selbst und dem idealen Selbst, der neidisch macht.

Neben einem Gefühl des Mangels ist der Neid auch ein Wunsch nach mehr.

»Ich wünschte, ich wäre zehn Zentimeter größer«, beklagt sich Elise. »Ich könnte besser Tennis spielen. Ich müßte mir im Fahrstuhl nicht den Bauch anderer Leute ansehen. Wenn ich blond wäre, würde man die Haare an meinen Beinen nicht sehen. Sehen Sie, ich beneide Frauen, die groß und blond sind.« Ich fragte Elise, wie sie wohl mit ihrem Neid fertig werden könnte. »Ich müßte zehn Zentimeter wachsen und mein Haar blond färben.«

### Wie sich das Drama entfaltet

Haben Sie sich je gefragt: »Warum bin ich so neidisch? Warum sind manche Leute viel zuversichtlicher und weniger neidisch als ich? Wie bin ich nur so geworden?«

Neidisch wird man, wenn man als Kind nie »recht« war, wenn man sich als Kind nicht für das geliebt fühlte, was man war. Wenn man immer verglichen, nicht als eigenes und einzigartiges Wesen angenommen wurde. Ein solches Kind lernt zu glauben, daß es sich besser fühlen würde, daß es akzeptiert wäre, wenn es anders wäre, etwas anderes hätte. Es sehnt sich nach der uneingeschränkten elterlichen Liebe, die ihm auch die Selbstliebe ermöglicht, die liebende Annahme seiner selbst.

Man hat kein Selbstwertgefühl, wenn man als Kind nicht genug lebenswichtige »Spiegelung« erhalten hat. Die Psychoanalytikerin Alice Miller beschreibt, daß das Kind Spiegelung braucht, um sich wichtig, bewundert, verstanden, gehört und bestätigt zu fühlen. Durch die Spiegelung gibt die Mutter dem Kind eine positive Interpretation von dem, was es ist. Diese Spiegelung war es, die Schneewittchen brauchte. Aber ihre Mutter stahl ihr die Schau und den Spiegel.

Ein Kind, das eine ausreichende positive Spiegelung erfahren hat, kann sich selbst achten und schätzen. Ein solches Kind braucht den Neid weniger.

Ein Beispiel für eine positive Spiegelung: Ein Kind bringt aus dem Kindergarten ein Bild mit. Die liebende Mutter nimmt sich die Zeit, es anzusehen, sie schildert ihre Eindrücke, stellt dem Kind ein paar Fragen, zeigt das Bild anderen Leuten, rahmt es vielleicht ein oder klebt es an die Kühlschranktür.

Das gibt dem Kind das Bewußtsein, daß es selbst und seine Arbeit wichtig ist. Es denkt: »Mensch, kann ich gut malen! Ich bin wer.« Später im Leben, wenn die Mutter genug positive Spiegelung geboten hat, drückt sich das angeeignete Selbstwertgefühl so aus: »Ich brauche Sallys Geld nicht, um mich wohl zu fühlen. Ich bin so, wie ich bin, zufrieden.«

Die Wichtigkeit der Spiegelung für ein Kind ist in der heutigen Psychologie allgemein anerkannt. Heinz Kohut, der Begründer der Selbst-Psychologie, war einer der ersten, der die Funktion der Spiegelung hervorhob. Sein Beispiel einer guten »Spiegelmutter« ist das eines Kleinkindes mit seiner Mutter im Park. Das kleine Kind läuft langsam von der Mutter weg, dreht sich um und sieht, daß die Mutter es voller Stolz anlächelt. Dieses Kind fühlt, daß es selbst dann, wenn es von seiner Mutter weggeht, geliebt wird.

Ein solches Kind fühlt (ohne das natürlich ausdrücken zu können):

- Meine Eltern sehen und lieben mich so, wie ich bin, und nicht nur in bezug auf ihre Phantasie, wie ich sein sollte.
- Meine Eltern verstehen mich, wenn ich versuche, meine Gefühle auszudrücken, und sie lachen mich nicht aus.
- Meine Eltern haben ihre eigene Identität und brauchen nicht mich, um sich aufzuwerten und sich gut zu fühlen.

Wenn ich glücklich bin, verhalte ich mich auch glücklich. Wenn ich traurig bin, verhalte ich mich auch traurig. Ich muß nicht für andere heiter aussehen ... Ich darf ärgerlich sein. Davon kriegt keiner Kopfschmerzen oder stirbt ... Ich kann wütend sein, ohne meine Eltern zu verlieren.

Das Kind, das keine ausreichende Spiegelung erfährt, läuft größere Gefahr, Schneewittchens Schicksal zu erleiden, weil die Mutter nicht aus ehrlichem Herzen loben und bewundern kann. Die Tochter, die die Reaktion der Mutter erspürt, fühlt auch den Kummer der Mutter, überholt und zurückgelassen zu werden, und wird mit Schuldgefühlen darauf reagieren.

Natürlich ist es unmöglich, immer eine ideale Spiegelung zu vermitteln. Aber wenn die Mutter egozentrisch ist, wie die böse Königin es mit Sicherheit war, und das Kind für ihre eigenen Bedürfnisse benutzt, kann dieses Kind seine eigene Einmaligkeit und Einzigartigkeit nicht erfahren. Es wird ein neidisches Kind.

Vielleicht hat die Mutter selbst von ihrer Mutter, ihrem Partner oder ihren Freunden oder (wie das meistens der Fall ist) von der vorherrschenden patriarchalen Kultur mit ihrer Überbetonung des Aussehens, des Körpers und anderer äußerer Merkmale der Frau nicht genug Spiegelung erfahren. Diese Mutter sucht nun das, was ihr selber fehlt, in ihrer eigenen kleinen Tochter, einem Kind, das kontrolliert werden kann, das sie auf Jahre nicht verlassen wird und das von ihr abhängig ist. Dieses Kind bleibt aus Angst, die Mutter zu übertreffen, leblos und unerwachsen wie Schneewittchen. Und diese Mutter benutzt das Kind als den Spiegel, den sie selbst nie gehabt hat und der ihr sagen soll, daß sie die Schönste im Land ist.

Ein solches Kind hat das Gefühl, daß irgend etwas mit ihm nicht stimmt, vor allen Dingen deshalb, weil es nicht in der Lage ist, seine Mutter glücklich zu machen. Deshalb vergleicht es sich selbst mit anderen. Weil es sich leer fühlt, beneidet es das, was es bei anderen im Überfluß vermutet. Es ist böse auf seine Mutter, die sich ihm nicht wirklich zuwendet; und es ist auf sich selbst böse, weil es sich nicht gut fühlen kann. Wenn dieses Kind erwachsen wird, fühlt es sich machtlos, sucht mehr und mehr außerhalb von sich selbst nach jener positiven Reflexion, die es so verzweifelt vermißt.

Dabei muß dieser positive Widerklang in Wirklichkeit von innen kommen. Das, was das erwachsene Kind möchte (und neidet), symbolisiert lediglich das liebende Angenommensein, nach dem es sich sehnt. Weil kein anderer, kein Besitz und kein Talent diese Sehnsucht von außen befriedigen kann, ist der Neid unstillbar.

*Warum sind manche Leute neidischer als andere?*

Wer glaubt, daß Neid für ihn ein großes Problem ist, mag vielleicht keine angemessene Spiegelung erfahren haben. Aber es gibt noch viele andere Gründe, warum Leute neidisch sind:

– Ihre Eltern mögen Ihnen das Gefühl gegeben haben, *zu* besonders und überlegen zu sein.

Übertriebene Zuwendung vermittelt ein übertriebenes Selbstbild. Übertriebene Zuwendung ist genausowenig eine angemessene Spiegelung wie zuwenig Zuwendung. Auch dann ist das Selbstbild unrealistisch. Man kann dann nicht akzeptieren, einfach durchschnittlich zu sein. Man hat dann innere Erwartungen an die eigene Perfektion, die man kaum einhalten kann. Dann beneidet man jemanden, der nicht ganz so perfekt scheint und mit diesem Gefühl gut umgehen kann. Die Erwartungen an das Glück sind in diesem Fall zu hoch geschraubt, und die existentiellen Bedingungen können dann einfach nicht akzeptiert werden: Das Leben ist gespickt mit Enttäuschungen, Traurigkeit und Tod.

– Man mag eine plötzliche Veränderung einer Situation oder einer Beziehung erfahren haben.

Ein Hauptgrund für Neid ergibt sich dann, wenn zwei Menschen einst in bezug auf etwas Bestimmtes ziemlich gleichwertig waren und sich dann eine Veränderung ergibt. Zwei Frauen waren beispielsweise bei der Arbeit gleichberechtigt. Plötzlich wird die eine befördert, während die andere in der alten Position bleibt. Diese plötzliche Veränderung wird höchstwahrscheinlich bei der nicht beförderten Frau Neid hervorrufen.

– Man wird davon beeinflußt, wie neidisch die Eltern waren und ob sie ihren Neid zugeben konnten.

Wenn sie ihren Neid, obwohl er eindeutig war, nicht zugeben konnten, neigt man selbst dazu, ebenfalls neidisch zu sein.

– Man ist neidisch, weil es im Leben grundsätzliche Begrenzungen gibt. Nicht jeder Mensch wird gesund, intelligent und schön geboren; die gesellschaftliche und individuelle Ausgangslage ist nicht für jeden Menschen gleich.

Ich habe fünf Frauen mit lebensbedrohlichen Krankheiten interviewt. Sie beneideten den guten Gesundheitszustand anderer, und das war verständlich. Oder sie mögen Teil einer Minorität sein, die in unserer Gesellschaft ungleiche Chancen hat. Der Neid richtet sich gegen Einschränkungen vor allem solcher Art, die uns Lebenswichtiges versagen. Das heißt, es gibt auch ganz verständlichen und ganz berechtigten Neid.

Aber was ist mit den Menschen, die ausreichend Spiegelung erfahren haben, gesund sind, alle Chancen haben? Was ist mit einem Menschen im Geschäftsleben, der von seinen Eltern wahrhaft geliebt wurde, aber aus Neid bereit ist, alles zu tun, um voranzukommen? Warum sind solche Menschen neidisch? Zusätzlich zu den mehr individuellen und persönlichen Gründen für den Neid gibt es auch soziale und kulturelle Anlässe für den in unserer Gesellschaft besonders ausgeprägten Neid.

## 3. KAPITEL

# Nie gab es mehr Neid als heute

Unsere Ururgroßmutter war neidisch; wir sind es auch. Aber sie war wahrscheinlich weit weniger neidisch als wir. Und unsere Enkel werden eines Tages noch mehr unter ihrem Neid leiden, als unsere Ururgroßmutter und wir zusammen. Warum? Warum kommt es in der westlichen Gesellschaft der achtziger Jahre zu einer Explosion des Neides? Es reicht nicht aus, den Neid aus der Perspektive unserer persönlichen Geschichte zu untersuchen. Der Neid ist auch ein kulturelles und soziales Problem.

Der Mythos von Amerika als dem Land, wo jeder die Chance hat, alles zu erreichen, ist noch immer lebendig. Amerika, das Land der unbegrenzten Möglichkeiten, wo die Menschen seit zweihundert Jahren auf Straßen, die angeblich mit Gold gepflastert waren, den amerikanischen Traum suchen. Aber der amerikanische Traum ist ein Film, der auf dem Projektor des Neides abgespielt wird. Unsere westliche Gesellschaft ermutigt nicht nur zum Neid, sondern verlangt ihn sogar, um sich selbst zu erhalten. Wir ermutigen jeden, mehr zu verdienen, besser auszusehen, seinen Lebensstandard zu heben, mehr zu lernen. Unsere Gesellschaft kreiert unvermeidbare Vergleiche und unvermeidbare Unzufriedenheit. Wenn Sie am untersten Ende der Hackordnung stehen, sollten Sie sich am eigenen Schopf aus dem Sumpf ziehen; wenn Sie ganz oben sind, fangen Sie am besten an, sich Sorgen zu machen, denn Sie haben mehr, als Sie mit anderen teilen, und es wird schon jemand kommen, der Sie beneidet, vielleicht sogar versucht, Ihnen alles wegzunehmen.

Die westlichen demokratischen Gesellschaften versprechen gleiches Recht für alle. Ein solches Versprechen erzeugt den Neid, weil es die Gleichberechtigung, die uns versprochen wird, nicht gibt.

Sehen wir uns die Gründe für die gegenwärtige Explosion des Neides einmal an.

*Amerika ist eine Nation von Emigranten.* Seit der Zeit der »Mayflower« über die Tage von Ellis Island bis zu der Massenemigration der letzten Dekade haben Menschen aus der ganzen Welt ihr Bündel geschnürt, um auf amerikanischem Boden Sicherheit und Glück zu finden. Mit Ausnahme der eingeborenen Amerikaner, deren Zuhause es war, und der schwarzen Sklaven, die in Ketten hierhergebracht wurden, sind die Menschen immer mit der Erwartung in dieses Land gekommen, daß das Leben hier besser sein würde als dort, wo sie herkamen.

Auch heute noch verlassen Menschen wegen diverser Kriege, Revolutionen oder mangelnder Chancen ihre Heimat. Sie hoffen auf neue Möglichkeiten und beneiden diejenigen, die das besitzen, was sie selbst zu finden hoffen.

*Größere Durchlässigkeit der Klassenschranken.* Es gab Zeiten in der Geschichte, da waren Diener Diener und Herren Herren. Söhne und Töchter erwarteten, das zu werden, was ihre Eltern waren. Nach der Französischen Revolution und im Laufe der industriellen Revolution fand eine langsame geschichtliche Veränderung statt. Wohlstand wurde erreichbarer. Menschen in dienenden Positionen glaubten, daß sie, wenn schon nicht »Herren«, so doch wenigstens wohlhabend und selbständig werden könnten.

Man möchte meinen, daß man mehr Neid empfindet, wenn man weiß, daß man ein Diener bleiben muß. Indes – der Neid ist intensiver, wenn es eine Möglichkeit gibt, das, was man sich wünscht, zu erreichen; wenn ein geringerer gesellschaftlicher Abstand zwischen einem selbst und der Person, die man beneidet, besteht. Heute wird in der Demokratie davon ausgegangen, daß jedes Kind potentiell Staatspräsident werden kann. Wir lernen, wir könnten werden, was wir wollen, unabhängig von unserer Rasse, von unserer Religion, unserer Klasse oder unserem Geschlecht.

Doch ganz so einfach ist es nicht; es gibt die Furcht, daß nicht für alle genug da sein könnte (vor allem für einen selbst). Das ist die Angst vor den begrenzten Annehmlichkeiten. Und der Anthropologe George Foster glaubt, daß diese Furcht in wirtschaftlicher und psychologischer Hinsicht der Grund für den Neid ist.

Die meisten Gesellschaften bestehen aus »Habenden« und »Nichthabenden«. Dennoch haben sich in traditionellen Gesellschaften die Habenden nur selten mit den Habenichtsen gemeinsam zum Mittagessen niedergelassen und umgekehrt. Die Habenichtse haben den Habenden nicht beim Genießen eines Steaks zugesehen, während sie selbst Reis aßen. Foster glaubt, daß der Neid vor allem in »beraubten Gesellschaften« herrscht, wo die reichen Leute sich mit ihren Gütern und ihrer Macht denen, die weniger haben, allzu deutlich zeigen. Die Vereinigten Staaten sind definitiv eine bestohlene Gesellschaft.

Die meisten von uns wissen die verbesserten Arbeitschancen, die unsere Gesellschaft anbietet, zu schätzen. Dafür zahlen wir mit größerem Neid. Mit einer vergrößerten Durchlässigkeit der Klassenschranken werden Wohlstand und Prestige sichtbarer. Dennoch bleibt das Problem der nicht erfüllten Erwartungen bestehen. Obwohl es immer heißt, daß jeder Arme reich werden kann, ist in Wirklichkeit die Verteilung der Güter in Amerika seit mehr als fünfzig Jahren ziemlich unverändert geblieben.

Was für die sozialen Klassen gilt, stimmt auch mehr und mehr in bezug auf Rassen und Geschlecht. Die einstmals unterdrückten Gruppen wie rassische Minderheiten und Frauen haben gesehen, was möglich wäre, und verlangen nach Gleichberechtigung.

Die gesellschaftliche Dynamik der vergangenen hundert Jahre war bestimmt von einer Abkehr von dem geduldigen Warten auf Chancengleichheit hin zu einem aktiven Kampf um Gleichberechtigung mit den Begünstigten der Gesellschaft.

*Unsere Konsumgesellschaft.* Im 19. Jahrhundert haben die Menschen der harten Arbeit, der Selbstdisziplin und dem Sparen für die Zukunft eine enorme Bedeutung beigemessen. Ein Arbeiter schuftete nicht nur, um sich und seine Familie versorgen zu können. Es war ihm auch selbstverständlich, der Gesellschaft und in der gesellschaftlichen Ordnung zu dienen.

Heute haben wir uns von einer Produktionsgesellschaft zu einer Konsumgesellschaft gewandelt. Im Vordergrund steht im Augenblick für die meisten von uns nicht mehr der Kampf ums Überleben, sondern die Anschaffung von Konsumgütern. Die

Menschen konzentrieren sich auf ihren individuellen Erfolg und wollen ihn genießen. Viele definieren ihren Eigenwert durch das, was sie besitzen und wie sie aussehen, und nicht mehr damit, wie hart sie arbeiten oder was sie für die Gesellschaft beitragen. Dieses Beschäftigtsein mit sich selbst schafft einen fruchtbaren Boden für den Neid.

Aus vielen Gründen, seien es nun religiöse, gesellschaftliche oder ökonomische, haben die Menschen in früheren Jahrhunderten nicht sonderlich an die Möglichkeit geglaubt, schon während ihres Lebens – und nicht erst nach dem Tode – Zufriedenheit zu erringen. Heute halten wir eine sofortige Befriedigung unserer Bedürfnisse für unser Geburtsrecht. Die technologische Entwicklung hat uns mehr Güter, mehr materiellen Wohlstand, mehr Freizeit und einen verbesserten Zugang zu Informationen und Unterhaltung beschert.

Die Menschen messen der Erfüllung ihrer Bedürfnisse eine enorme Bedeutung bei – nicht zuletzt aufgrund der allgegenwärtigen Werbung, die ihnen vortäuscht, daß sie Bedürfnisse (die sie vorher vielleicht gar nicht hatten) umgehend befriedigen können, indem sie das neueste Produkt erwerben. Dennoch bleibt die Befriedigung immer eine Spur hinter dem Erreichbaren zurück. Sowie man ein Bedürfnis befriedigt, indem man etwas kauft, ist der Gegenstand auch schon überholt, oder die Mode hat sich geändert. Und so ist man schon wieder unzufrieden. Ein Grund, neidisch zu sein auf denjenigen, der gerade das allerneueste Modell gekauft hat.

*Unrealistische Erwartungen.* Diejenigen von uns, die zu der »Ich-Generation« gehören, wurden nach dem Zweiten Weltkrieg geboren. Wenige von uns sind, wie das in früheren Generationen üblich war, in enger Gemeinschaft mit ihren Großeltern und erweiterten Familien aufgewachsen. Wir entstammen der Kleinfamilie und kamen in den Genuß des Wirtschaftswunders nach dem Kriege. Der Überfluß wurde für viele Kinder des Mittelstandes selbstverständlich. Die Mütter, in der Kleinfamilie auf die Kinder konzentriert, ersehnen in ihnen die Erfüllung ihrer eigenen Träume und Erwartungen. Die Überflußkinder sind überbehütet, verwöhnt und vernachlässigt in einem.

Was man uns nicht gab und was frühere Generationen und weniger begüterte Mitglieder der Gesellschaft schon von Geburt an wußten, war, daß es Grenzen des Erreichbaren gibt. Da wir alles erwarten, werden wir neidisch, wenn ein anderer das erreicht hat, was wir nicht erreicht zu haben glauben. Außerdem entsteht so ein nagendes Gefühl, daß etwas nicht in Ordnung ist, wenn wir nicht haben, was »Schmidts« haben.

*Werbung.* Die Werbung erinnert uns daran, daß wir das, was unser Nachbar besitzt, vielleicht noch nicht selber haben. Die Sechs-Billionen-Dollar-pro-Tag-Industrie der Vereinigten Staaten muß Appetit wecken, um die Wirtschaft im Fluß zu halten. Die heutige Wirtschaft braucht neidische Menschen, die kaufen. Die Werbung sagt uns, was unsere »Bedürfnisse« sind. Schauen Sie sich die schlanke Blonde in ihrem Mercedes mit ihrer neuen Gesichtscreme an! Schauen Sie sich eine Welt wunderschöner Dinge an, die man selbst auch besitzen kann. Die Werbung macht alles sichtbar, öffentlich und zu einem Katalysator für den Neid.

Die Werbung nährt die Unzufriedenheit, indem sie uns sagt, daß wir nicht genug haben. Immer gibt es etwas, das »frau« hat und man selber nicht.

In unserer Gesellschaft des sichtbaren Verbrauchs fordern wir den Neid heraus. Genaugenommen sagen wir: »Schau mich an, schau, wieviel ich habe! Schau, wieviel erfolgreicher ich bin als du!« Der Neid der andern beweist uns unseren Erfolg.

*Massenmedien.* Die Werbung kann unsere Gefühle so stark beeinflussen, weil in der heutigen Welt jede Aussage – und jedes Geschwätz – sofort verbreitet werden kann.

Informationen über andere, hinter denen wir nicht zurückstehen wollen, erscheinen in jeder Zeitung, in jedem Magazin, in der Straßenbahn und auf der Litfaßsäule, im Fernsehen und in der Straßenreklame, im Kino und bald sogar auf dem Computerschirm.

Es gibt also viele Gründe für den Neid in unseren modernen Gesellschaften. Und während sich unsere Neid-Gesellschaft entwickelt hat, haben wir gleichzeitig die schützenden Barrieren, die andere Kulturen gegen den Neid aufrichten, abgeschafft.

## Der Verlust sozialer Schutzmechanismen gegen den Neid

Andere Kulturen haben gesellschaftliche Schutzmechanismen, mit denen der Neid gebannt werden soll. So machen Menschen in anderen Gesellschaften zum Beispiel nicht ohne weiteres Komplimente. Sie glauben an den bösen Blick; sie verbergen, was sie haben. Sie protzen nicht mit ihrem Besitz, und sie finden viele Möglichkeiten, zu teilen.

### Das Kompliment

Ein Kompliment verrät Neid. In anderen Kulturen haben die Menschen Angst vor dem Kompliment und schützen sich davor, indem sie seinen Gebrauch begrenzen. Sie glauben, daß ein Mensch, dem es besser geht als seinem Nachbarn, irgendwann vom Schicksal hart getroffen werden muß. Daher wird derjenige, dem es gutgeht, darauf bestehen, daß er seinen Wohlstand dem Glück verdankt, daß er es nicht verdient, erfolgreich zu sein, daß sein Erfolg Schicksal oder Gottes Wille sei und auf alle Fälle nicht durch persönliches Bemühen zustande kam. Und das ist ziemlich genau das Gegenteil der Philosophie unserer Gesellschaft, die da lautet: »Du bist für alles selbst verantwortlich.«

Komplimente setzen einen Menschen der Gefahr des Neides aus. Wenn einem griechischen Schäfer gesagt wird, daß seine Schafe in guter Verfassung seien, fühlt er sich bedroht und hat Angst davor, daß seiner Herde etwas Schreckliches passieren könnte. Er befürchtet, er könnte ausersehen sein, zum Opfer des Neides zu werden. Die Griechen glauben, daß ein Bewunderer das, was er bewundert, auch an sich bringen möchte, auch wenn ihm das vielleicht nicht bewußt ist. Wenn der Bewunderer das, was er lobt, nicht bekommen kann, ist er frustriert und neidisch und damit gefährlich. In vielen Gesellschaften ist es so, daß einem das, was man bewundert, ausgehändigt wird, um den schädlichen Neid abzuwehren.

In vielen Teilen der Erde haben die Leute Angst vor Lob. So ist es beispielsweise in Indien, Ägypten, dem Mittleren Osten und Südasien genauso unwahrscheinlich, daß eine Mutter ihr Neugeborenes der Öffentlichkeit vorführt, wie eine amerikanische Mutter ihr Baby einer ansteckenden Krankheit aussetzen würde. Indische Eltern loben ihre Kinder nicht für gute Leistungen oder ihre Hilfsbereitschaft. Genausowenig nehmen Bedienstete Lob an. Und ein Ehemann preist nur selten die Kochkünste seiner Frau. Wenn man das weiß, wird man es vermeiden, einem Inder zuviel Lob zukommen zu lassen.

Wenn ein Mensch einem andern ein Kompliment macht, könnte er damit zugeben, daß er das, was der andere besitzt, haben möchte. Kennen Sie das Gefühl, nicht zu wissen, wie Sie reagieren sollen, wenn jemand Sie lobt? Spielen Sie das Lob herunter? Oder sagen Sie »Danke«, weil es wahr ist und es Ihr Selbstwertgefühl vergrößert? Vielleicht ist Lob uns oft peinlich, weil wir Neid dahinter vermuten oder ahnen. »Du siehst heute aber gut aus«, sagt Nina, und Lisa antwortet: »Das sieht nur so aus; mir geht's gar nicht gut. Ich muß mal endlich zum Arzt...«

Die Amerikaner machen sich sehr viele Komplimente für alles und jedes. Wenn man sich für eine Party hübsch macht und kein Kompliment bekommt, fragt man sich, was man um Gottes willen falsch gemacht hat.

Die übertriebene Art, mit der wir Komplimente machen, läßt vermuten, daß ein traditioneller Schutz gegen den Neid in unserer Gesellschaft verlorengegangen ist. In einer Gesellschaft, in der Komplimente wie die Pest gemieden werden, ist der Neid weniger ein Problem.

## Der böse Blick

Der Glaube an den bösen Blick und die Praktiken zu seiner Abwehr sind Versuche, den Neid abzuwenden. Der böse Blick ist ein neidischer Blick, der aktiv dem Beneideten Schaden zufügt. Der böse Blick hat die magische Kraft, zu verletzen.

Angeblich soll der böse Blick »schlechte Ernten, den Tod des Viehs, verfaultes Fleisch, Krankheiten, Sterilität, Aborte und Geisteskrankheiten« hervorrufen. Angenommen, ein hungriger Mensch bedenkt jemanden, der ißt, mit einem neidischen Blick. Die essende Person bekommt daraufhin Bauchschmerzen und bringt keinen Bissen mehr hinunter. Die hungrige Person wird dann vielleicht des bösen Blickes bezichtigt. (Vielleicht hat der Esser Bauchschmerzen bekommen, weil das Essen verdorben war.) In primitiven Gesellschaften ist die Ursache vieler (Natur-)Katastrophen unbekannt. Indem man an den bösen Blick glaubt, kann man unerklärliche Geschehnisse deuten, und der Neid ist ein einleuchtender Grund für manche unangenehmen Ereignisse. Somit mag jeder, der mehr als andere besitzt, Angst davor haben, beneidet zu werden. Und die Menschen nehmen davon Abstand, ihren Neid direkt auszudrücken, weil sie wissen, daß man sie dann verdächtigt, der Person, die sie beneiden, schaden zu wollen.

Wer wird verdächtigt, den bösen Blick zu haben? Meistens sind das Frauen. Sie sind in den patriarchalen Gesellschaften benachteiligt und haben damit einen Grund, sich übervorteilt und neidisch zu fühlen. Auch Unfruchtbarkeit kann eine Frau beispielsweise verdächtig machen.

Auch Fremde werden des bösen Blickes verdächtigt, genauso wie Menschen, die einen körperlichen Fehler oder ein ungewöhnliches Aussehen haben wie beispielsweise blaue Augen in einer Gegend, in der das selten vorkommt, oder Augenbrauen, die über der Nase zusammenwachsen. Auch Bettler werden verdächtigt. Das ist mit ein Grund, warum die Menschen ihnen Geld geben, um nämlich deren Neid und Rache zu vermeiden.

In Indien gibt es eine besondere Kaste, die Unberührbaren, die Parias. Diesen Menschen, die der Unterschicht angehören, wird nachgesagt, den bösen Blick zu haben. In Äthiopien wird der böse Blick den sogenannten »Buda« angedichtet, die arm sind, kein Land besitzen und von Geburt an einer niedrigen Klasse angehören. Die ganze Geschichte hindurch ist der böse Blick am häufigsten den Armen, den Häßlichen, den Benachteiligten aller Art nachgesagt worden. Mit anderen Worten: jenen, die die einleuchtendsten Gründe haben, Neid zu empfinden und auszudrücken.

*Vorsichtsmaßnahmen gegen den bösen Blick.* Gesellschaften, die sich vor dem bösen Blick fürchten, haben vielfältige Rituale entwickelt, mit denen sie sich meinen schützen zu können. In Italien versuchen die Bauern den bösen Blick abzuwehren, indem sie Knoblauch- oder Pepperonizöpfe aufhängen oder die Eingangstüren rot anstreichen. Rot ist beim Abwehren des bösen Blickes eine wichtige Farbe. In Indien tragen die Frauen als Schutz einen roten Punkt auf der Stirn. Manche Mütter osteuropäischer Abstammung benutzen immer noch ein rotes Band, um ihre Neugeborenen vor dem bösen Blick zu bewahren.

Auch Talismane und Amulette dienen als Abwehrzauber. In italienischen Kulturen tragen die Leute das Horn eines Ziegenbockes und eine Nixe mit einem Schwanz aus Paprikaschoten. Die Juden tragen den Davidsstern zu ihrem Schutz, die Christen ein Kreuz.

Eine weitere Methode, den bösen Blick abzuwehren, ist das Daumendrücken, eine bei vielen Juden und Christen verbreitete Geste. Das Spucken ist eine weitere Vorsichtsmaßnahme, genauso wie Salzwerfen über die Schulter. Auch kann man sein Haus mehrfach am Tage fegen oder verschiedene Reime aufsagen, um den bösen Blick zu vertreiben. »Gesundheit« oder »God bless you« bedeutet, daß man dem Nieser auf keinen Fall eine schlechte Gesundheit wünscht und ihm somit versichert, daß man ihm keinen bösen Blick zuwirft.

Eine jüdische Vorsichtsmaßnahme ist es, einem Kompliment die Wendung »Kayn aynhoreh« anzufügen. Dieser Satz bedeutet: »Möge der böse Blick Sie nie befallen« und soll dem Menschen, dem man ein Kompliment macht, versichern, daß man nicht neidisch ist. In vielen Kulturen ist es angebracht, jemandem, der etwas Neues trägt, zu sagen »Trag es in guter Gesundheit«, um ihn dadurch vor dem bösen Blick zu schützen, der auf seine Neuanschaffung folgen könnte.

Schlußendlich gibt es fast genauso viele Methoden, sich vor dem Neid zu schützen, wie es Gründe gibt, neidisch zu sein.

## Angeben

Wo man an den bösen Blick glaubt, stellen die Leute das, was sie besitzen, nicht zur Schau. In kleinen Städten waren die Leute beispielsweise oft dagegen, Glasfenster zu benutzen, aber nicht etwa, weil sie sich vor Einbrechern fürchteten, sondern weil die Leute hineinschauen und auf das, was sie sehen würden, neidisch sein könnten.

Davon sind wir heute weit entfernt. Wir zeigen, was wir haben.

Viele Frauen können nicht früh genug mit ihrer Schwangerschaft prahlen. In Mexiko, Lateinamerika und den Mittelmeerländern geben die Frauen ihre Schwangerschaft oft erst dann zu, wenn sie unübersehbar ist. Diese Angst kommt von dem Aberglauben, daß eine zu frühe Offenbarung der Schwangerschaft dem Fötus schaden könnte.

Heute tragen in Amerika schwangere Frauen T-Shirts mit der Aufschrift »BABY« und einem Pfeil, der auf ihren Unterleib deutet. Mit anderen Worten: »Stell, was du hast, zur Schau!«

In anderen Ländern schützt eine vierzigtägige Quarantäne nach der Geburt die Mutter und das Baby vor neidischen Blicken und Komplimenten, bis beide stärker sind und mit dem Neid besser umgehen können.

## Das Teilen: eine Vorsorge gegen den Neid

Im Winter kann eine Eskimo-Hausfrau ihre besseren Fleischstücke in ihrem Iglu verstecken, ehe die Gäste ankommen. Im Sommer, wenn meistens draußen gekocht wird, muß sie das, was sie hat, mit anderen teilen.

Wenn ein Navajo-Indianer der Meinung ist, es gehe ihm besser als den anderen, fühlt er sich gesellschaftlich verpflichtet, seinen Wohlstand mit anderen zu teilen und andere mit Geschenken zu verwöhnen. Wenn er nicht teilt, werden Zauberkraft und die flüsternde Stimme des Neides sein Leben vergiften.

Viele traditionelle Gesellschaften kennen rituelle Feste, um das Vermögen gleichmäßiger zu verteilen. So gibt jemand, der wohlhabender als andere ist, beispielsweise ein Fest für die ganze Dorfgemeinschaft, wodurch sein Vermögen so zusammenschrumpft, daß er danach unter Umständen weniger hat als sein ursprünglich ärmerer Nachbar. Wer von uns fühlt sich noch verpflichtet, wirklich mit anderen zu teilen?

## Reste von Abwehrzauber gegen den Neid

Nichtsdestotrotz haben wir nicht alle Schutzmaßnahmen gegen den Neid verloren. Wir benutzen zumindest noch *einen* Trick, um uns selbst zu schützen: Wir spielen die Freude an unserem Besitz herunter. Wir geben vielleicht vor, das, was wir besitzen, sei wertlos. Wenn mir jemand sagt, daß ihm das, was ich mir gerade gekauft habe, gut gefällt, sage ich vielleicht aus Angst davor, beneidet zu werden: »Wirklich? Ich bin nicht sicher, ob es mir eigentlich gefällt.« In vielen Ländern wird das, was bewundert wird, verschenkt. Das ist aber nur ein symbolisches Teilen, weil die Person, die das Lob ausgesprochen hat, das Angebot des Geschenkes meistens nicht annimmt.

Die falsche Bescheidenheit, mit der wir unseren Besitz herunterspielen, erlaubt es uns nicht nur, die Rosinen des Kuchens zu haben, sondern sie auch allein zu essen.

Als erfolgreiche Frau mag man sich auch des folgenden Verhaltensmusters bedienen: Wenn man beispielsweise befördert wurde und damit rechnet, beneidet zu werden, macht man schnell dem anderen ein Kompliment über dessen Arbeit.

Eine andere soziale Vorsichtsmaßnahme, mit der wir uns vor dem Neid schützen, ist, demjenigen, der einen Wettbewerb verloren hat oder nicht erfolgreich war, ein Besänftigungsmittel oder ein Ersatzgeschenk zu geben, um seine Enttäuschung auszugleichen. Ein Beispiel für dieses symbolische Teilen ist der »Trostpreis«. Eine andere Form davon ist es, Freunde einzuladen, um auf eine neue Errungenschaft, wie zum Beispiel ein Auto, zu trinken. Viele Reisende bringen ihren Freunden und Verwandten, die zu Hause bleiben mußten, Geschenke mit. Unterwegs bemüht sich der Urlauber darum, für jeden das richtige Geschenk auszusuchen, in der Hoffnung, Neid abzuwenden, wenn er wunderschöne Souvenirs mitbringt. Väter geben bei der Geburt eines Babys Zigarren aus. Ein weiteres Beispiel für das symbolische Teilen ist das Erntedankfest und das Beschenken ärmerer Familien an Weihnachten.

Oder es ist beispielsweise Sitte, an einem Kindergeburtstag allen Kindern kleine Geschenke zu machen, damit sie nicht auf den Gabentisch des Geburtstagskindes neidisch sind, ein Akt der Großzügigkeit.

Manchmal ist es schwierig, zwischen der Angst vor Neid und reiner Großzügigkeit zu unterscheiden. Beides ist miteinander verknüpft.

Eine weitere starke Vorsorge gegen den Neid ist natürlich auch Schneewittchens Verhalten, bei dem man sich zurückhält und somit erfolglos bleibt.

## Der Neid des Mannes auf die Frau

Mit dem Neid in uns selber und bei anderen haben wir alle zu kämpfen. Trotzdem gibt es Situationen oder gesellschaftliche Entwicklungen, in denen sich Neid von einer auf eine andere Gruppe verlagert. Der Kampf um die Gleichberechtigung der Frau ist ein Beispiel dafür. Dieser Kampf wird von dem berechtigten Neid der Frauen auf die traditionelle Machtposition der Männer geschürt. Aber wenn eine Person sich bedroht fühlt und befürchtet, ihre Machtposition einzubüßen, wird sie häufig mit Wut und Angst reagieren. Da die Frauen heute Rechte und

Privilegien einfordern, die früher nur den Männern zustanden, entsteht nun neuer Neid in Form von Abwehr bei den Männern.

Wir alle wissen, daß die Frauen während der letzten 3000 Jahre in ihren Entfaltungsmöglichkeiten beschnitten, isoliert, unterjocht wurden und nur wenige ökonomische und politische Rechte hatten.

Jetzt aber betreten Frauen die männliche Sphäre. Wir können Anwältinnen, Ärztinnen, Installateurinnen, Astronautinnen, Tischlerinnen, Architektinnen, Unternehmerinnen, LKW-Fahrerinnen, Nieterinnen und Richterinnen des Oberlandesgerichtes werden; wir haben in der männlichen Welt, in der Entscheidungen getroffen und Macht ausgeübt wird, selber Macht. Man hört uns heute mehr zu, und wir ernten mehr Anerkennung.

Frauen stellen die alten Frauenbilder in Frage, indem sie gleichzeitig am Arbeitsplatz Gleichberechtigung verlangen und immer noch Kinder erziehen. Männer haben heute mehr Anlässe, auf Frauen neidisch zu sein. Ein Typ des neidischen Mannes ist derjenige, der auf die zunehmende Gleichberechtigung der Frauen mit ausgesprochener Wut reagiert.

## Männlicher Chauvinismus

Dieser Männertyp, der die Vorherrschaft und die traditionelle Rolle des Mannes blind verteidigt, wird oft als chauvinistisch bezeichnet. Die Bezeichnung »Chauvinismus« leitet sich her von Nicolas Chauvin, einem Soldaten der Französischen Revolution und des Napoleonischen Krieges. Nachdem er mehrfach im Kampf verwundet worden war, bekam er eine kleine Pension und wurde aufgrund seiner Ergebenheit für Napoleon berühmt. Chauvinismus bedeutete seither blinder, militanter Patriotismus – und steht heute eben für eine blinde Treue gegenüber dem alten Männerbild und damit gleichzeitig für eine bestimmte Verhaltensweise gegenüber Frauen.

Der männliche Chauvinist glaubt halsstarrig an seine Überlegenheit. Er blickt auf die Frauen herab. Psychologisch betrachtet, ist der männliche Chauvinismus ein Versuch, das Gefühl des kleinen Jungen, von der Mutter abhängig zu sein, zu vermeiden. Der männliche Chauvinist kann das, was ihn an die Abhängigkeit, an den kleinen Jungen überhaupt, erinnert, nicht ertragen: emotionale Bedürfnisse, Anhänglichkeit, Zärtlichkeit, Schwäche. Solange er die Frauen abwertet, braucht er auf ihre Stärke (und ihre Macht als Mutter) nicht neidisch zu sein. Er stellt sich vor, daß er, und nicht die Mutter oder die Frau, das Zepter in der Hand hält.

### Der männliche Neid

Während der Steinzeit haben Männer und Frauen gleichermaßen die Große Göttin MUTTER ERDE verehrt. Archäologen und Anthropologen haben in Stein gehauene Zeichnungen gefunden, die zeigen, daß die Große Göttin mit Sexualität, Schwangerschaft und der Erde selbst in Verbindung gebracht wird. Sie ist selbst-genügsam. Sie braucht keinen Mann – sie ist mit der Erde verbunden, und die Kinder werden von ihr, der Erde, geboren. Die Große Göttin ist die Mutter alles Lebendigen, die Alma mater, der Ursprung allen Seins. Sie bringt Weisheit und gibt geistige und wirkliche Nahrung.

*Brustneid.* Die Große Göttin ist stolz auf ihre Brüste; von ihnen fließen Milch und Honig. Die meisten Skulpturen repräsentieren sie, wie sie ihre Brüste vorzeigt, sie in der Hand hält und deren Fülle zur Schau stellt. Bei diesen Skulpturen zeigt eine ihrer Hände auf ihre Brüste und die andere auf ihre Genitalien – die beiden großen Quellen des Wunders, die Ehrfurcht erheischen.

Der erste soziale Kontakt ist der des Neugeborenen mit der Brust der Mutter. Psychoanalytiker bestätigen, daß sie bei ihren männlichen Patienten »Brustneid« festgestellt haben. Die Brust hat die Macht, ein Kind entweder satt und zufrieden zu machen oder hungrig und verzweifelt zu lassen – und die Männer sind neidisch auf diese Macht, die früher eine Macht über Leben und Tod war.

*Neid und Furcht bezüglich der Vagina.* Die Genitalien der

Frau sind ebenso mysteriös; die Vagina ist verborgen und unbekannt, während der männliche Penis recht sichtbar ist. Aus der Vagina fließt monatlich Blut. Die Männer fürchten sich vor dem Blut der Frau; sie versuchen, diese Furcht zu mindern, indem sie die menstruierende Frau für »unrein« erklären. Nach dem Talmud tötet eine menstruierende Frau einen der beiden Männer, zwischen denen sie geht. Für manche Männer ist die Frau, wenn sie blutet, doppelt unheimlich. Bei manchen primitiven Stämmen glauben die Männer, daß der Kontakt mit einer menstruierenden Frau tödlich sein kann, weil er den Verlust der männlichen Stärke, Mißernte und den Tod des Viehs zur Folge haben kann.

Mit der Furcht mag sich auch der Neid auf die Macht, die gefürchtet wird, einstellen. Der Psychoanalytiker Bruno Bettelheim beschreibt, daß in gewissen Kulturen das Pubertätsritual der Beschneidung – das Abschneiden der Vorhaut des Penis – genaugenommen dazu dient, die weibliche Fähigkeit des Menstruierens nachzuahmen. Er behauptet, daß in der Beschneidung sowohl das menstruale Blut als auch die weibliche Vagina symbolisiert ist, die ja in den Augen eines Jungen einem Schnitt oder einer Wunde ähnelt. Diese primitiven Riten mögen den Wunsch ausdrücken, die Organe und Funktionen, die eine Frau im Gegensatz zum Manne hat, zu übernehmen.

Aus der weiblichen Vagina wird, natürlich, auch das Leben selbst geboren. Bis vor kurzem durften die Männer bei der Geburt, dem größten aller Geheimnisse, nicht dabeisein. Das hat sich heute grundlegend verändert.

Die Fähigkeit, zu gebären und zu nähren, macht die Frau für den Mann zu dem »ganz anderen«. Das Kind kommt aus ihrem Inneren, der Mann dringt »in« sie ein – und mag sogar befürchten, von ihr verschluckt zu werden. Gewisse Stämme glauben an die Vagina dentata, eine mit furchterregenden Zähnen ausgestattete Vagina.

*Die Angst des Mannes, von der Frau entkräftet zu werden.* Diese Vorstellungen führen zum Bild der »kastrierenden« Frau. Im wörtlichen Sinn bedeutet die Kastration das Abschneiden der männlichen Hoden. Die Männer befürchten von der »kastrierenden« Frau, daß sie sie ihrer Männlichkeit, ihrer Kreativität (Zeugungskraft) und Macht berauben könnte.

Eine Auswirkung dieser Kastrationsangst ist der Glaube, die Frau schwäche den Mann. Der Frau wird vorgeworfen, unersättlich zu sein, einen unstillbaren sexuellen Appetit zu haben. Sie scheint nie zufrieden. Loreley und die Sirenen stürzen die Männer durch ihre Verführung ins Verderben. Diese Angst oder zähneknirschende Bewunderung wird heute durch die von Masters und Johnson populär gemachte Erkenntnis vertieft, daß manche Frauen mehrere Orgasmen hintereinander haben können.

*Neid auf die Fähigkeit der Frau zu empfangen.* Ein weiteres Problem für den Mann ist es, daß die Frau passiv sein kann. Selbst wenn sie keinen Orgasmus erlebt, selbst wenn sie nicht erregt ist, kann sie ein Kind empfangen.

Diese Fähigkeit bewundert, beneidet und haßt der Mann an der Frau. Er selbst muß ejakulieren, um zeugen zu können. Darüber hinaus kann eine Frau künstlich befruchtet werden, wozu sie lediglich Spermien, einen Arzt und die moderne Technik braucht.

*Die Frau als Zerstörerin.* Die Frau wurde aber nicht nur als die Quelle des Lebens, sondern auch als Ursprung alles Bösen angesehen. Im Alten Testament lesen wir die Geschichte von Evas Erschaffung aus Adams Rippe (genaugenommen ist das die Umkehrung der Tatsachen, denn der Mann wird von der Frau geboren) und vom Sündenfall, den Eva hervorruft. In der griechischen Mythologie bringt Pandora der Menschheit Verderben, Krankheit und Tod, indem sie gegen ein ausdrückliches Verbot eine geheimnisvolle Büchse öffnet.

*Angst vor der prophetischen Macht der Frau.* Der Frau wurde außerdem die Macht der »positiven Hexe«, der Prophetin, der Seherin zugeordnet. Ohne sie hätten die Männer ihr Schicksal unwissend ertragen müssen. Sie ist die Quelle der Magie: Viele Priester und Schamanen tragen deshalb Frauenkleider, wodurch sie dem Objekt ihres Neides ähnlich werden.

Das Geheimnis der Frau beginnt mit dem Geheimnis der Mutterschaft. Freud sagt, die weiblichen Genitalien seien der

Platz, »wo wir einmal gewesen sind«, das Heim, in das die Männer zurückkehren möchten, in ewiger Suche nach der Mutter. Der Psychoanalytiker Wolfgang Lederer sagt über die Frau, daß der Mann sie brauche und ganz von ihr abhängig sei, denn sie sei das »Dock«, in dem er gebaut wurde, und der Hafen, der ihm Grund und Stärke verleiht.

Die Frau wird in Verbindung gebracht mit dem Leben, dem Tod, dem Verfall, dem Bösen, der sexuellen Unersättlichkeit, den sexuellen Ängsten des Mannes, dem Blut, der Natur, der Magie und der Macht. Ein unendliches Geheimnis.

Freud, der die Frauen nicht gerade glorifizierte, schrieb über den Schwangerschaftsneid der Männer. Die psychoanalytische Literatur bietet viele Beispiele für den männlichen Neid auf Schwangerschaft, Geburt und Kindesbetreuung.

Bis jetzt hatte der Mann als Ausgleich für diese Fähigkeiten, die ihm unerreichbar sind, seine eigene Sphäre, seine männlich orientierten Clubs, seine Geschäftsessen, seinen Sport, seine Politik, seine abgeschirmten Arenen des Erfolges. Indes – da kommt »sie« schon wieder in den Club der Männer mit einem Aktenkoffer in der Hand, wo einst der Mann das Sagen hatte. »Sie« betritt jene Sphäre, wo er den Neid vermeiden konnte, wo er sich angenehm überlegen fühlte und ohne Konkurrenz herrschen durfte. Das ist vorbei.

## Frauen und der Neid

### Der Neid der Frauen auf die Männer

Über den Neid der Frauen auf die Männer sind schon viele Bücher geschrieben worden. Die feministische Literatur der sechziger und siebziger Jahre ist voll von Informationen dazu. Pioniere wie Simone de Beauvoir *(Das andere Geschlecht)* und Betty Friedan *(Der Weiblichkeitswahn oder die Selbstbefreiung der Frau)* und neuerdings Schriftstellerinnen wie Germaine Greer *(Die heimliche Kastration),* Phyllis Chesler *(Frauen – das verrückte Geschlecht)* und Colette Dowling *(Der Cinderella-Komplex)* haben darüber geschrieben.

### Gibt es einen Penisneid?

Worauf konzentrieren sich die Psychologen am meisten, wenn sie die Frauen und ihren Neid diskutieren? Auf den Penisneid. Die Theorie des Penisneides geht zurück auf Sigmund Freud, der der Meinung war, daß die Frauen auf das, was Männer haben und sie nicht, neidisch seien, nämlich auf den Penis. Der Penis ist das Symbol der männlichen Macht und Freiheit. Heute geht man eher davon aus, daß die Frau nicht unbedingt den Penis an sich haben möchte oder den Mann darum beneidet. Was sie hingegen haben möchte, ist das, was der Penis in unserer Kultur repräsentiert, nämlich Status und Macht des Mannes. Eine Macht, die dazu gebraucht wurde, die Frauen aus einer Männerwelt auszuschließen.

Der berühmte Tiefenpsychologe Erik Erikson hat das Verhalten von noch nicht erwachsenen Jungen und Mädchen im Spielzimmer studiert. Er nahm an, daß die Mädchen, wenn sie tatsächlich einen Penisneid hätten, Türme und hohe Gebäude mit ihren Bausteinen bauen würden, wie das die Jungen taten. Statt dessen stellte er fest, daß die kleinen Mädchen Gebäude bauten, die offene Innenräume hatten, Räume, die geschlossen oder geöffnet werden konnten. Erikson bezweifelt den Penisneid. Er meint, daß das Mädchen sich überlegen fühlt, weil es einen inneren, in sich produktiven Raum besitzt, und daß es sich nicht so empfindet, als ob ihm ein Organ fehle.

Lederer sagt: »Die Geschichte, die Mythologie und die Anthropologie sind bevölkert von dominierenden und herrschenden Frauen. Aber nicht eine von ihnen hat sich je die Mühe gemacht, sich einen Penis wachsen zu lassen.«

70

## Wenn Frauen auf Frauen neidisch sind

Doch wenden wir uns dem Neid der Frauen auf andere Frauen zu. Unsere Gesellschaft, die den Neid gedeihen läßt, hat auch unter den Frauen zu mehr Neid geführt. Die Mütter sind neidisch auf die Jugend, die intellektuellen und beruflichen Chancen, die sexuelle Freizügigkeit ihrer Töchter. Schwestern beneiden sich gegenseitig wegen ihrer Ehen, ihrer Statussymbole und ihrer Arbeit. Mütter treten in offene Konkurrenz zu ihren Töchtern und beneiden deren Fähigkeit, Jobs und Männer an Land zu ziehen. Manche Töchter sind darauf neidisch, daß ihre Mütter heranwuchsen und wußten, was sie werden würden, nämlich Ehefrau und Mutter, ohne sich wegen zu vieler anderer Möglichkeiten Gedanken machen zu müssen. Karrierefrauen, die dem Streß von Beruf plus Ehe ausgesetzt sind, sind neidisch auf Hausfrauen, die mit ihren Kindern zu Hause bleiben. Und die Hausfrauen wiederum sind neidisch auf das, was sie für den Glanz und die Freiheit der Karrierefrau halten.

## 4. KAPITEL

# Mütter, Töchter und der Neid

Es ist nicht fair, das Leben unserer Mütter abzuwerten,
nur weil wir unsere Werte geändert haben.
*Sharon Percy Rockefeller, 1985*

*Sylvia*, eine 25jährige Patientin von mir, ist eine attraktive,
lebhafte Büroangestellte und Mutter von zwei Kindern. Sie befindet sich im Wohnzimmer ihrer Mutter. Ihre Mutter sitzt in
»ihrem« Sessel, jenem roten, den niemand anders benutzen
darf. Sie hat eine Migräne. Die Szene ist Sylvia vertraut seit
ihrem zweiten Lebensjahr. Sie findet ihre Mutter, Nan, in ihrem
Sessel, die Hand vor der Stirn, die Gardinen zugezogen, das
Licht aus, Aspirin auf dem Kaffeetisch, voller Schmerzen.

Die beiden Frauen unterhalten sich. Die Mutter weiß, daß
Sylvias Besuch nur kurz sein wird, sie bemüht sich zu reden und
spricht mit sehr leiser Stimme. Sylvia strengt sich an, den Geschichten, die sie seit 23 Jahren kennt, zuzuhören. Geschichten
über den Erfolg ihrer Mutter als Lehrerin in einer elitären Privatschule. Selbst zu Hause kleidet sich die Mutter extravagant,
als wäre sie auf dem Wege zu dieser Schule, obwohl sie seit 25
Jahren nicht mehr unterrichtet. Als Sylvia ihrer Mutter ein
Kompliment wegen ihrer Kleider macht, schmerzt der Kopf
der Mutter mehr. »Du sprichst zu laut«, beklagt sie sich.

Sylvia kennt die Geschichten gut. Genaugenommen braucht
sie den einzelnen Worten gar nicht zu lauschen; statt dessen
wandern ihre Blicke durch den Raum. Sie entdeckt ein Buch, in
dem ihre Mutter gelesen hat: »Wie man eine Migräne über-
steht«. Sie weiß, daß ihre Mutter wirklich leidet. Leidet am körperlichen Schmerz ständiger Kopfschmerzen, dem emotionalen Kummer über den frühen Tod ihres Mannes und an den
anderen Tatsachen ihres Daseins. Sylvia versucht Mitleid zu
haben, aber sie ist wie immer auf die Unfähigkeit ihrer Mutter

ärgerlich, die Vergangenheit ruhen zu lassen und die Gegenwart nicht nur als Phantasie zu erleben. Ihre aus London stammende Mutter hat einen sorgfältig kultivierten Mayfair-Akzent.

Sylvia erinnert sich daran, wie unglücklich sie oft war, wie ihre Mutter sie geplagt hatte, einfach deshalb, weil sie so war, wie Nan nicht war. Aber die beiden waren nie in der Lage, darüber zu sprechen. Statt dessen versicherte Nan: »Sylvia, ich liebe dich so!« Ansonsten sprach sie nur über das, was mit Sylvia angeblich nicht stimmte: »Du bist viel zu emotional. Und viel zu heftig. Warum kannst du nicht etwas ruhiger sein? Du wirst ganz rot im Gesicht, wenn du dich aufregst.« Sylvias Mutter war neidisch auf Sylvias Fähigkeit, ihre Gefühle auszudrükken.

Eine weniger neidische Mutter hätte vielleicht gesagt: »Himmel, sind wir unterschiedlich! Ich bin immer so vorsichtig und reserviert. Und du so überschwenglich.« Selbst wenn sie einmal gerade keine Migräne, Grippe, Erkältung oder andere Schmerzen hatte, sagte Nan zu ihrer Tochter: »Sosehr ich mich freue, dein Besuch wird mir einfach zuviel.« Merkwürdigerweise war Sylvias Mutter genau auf das neidisch, was sie kritisierte: den Mangel an »Weiblichkeit« und den eher knabenhaften Körper ihrer Tochter. Nan hatte gelernt, daß man, um einen Mann zu gewinnen, weiblich, schüchtern und leise sein, daß man im Hintergrund bleiben und sich der männlichen Autorität unterwerfen müsse.

Nan war auch auf Sylvias Gesundheit neidisch. Immer wenn Sylvia ausging, kommentierte ihre Mutter klagend aus ihrem roten Sessel heraus: »Oh, du gehst fort? Ich wünschte, ich könnte mitgehen, aber du weißt ja, wie mein Kopf mich umbringt.«

Sylvia schlug unzählige Schmerzmittelchen vor, aber der Position eines Neiders ist hart beizukommen. »Viel Spaß, mein Schatz«, lautete die ausgesprochene Botschaft. Die wirkliche Botschaft aber, die Sylvia mitnahm, war: »Vergiß nicht, daran zu denken, daß du mich mit meinen Schmerzen allein zu Hause gelassen hast!«

Sylvia war nie sicher, ob ihre Mutter so zu ihr war, weil sie hübsch war, oder nur, weil sie keine Schmerzen hatte.

Einmal, als Sylvia ihre Mutter besuchte, streifte die Mutter plötzlich ihren Pullover hoch, zeigte ihre Brüste und fragte: »Findest du, daß sie immer noch fest sind?« Das war zu einem Zeitpunkt, als Sylvia ihre zweite Tochter stillte. Die Bemerkung deutete stark darauf hin, daß ihre Mutter auf Sylvias Brüste wegen deren Fülle neidisch war und daher beweisen mußte, daß ihre eigenen immer noch schön und funktionstüchtig waren. In gewissem Sinne bat sie Sylvia, ihr Zauberspiegel zu sein und zu antworten: »Ja, liebe Mutter, deine Brüste sind immer noch die festesten im ganzen Land.«

Worauf Nan am meisten neidisch war, waren aber nicht ihre Unterschiede, sondern die Möglichkeit, daß Sylvia in einem Bereich Erfolg haben könnte, den sie als den ihren betrachtete. Sie war eine erfolgreiche Lehrerin gewesen, und Sylvia hatte kein Recht, ebenfalls zu versuchen, eine zu werden. In diesem Zuhause war nur Platz für *einen* außergewöhnlichen Erfolg.

Sylvia weiß heute, daß ihre Mutter es nicht dulden konnte, daß sie eine höhere Schule besuchte, weil das ja Nans Überlegenheit bedroht hätte. Allein schon ihr Dasein hatte Nans schwaches Selbstwertgefühl bedroht, genauso wie Schneewittchen ihre Stiefmutter, die Königin, bedroht hatte. Und beide, Mutter wie Tochter, leiden an der Situation.


## Nur ein bißchen Neid

Natürlich gibt es viele Mütter, die mit ihrem Leben zufrieden sind; auch sie mögen hier und da Neid auf die Tochter empfinden, aber dieser – vorübergehende – Neid macht ihr eigenes Leben nicht wertlos. Sie können den Neid zugeben, weil die Tochter für sie nicht so bedrohlich ist. Sie sind stark genug, die Jugend und Schönheit der Tochter zu ertragen. Sie können mit dem natürlichen Neid umgehen.

Die weniger neidische Mutter kann sich über die Chancen ihrer Tochter freuen und von ihr lernen. Sie sieht sich ihre Tochter an und denkt: »Das ist meine Tochter. Sie hat Chancen. Wie schön für sie!«

Die weniger neidische Mutter ist unterstützend. Sie betrachtet den Unterschied zwischen sich selbst und ihrer Tochter ohne Kritik. Sie mag sich Fehler eingestehen, die sie gemacht hat, und hoffen, daß ihre Tochter sie nicht wiederholt. »Meine Mutter wollte eigentlich Sozialarbeiterin werden, hat aber statt dessen meinen Vater geheiratet. Sie ist mit ihrem Leben schon zufrieden, aber manchmal fragt sie sich doch, wie ihr Leben sonst wohl verlaufen wäre. Sie hat keine Probleme zu akzeptieren, was ich mache und entscheide.«

Eine weniger neidische Mutter kann Neid empfinden, aber sie muß ihn nicht ausleben. Sie kann ihr eigenes Leben bejahen, obwohl sie sich, wie wir alle, vielleicht manchmal nach den Möglichkeiten sehnt, die die Jugend uns schenkt. Ihre Tochter könnte sich so anhören: »Ich hatte Chancen, die meine Mutter niemals hatte. Ich konnte studieren, reisen, meinen Beruf frei wählen, mußte nicht in die stereotype Rolle der Ehefrau und Mutter hineinpassen. Meine Mutter hatte diese Wahl nicht. Manchmal sagte sie mir, daß sie mich beneidete. Das machte mich traurig, weil es mir leid tat, daß sie das, was ich hatte, nicht hatte. Aber sie hatte ein großzügiges Herz, und ich habe das von ihr gelernt, die Fähigkeit, bedingungslos zu lieben.«

So spricht eine mitfühlende Tochter. Wie kann ein solches Mitgefühl entstehen? Die Mutter sprach über ihren Neid, aber versuchte nicht, ihrer Tochter irgend etwas wegzunehmen. Diese Mutter ist in der Lage

– ihren eigenen Neid zu erkennen,

– den Grund des Neides zu verstehen,

– mit sich selbst und ihrem natürlichen Alterungsprozeß Mitgefühl zu haben.

Eine solche Mutter wird ihre Tochter mit großer Wahrscheinlichkeit nicht allzusehr verletzen. Und die Tochter, die den Neid ihrer Mutter erkennen kann, die Gründe dafür begreift und mit der Mutter mitfühlen kann, läuft wenig Gefahr, wie Schneewittchen zu werden.

## Mutter und Hausfrau

Der Neid ist mit dem Wert, den die Gesellschaft dem bei-
mißt, was man tut, eng verknüpft. Schaut man sich die Rolle der
Hausfrau im geschichtlichen Zusammenhang an, kann man
den Neid unserer Mütter besser verstehen. Wie Glenna Matthews in ihrem Buch »Nur eine Hausfrau« beschreibt, war die
zu Hause arbeitende Mutter in der Gesellschaft des 19. Jahrhunderts ein geschätzter und wichtiger Teil der Gesellschaft.
Das hat sich sehr geändert.

Früher übernahmen die Frauen im Haus einen wichtigen
Teil der gesellschaftlichen Warenproduktion und bezogen daraus Anerkennung und Wertschätzung. Die heutige Hausfrau
produziert in diesem Sinne nicht mehr, und die Technik
(Waschmaschine, Küchengeräte und so weiter) übernimmt
noch dazu viele der ihr verbliebenen Funktionen. Die Arbeit
der Hausfrau scheint jetzt weniger bedeutsam.

Im 19. Jahrhundert war das Zuhause der Mittelpunkt der religiösen Erziehung. Eine Mutter hatte Autorität, weil sie moralische Werte vermittelte. Religiöse und bürgerliche Werte wurden im Heim, das als Mittelpunkt der Gesellschaft angesehen
wurde, gepflegt.

Heute haben die Mütter viel von ihrer Autorität verloren,
weil Fachleute uns sagen, was man essen, was tragen, wie man
kochen, wie man sein Kind erziehen, wie viele Stunden pro Tag
man Gymnastik machen, wie weit man sexuell gehen, welche
Schule man besuchen, was man mit seinen Gefühlen machen
und natürlich was man kaufen soll. Früher wandten wir uns mit
all diesen Fragen an unsere Mütter.

Damals lohnte es sich, der Mutter zuzuhören. In ihren Händen lagen die häuslichen Künste. Sie langweilte sich nicht. Als
ihre Tochter machte man sich zu ihrem Lehrling, um die ge-
schätzten Geheimnisse der weiblichen Künste zu lernen, die
von der Gemeinschaft hoch geschätzt wurden. Somit gab man
selbst dem Zuhause Beständigkeit und empfing sie auch von
dort.

In der religiösen Kultur des späten 19. Jahrhunderts wurde
von Männern wie von Frauen erwartet, für die Familie Opfer

zu bringen. Männer und Frauen waren angehalten, Selbstbeschränkung zu üben. Aber seit der Mitte des 20. Jahrhunderts wurde nur noch von den Frauen erwartet, ihre Sexualität zu verleugnen, Kinder zu gebären und zu erziehen und sich um das Haus zu kümmern. Die Männer lasen »Playboy« und »Esquire« und hatten nicht mehr das Gefühl, ihre sexuellen Bedürfnisse unterdrücken zu müssen. Von den Frauen hingegen wurden noch immer Opfer erwartet. »Die Karriere deines Mannes hängt von dir ab.«

In den vierziger Jahren schrieb Philip Wylie den Bestseller »Generation of Vipers«, der von Abfälligkeiten über die Hausfrauen strotzt. Er schrieb: »Ich habe die Muttis bis zu ihren Spatzenhirnen hinter ihren ahnungslosen Augen, bis zu dem Stein in der Mitte ihrer fetten Herzen recherchiert.« Er kam zu dem Schluß, daß Mutti ungefähr »25 Pfund Übergewicht hat, keinen Sport betreibt... Unter Tausenden von ihnen gibt es nicht eine mit genug Sex-Appeal, um einen Einsiedler auch nur zehn Schritte von seinem Felsen wegzulocken. Nichtsdestotrotz gibt sie pro Jahr einige hundert Dollars für Dauerwellen und ähnliches, für Reinigungscremes, Rouge, Lippenstifte und so weiter aus, womit sie jedoch niemandem außer sich selbst etwas vormacht. Wenn ein Mann sie mit einiger Ernsthaftigkeit küßt, schaut Mutti nach, ob ihr Taschenbuch noch da ist... In dem vorausgegangenen Kräftevergleich bekam sie das Stimmrecht, und obwohl sie sich nie für Politik interessierte (es sei denn, sie war ungewöhnlich naiv, tappte im dunkeln, war ein Skorpion mit der Kleidergröße 40), war der Schaden, den sie von da an der Gesellschaft zufügte, derartig, daß selbst der beste Mann den Überblick verlor«.

Die Hausfrauen der fünfziger Jahre empfingen ganz andere Botschaften als ihre Mütter. Sie sollten plötzlich für das Wohlbefinden im Hause sorgen und verantwortlich gemacht werden, weil ihre Kinder sie sonst angeblich verlassen und sich woanders ihr Vergnügen suchen würden. Die Frauen des 19. Jahrhunderts wurden nicht damit belastet, in ihrem Haus für »Spaß« zu sorgen. Das Zuhause war kein Erholungsparadies, und es wurde auch nicht verniedlicht.

Kein Wunder, daß so viele der von mir befragten Frauen angaben, von ihren Müttern beneidet worden zu sein. Wie kann eine Mutter, die sich unwichtig, unbegehrt und herabgewürdigt fühlt, *nicht* neidisch sein auf ihre Tochter und deren neue Möglichkeiten, Erfüllung zu finden? Sie *ist* auf ihre Tochter neidisch, weil ihre eigene Rolle meist nicht beneidenswert ist. Sie ist auf ihre Tochter neidisch, weil sich all das, was in unserer Gesellschaft an der Frau geschätzt wird, nämlich Jugend, Attraktivität und Sexualität, nun auf die Tochter konzentriert.

Schauen wir uns einmal an, wie solche Mütter empfinden.

## Die neidische Mutter

Mutter-Neid ist nicht immer eindeutig identifizierbar. Eine Mutter mag einen Moment lang neidisch und im nächsten voll Liebe, voller Sorgen und Träume für ihr Kind sein. Es mag schwierig sein, zu verstehen, daß eine Mutter so unterschiedliche, so ambivalente Kräfte in sich verspürt. Im Märchen von Schneewittchen mußte die Mutter aufgespalten werden in die »wirkliche (gute) Mutter« und die »Stiefmutter«, denn der mütterliche Neid ist für das Kind fast nicht zu ertragen. Man möchte nicht von seiner Mutter beneidet werden; wird man es doch, wird die Mutter zu einer schlechten Mutter. Und doch geht es nicht darum, Vorwürfe zu machen, sondern Verständnis aufzubringen.

Man kann eine Mutter, die neidisch ist, dieses Gefühl aber kontrollieren kann, durchaus lieben. Aber wie steht es mit einer Mutter, die ihren Neid nicht kontrollieren kann? Wie kommen ihre Gefühle zustande? Und wie zeigt sie ihren Neid? Und wie kann man selbst sein Leben ohne die vernichtende Gewalt mütterlichen Neides führen? Wie kann man frei sein für das, was man vom Leben erwartet? Wie kann man lernen, den Neid der Mutter nicht zum eigenen zu machen und ihn dann an seinen eigenen Kindern wieder auszulassen? Wie kann man lernen, die Mutter besser zu verstehen? Wie kann man Mitgefühl für seine Mutter entwickeln, deren Enttäuschung über das eigene Leben dazu geführt hat, daß sie einen beneidet?

Unsere Vorstellung von dem, was möglich ist, wird oft bestimmt durch das, was wir um uns herum sehen. Als unsere Mütter jung waren, war es wahrscheinlicher, daß die Töchter den Vorschriften und Rollen ihrer Mütter folgten. Die meisten unserer Mütter führten ein Dasein, das der Vorstellung davon, wie das Leben einer Frau auszusehen hatte, entsprach – ein Leben, das sich nicht sehr von dem ihrer eigenen Mutter unterschied. Sie opferten ihre Hoffnungen und Wünsche für ihre Ehemänner und Kinder. Dieses Opfer möchte ich die »altruistische Hörigkeit« nennen.

## Altruistische Hörigkeit

»Die Mutter meiner Tochter zu sein ist eine wichtige Quelle der Identität. So weiß ich, wer ich bin.«

Wenn eine Mutter das, was ihre Tochter hat, selbst besitzen möchte und glaubt, es nicht selbst bekommen zu können, kann sie sich mit ihrer Tochter identifizieren. Auf diese Weise besitzt sie gleichsam das, was ihre Tochter hat. Und damit opfert sie ihre eigenen Bedürfnisse und Wünsche für das Wohl ihrer Tochter. Die Tochter von Sigmund Freud, die Psychoanalytikerin Anna Freud, prägte einen Begriff für dieses Verhalten: »die altruistische Hörigkeit«.

Dieser Begriff drückt folgendes aus: Eine Mutter möchte – wie jeder Mensch – geliebt und bewundert werden. Wenn sie sieht, daß ihre Tochter geliebt und bewundert wird und das hat, wonach sie sich sehnt, denkt sie: »Ich könnte so wie sie sein.« Aus diesem Gedanken wird schnell die Vorstellung: »Ich bin sie«; in ihrer Vorstellung verschmilzt sie mit der Tochter. Das ist so, als würde das, was der Tochter passiert, damit automatisch auch der Mutter passieren. Wenn ihr eigenes Leben ihr ereignislos oder entsagungsreich vorkommt, liegt es nahe, daß sie sich mit jemandem identifiziert, dessen Leben glücklicher oder ereignisreicher scheint – sei es nun eine Freundin, ein Filmstar oder ihr eigenes Kind.

Wieso bedienen wir uns der altruistischen Hörigkeit? Weil ein offener Neid (zum Beispiel auf die Tochter) unakzeptabel ist. Eine Identifikation wird eher akzeptiert und ist eine Methode, das Gefühl des Neides zu vermeiden. In der altruistischen Hörigkeit empfindet die Mutter ihrer Tochter gegenüber Wohlwollen und nicht Ablehnung. Trotzdem ist auch die altruistische Hörigkeit schlußendlich nie ganz befriedigend. Die Mutter erwartet nämlich von ihrer Tochter, daß diese ihre Träume auslebt. Das schafft aber nicht nur bei der Tochter Unsicherheit darüber, was sie selbst eigentlich will, es wird ihr wahrscheinlich auch nicht gelingen, die Träume der Mutter genauso auszuleben, wie diese sich das vorgestellt hatte.

Hinzu kommt, daß sich die gesellschaftlichen Verhältnisse sehr verändert haben. Beeinflußt durch die »sexuelle Revolution«, die Frauenbewegung, die neuen Ausbildungsmöglichkeiten, die Gelegenheit oder die Notwendigkeit zu arbeiten und oft auch die Ermutigung der Väter, präsentieren die Töchter ihren Müttern heute ein neues Weltbild. Selbst solche Mütter, die mit der Wahl, die sie getroffen haben, zufrieden sind, erfahren, daß ihre Töchter mehr Freiheiten haben.

Der Neid unserer Mütter richtet sich auf zwei Dinge:

1. auf Chancen, die ihre Töchter haben und die sie nicht hatten;

2. auf Eigenschaften, die sie früher besaßen, aber jetzt verloren haben.


### Gelegenheiten

Sarah und ihre neidische Mutter.

Nehmen wir zum Beispiel Sarah (29 Jahre). Die junge Frau ist mit sich selbst nicht zufrieden. Sie hat eine einflußreiche Stelle in der Administration eines Krankenhauses. Vor einem Jahr heiratete sie einen Architekten, der sie liebt, gut zu ihr ist, sie ermutigt und auf sie stolz ist. Sie hat viele Freunde und ist anderen gegenüber aufgeschlossen. Sie weiß einiges über Literatur. Sie ist hübsch und hat einen ansprechenden, sinnlichen Körper.

Indes – wenn man ihr zuhört, müßte man meinen, sie sei eine unattraktive, langweilige, humorlose, graue, übergewichtige Person. Einige ihrer Klagen hören sich so an: »Ich bin nicht glücklich. Ich müßte im Beruf eigentlich mehr erreichen, aber ich weiß nicht wie. Ich möchte besser formulieren können, aber nicht so arrogant klingen. Ich möchte eine schönere Haut haben. Ich hätte gern einen festeren, flacheren Bauch. Ich fühle mich alt und so, als ob ich immer depressiv gewesen wäre.«

Sarah ist beinahe jedem Teil ihrer selbst gegenüber kritisch. Zwischen dem, wie sie von anderen gesehen wird, und dem, wie sie sich selbst empfindet, klafft ein breiter Graben. Sie kann nicht akzeptieren, daß andere Leute sie mögen. Sie muß sich herabsetzen, ihre Qualitäten negieren. Warum?

Sarah hat eine extrem neidische Mutter. Für Menschen mit neidischen Müttern kann es sehr schwierig sein, sich selbst zu mögen, denn wenn man

1. glaubt, man habe gute Eigenschaften;
2. sich selbst mag;
3. glaubt, daß die Leute einen mögen; und
4. zuversichtlich und selbstsicher wirkt,

riskiert man, beneidet zu werden.

Der Neid der eigenen Mutter ist dabei am schrecklichsten, denn man braucht seine Mutter, um sich sicher und geliebt zu fühlen.

Von einer neidischen Mutter lernt man dagegen: »Fühl dich nicht so gut; sei nicht so charmant; seh nicht so gut aus; sei nicht so erfolgreich!« – oder ich werde dich beneiden. Diese Botschaft ruft das Schneewittchen-Syndrom hervor.

Die Unzufriedenheit von Sarahs Mutter mit sich selbst ist nicht ungewöhnlich. Sie wuchs in wirtschaftlich schwierigen Zeiten auf und hatte Angst vor vielen Dingen und dem Leben im allgemeinen. Sarahs Mutter war verbittert und wurde von ihrem Ehemann wegen ihrer Arbeit in einem Delikatessengeschäft belächelt.

Die Unzufriedenheit von Sarahs Mutter mit ihrem Leben führte dazu, daß sie neidisch war auf ihre Tochter. Indem sie ihre Tochter beneidete, wurde sie Sarah gegenüber aggressiv und drückte ihre Aggression auf zwei Arten aus: Sie kritisierte

Sarah ständig und verunsicherte damit das Selbstwertgefühl ihrer Tochter; und auf der anderen Seite versuchte sie, Sarah perfekt zu machen.

Wie kam es dazu? Sarahs Mutter hätte gern etwas gelernt, aber ihre Eltern hatten nicht genug Geld, um sie die Schule beenden zu lassen. Hätte ich sie fragen können, hätte Sarahs Mutter sicher geantwortet: »Natürlich wollte ich für Sarah möglich machen, was mir nie eingeräumt wurde, vor allen Dingen was die Ausbildung und die Musik angeht. Ich möchte für meine Tochter das Beste.«

Neidische Mütter sind normalerweise gegenüber dem Erfolg ihrer Töchter ambivalent. Die Tochter soll gleichzeitig versagen und Erfolg haben. Statt selbst etwas zu bewerkstelligen, drängt Sarahs Mutter *ihre Tochter*, etwas im Leben zu erreichen, und kritisiert zur gleichen Zeit diese Bemühungen. Wenn Sarah in der Grundschule »nur« eine Zwei bekam, war ihre Mutter wütend: »Du weißt doch genau, daß du es besser kannst!« pflegte sie zu sagen und Sarah das Schulheft unter die Nase zu halten. Bekam Sarah aber eine Eins, hieß es gleichgültig: »Prima, Sarah.«

Sarah erzählt: »Ich hatte Angst davor, ich könnte die Hauptschule nicht schaffen. Ist das nicht eine übertriebene Angst für ein intelligentes zwölfjähriges Kind? Schon mit sieben hing mein Selbstwertgefühl von meinen Noten ab. Meine ganzen schulischen Erfahrungen vom Kindergarten bis hin zu zwei Staatsexamen sind von Streß und Angst geprägt.«

Sarah wuchs mit dem Gefühl auf, nicht klug genug zu sein. Alle guten Noten konnten an diesem Gefühl nicht rütteln. Die objektive Wahrheit konnte ihre Zweifel nicht beseitigen. Wenn man sich beneidet fühlt, zweifelt man lieber an sich selbst. Da man nicht zum Objekt des Neides werden möchte, macht man sich selbst weniger beneidenswert.

Der Neid einer Mutter schafft für die Tochter eine ausweglose Situation. Die Mutter möchte, daß ihre Tochter hat, was sie nicht hatte. Erreicht die Tochter das aber, was für die Mutter nicht möglich war, so ist die Mutter neidisch. Schafft die Tochter es hingegen nicht, die Ziele der Mutter zu verwirklichen, wird sie kritisiert.

Unsere Mütter können viele Gründe haben, uns zu beneiden. Ein paar Beispiele:

*Unabhängigkeit.* Jane, eine Gärtnerin, berichtet: »Meine Mutter ist nie selbstständig gewesen. Sie ist neidisch auf meine Unabhängigkeit. Sie denkt nicht darüber nach, wer sie ist oder wer sie sein könnte, wenn sie selber Anstrengungen unternehmen würde, um sich zu verändern.«

*Freiheit.* »Ich mache, was ich will«, schreibt Jo. »Meine Mutter machte das, was von ihr erwartet wurde, und ist neidisch darauf, daß ich das nicht tue. Sie machte sich um mich Sorgen, weil ich die höhere Schule hinter mich brachte, ohne einen ›Mann gekapert zu haben‹. Als ich nach dem Medizinstudium immer noch keinen Mann hatte, war sie verzweifelt. An meinem dreißigsten Geburtstag schenkte sie mir eine Friedhofsblume, weil sie sicher war, ich würde bei meinem Tod allein sein und niemanden haben, der sich um mein Grab kümmern könnte.«

*Sexuelle Freiheit.* Jo fährt fort: »Meine Mutter ist neidisch darauf, daß ich die Chance hatte, mit verschiedenen Männern auszugehen. Und daß es mir Spaß macht zu lieben. Sie erkaufte sich ein Lebenssystem, das sie niemals anzweifelte. Ein sicheres, aber langweiliges Leben mit meinem Vater. Sie hat nie etwas riskiert, im Gegensatz zu mir. Ich bin eine Abenteurerin.«

*Die Freiheit, nicht verheiratet zu sein.* Mary sagt: »Meine Mutter ist neidisch darauf, daß ich mit Freunden unverheiratet und ohne sexuelle Beziehung zusammenlebe. Sie meinte heiraten zu müssen, um eine Familie zu haben. Ich aber schuf mir eine Familie, ohne geheiratet zu haben.«

*Die Freiheit, eigenes Geld zu verdienen.* Lynn erzählte mir: »Ich muß meinen Mann nicht um Haushaltsgeld bitten, wie das meine Mutter mußte. Ich kaufe das, was ich möchte und mir leisten kann. Schließlich arbeite ich.«

*Die Freiheit, von zu Hause fort zu sein.* Da viele Mütter glaubten, es sei ihre Aufgabe, immer zu Hause zu bleiben, sind sie neidisch auf die Freiheit ihrer Töchter, auszugehen. Jenny beschreibt das so: »Wenn meine Mutter anruft, und ich bin gerade mit einem Freund zum Essen ausgegangen und mein

Mann oder mein Sohn gehn ans Telefon, fragt sie: ›Kocht Jenny nicht mehr für euch?‹ Wenn sie dann das nächste Mal mit mir spricht, fragt sie: ›Was ist mit deiner Familie? Hast du keine Angst davor, dein Mann könnte sich eine andere suchen, die zu Hause bleibt und ihn versorgt?‹ Ich antworte dann: ›Um so besser! Dann kann die neue Frau mich ja gleich mitversorgen!‹«

*Die Freiheit, »selbstsüchtig« zu sein.* Kims Mutter ist neidisch auf Kims Fähigkeit, auch an sich selbst zu denken, statt immer nur für andere da zu sein. Ihre Mutter hält es für egoistisch, wenn Kim sich zeitweise von ihren Kindern freimacht, um zu studieren.

*Karriere.* Die Schauspielerin Julie Harris erzählte mir, daß ihre Mutter, die Hausfrau war, einmal bemerkte: »Weißt du, daß ich auch Schauspielerin sein könnte?« Julie sah darin einen Ausdruck des Neides. Sie versicherte ihrer Mutter: »Natürlich hättest du eine wunderbare Schauspielerin werden können. Mit all deinem Charme und deiner Schönheit wärst du toll gewesen.« Julie sagt: »Sie hätte es wirklich schaffen können, war sehr charmant und lebhaft, aber sie hat sich selbst nicht erlaubt, Schauspielerin zu werden. Meine Mutter fühlte sich immer nur lebendig, wenn Vater lebendig war und sie eine Spiegelung dessen war, was er ihr gab.«

»Meine Mutter ist neidisch auf meine Karriere beim Theater«, berichtet Kim. »Dieser Neid hat fast alles, was ich getan habe, verdunkelt. Als ich ein Kind war, ermutigte sie mich auf der einen Seite und hielt mich auf der anderen zurück. Sie wollte früher selbst gerne zum Theater, war aber verheiratet und hatte Kinder. Sie belächelte meine Bemühungen beim Theater und fand, ich sei ›hochgestochen‹ und ›tolpatschig‹. Sie schlug vor, ich sollte Fechtunterricht nehmen, um zu lernen, mich auf der Bühne graziös zu benehmen. Je mehr ich mich bemühte, einen Abschluß in Theaterwissenschaften zu machen, desto hartnäckiger versuchte sie, aus mir eine Lehrerin zu machen. Ich fürchte, daß meine Mutter es fast geschafft hat, mich davon zu überzeugen, daß ich unbrauchbar und untalentiert bin.

Obwohl ich die begehrte Drama-Auszeichnung für ausgezeichnete Leistungen am Theater von Oberlin erhielt, glaubte ich, daß es meine Mutter vernichten würde, wenn ich weitermachte. Lange Zeit schrieb ich keine Stücke mehr. Bei unserem letzten Weihnachtstreffen erwähnte ich, wie stolz ich sei, daß eins der Stücke, die ich geschrieben hatte, bei einem wichtigen Anlaß aufgeführt worden sei. Darauf sagte meine Mutter sarkastisch: ›Ja, und ich bin sicher, daß *du* den ganzen Applaus eingeheimst hast.‹ Ich bin 45, und sie sieht ihrem Lebensabend entgegen. Sie kann von ihrem Neid nicht lassen. Ich kann es nicht mehr aushalten, unter diesen Umständen in ihrer Nähe zu sein.«

*Die Freiheit, den Haushalt nicht so ernst zu nehmen.* Ellie sagt: »Ich hörte, wie meine Mutter zu anderen sagte: ›Ellie kann alles.‹ Aber sie war dabei voller Ressentiments. Sie fühlte sich zu Hause mit dem ewigen Kochen und der Hausarbeit gefangen. Wenn sie im Haushalt brillierte, wie beispielsweise beim Frühjahrs- oder Herbstputz oder beim Silberputzen, fühlte sie sich als wertvolle Person. Wenn sie mal freie Zeit hat, muß sie sofort saubermachen.«

*Kontakt.* Die Mutter von Patty, einer achtzehnjährigen Oberschülerin, ist neidisch, daß Patty Freunde hat. »Als meine Mutter jung war, hatte sie nicht viele Freunde und sprach auch nicht über Gefühle, wie wir es tun. Eine Art, wie sie mir ihren Neid zeigt, ist die, daß sie, wenn mich Freunde angerufen haben, sagt: ›Niemand hat angerufen‹, oder: ›Ich bin nicht sicher, wer dran war; ich habe den Namen vergessen.‹

Als ich zehn war und alle meine täglichen Pflichten erfüllt hatte, fragte ich einmal, ob ich mit meiner Freundin einen Spaziergang machen dürfe: ›Alles, was ihr wollt, ist euch amüsieren! Nein, Patty, du hast hier noch Sachen zu erledigen.‹ Dann erfand sie irgendeine andere Aufgabe für mich. Am nächsten Tag fragte ich: ›Kann ich heute mit Janie spielen?‹ Da fand ich einen Berg Kleider auf meinem Bett, die zusammengelegt werden mußten. Am nächsten Tag hieß es dann, ich solle Fenster putzen oder abwaschen. Einmal, als ich mit einer Freundin zum Strand gegangen war, tauchte meine Mutter auf. Vor allen anderen, mit denen wir in der Sonne lagen, sagte sie: ›Patty hat ihren Bademantel nicht aufgehängt. Sie muß nach Hause kommen und es nachholen.‹«

*Fröhlichkeit.* Ann sagt: »Im Haus meiner Eltern war die Stimmung immer gedrückt. Meine Mutter ist neidisch darauf, daß wir so eine fröhliche Familie sind. Als ich schwanger wurde, spürte ich, daß sie sagen wollte: ›Jetzt werden John und du mit dem Spektakel fertig werden müssen. Du wirst genauso leiden, wie ich gelitten habe.‹ Sie ist neidisch, daß wir unter unseren Kindern nicht leiden.«

*Leistungen und Fähigkeiten.* »Meine Mutter war auf meine musikalischen Fähigkeiten neidisch«, meint Carrie. »Sie wollte selber gern Klavier spielen. Sie nahm auch Unterricht, beklagte sich aber darüber, daß mein Bruder immer dann, wenn sie sich zum Spielen niedersetzte, auf den Teppich pinkelte. Sie sah keine andere Möglichkeit, als mit dem Spielen aufzuhören. Ich mache es anders. Ich habe einen Babysitter oder eine Freundin da, die auf die Kinder aufpassen, wenn ich übe. Es überraschte mich nicht, daß meine Mutter, wenn ich vorspielte, nie zuhörte.«

*Kreativität.* Beth schrieb: »Meine Mutter denkt, daß sie nicht kreativ ist. Sie ist neidisch auf meine Ausbildung. Ich habe Literatur und Kunst studiert. Solchen Unterricht hat sie nie gehabt. Als ich meiner Mutter einmal meine Gedichte zeigte, sagte sie: ›Oh, das sind also diese lächerlichen Sachen, mit denen du dich zu Hause beschäftigst!‹«

Hinter dem Neid überhaupt und hinter dem Neid unserer Mütter verbirgt sich immer Angst. Wenn man mehr erreicht als sie, haben sie Angst, sie seien nichts mehr wert und nicht mehr wichtig. Manche Frauen verhindern daher ihre eigene Entwicklung und mögliche Erfolge, um ihre Mütter nicht zu kränken. Das Schuldgefühl, die Mutter auszustechen, verbindet sich mit der Angst, jemanden zu verletzen, der einen doch in einer unsicheren Welt beschützen soll. Wenn man die eigene Mutter erzürnt und verärgert – wer ist dann noch für einen da?

Wenn man eine neidische Mutter hat, sollte man sich auf ihre Angst und nicht auf ihren Neid konzentrieren. Wenn Mutter und Tochter beide diese Angst zur Kenntnis nehmen können, fällt es der Mutter leichter, sie als einen unvermeidbaren, wenngleich unangenehmen Teil ihres Lebens zu akzeptieren.

*Konkurrenz.* Schneewittchens Stiefmutter mußte ihren Spiegel immer wieder fragen: »Wer ist die Schönste im ganzen Land?« Solange die Antwort lautete: »Du bist die Schönste im ganzen Land«, konnte die Königin beruhigt sein. Sobald aber der Spiegel antwortete, daß Schneewittchen schöner sei, war der Neid der Königin entfesselt.

Wir alle konsultieren Spiegel. Unsere Mutter mag sich einmal ihrer Jugend, ihres Körpers, ihres guten Aussehens, ihrer sexuellen Anziehungskraft und ihrer Beziehung zu ihrem Mann sicher gewesen sein. Dennoch: Wenn ihre Tochter heranwächst, tritt die Mutter automatisch in Konkurrenz zu ihr.

Wir können von unseren Müttern lernen, was es heißt, in einer Gesellschaft älter zu werden, die die Jugend und ein ganz bestimmtes jugendliches Schönheitsideal verherrlicht. Gestern waren unsere Mütter jung und begehrt; heute sind wir es. Morgen werden wir an der Stelle unserer Mütter sein und am eigenen Leib erfahren, wie unsere Umwelt auf uns reagiert, wenn wir Jugend, glatte Haut und vielleicht die Traumfigur verlieren. Wenn wir einmal darauf achten, wie die Gesellschaft mit älteren Menschen (und besonders Frauen) umgeht, werden uns Neid und Angst unserer Mütter verständlich.

Debbie, eine 38jährige Hausfrau und Steuerberaterin, ist Patientin von mir. Debbie ist nicht ganz so schlank und in ihren Eßgewohnheiten nicht so konsequent, wie sie es gerne wäre. Ihr Gewicht spiegelt den Konflikt mit ihrer Mutter.

Debbies Mutter, sie stammt aus den Südstaaten, ist nach außen hin höflich, eitel und dünn. Sie konsultiert regelmäßig ihren magischen Spiegel, der ihr erzählt:

Debbie ist ein schlimmer Esser.

Dein Körper ist dagegen besser.

Doch Debbie ist oft der Gewinner.

Na, wenigstens bist du viel dünner.

Debbies Mutter muß immer im Mittelpunkt stehen. Sie denkt vor allem an ihr Aussehen und stellt, wann immer möglich, ihre gute Figur zur Schau. Selbst an Debbies Hochzeit konnte sie nicht zurückstehen und trug ein Kleid mit so tiefem Ausschnitt, daß Debbies Freunde darüber ihre Witze machten.

*Debbie träumt:* »Ich fuhr in einem Auto an Farmen mit großen Pferdekoppeln vorbei. Es war in den Südstaaten. Im Auto saßen Frauen, die Trauerkleidung trugen. Plötzlich waren wir in einem teuer eingerichteten Eßzimmer. Eine Frau mit einem roten, glänzenden Apfel betrat das Zimmer. Sie legte ihn auf den Tisch. Meine Schwester, die ebenfalls an dem Tisch saß, griff nach dem Apfel. Ich wußte, warum ich hier war. Ich nahm den Apfel und warf ihn aus dem Fenster.

Ein Pferd fraß den Apfel. Alle Menschen waren schokkiert, daß ich den Apfel rausgeschmissen hatte. Sie wußten, daß er vergiftet war. Das wunderschöne Pferd verwandelte sich in einen tollwütigen Hund. Der tollwütige Hund sprang durch das Fenster ins Haus.

Alle hatten Angst davor, der Hund würde sie beißen. Ich griff nach einem Besen und stampfte damit auf den Boden. Ich gab mich mit dem Hund ab. Draußen war er ein normales Tier, aber im Haus war er ein Monstrum. Drinnen war er wirklich furchterregend und füllte fast das ganze Zimmer aus.«

Dieser Traum machte Debbie ganz traurig und erinnerte sie an das Märchen von Schneewittchen. Sie sieht in der Frau mit dem Apfel ihre Mutter, die Debbies Art, mit ihrem Körper umzugehen, vergiftet, genauso wie die Stiefmutter Schneewittchen den vergifteten Apfel gegeben hatte.

Vor der Pubertät hatte sich Debbie wie ein Rassezuchtpferd gefühlt: schlank, schnell, aufmerksam und stolz. Aber als sie heranwuchs, wurde Debbie für ihre Mutter zu einer Bedrohung. Ständig kommentierte ihre Mutter, wie groß doch Debbies Brüste seien, und schlug oft vor, sie durch eine Schönheitsoperation verkleinern zu lassen; sie fand Debbie mollig, kritisierte ihren Geschmack bezüglich der Jungen und wollte wissen, wann sie es endlich lernen würde, eine Dame zu sein. Sie drang damit in Debbies Leben und Intimsphäre ein, wie der Hund in ihrem Traum in das Haus eingedrungen war.

Debbie identifiziert sich mit dem Roß/Hund, der den Apfel verschlingt, ohne kontrollieren zu können, was er da frißt. Der Hund wird nach dem Verzehr des Apfels des Neides riesig, wie auch Debbie immer mehr zugenommen hatte.

Symbole haben im Traum wie im Märchen viele Bedeutungen. Dieser Hund hat auch Eigenschaften wie Debbies Mutter mit ihrem Neid, der für Außenstehende ganz harmlos aussieht, sich zu Hause aber monströs auswirkt.

Debbie ist entschlossen, den Kampf gegen den Neid ihrer Mutter zu gewinnen. Im Traum hat sie einen Besen, den sie dazu benutzt, mit dem Hund fertig zu werden. Sie gibt sich mit dem Hund ab. Das bedeutet, daß sie sich jetzt dem Neid ihrer Mutter stellen kann. Innerhalb eines Jahres nach diesem Traum nahm Debbie zwanzig Pfund ab.

Was Debbie an dem Märchen von Schneewittchen fasziniert, ist die Ähnlichkeit zwischen Schneewittchens Naivität und ihrer eigenen; Schneewittchen ist bereit, der Hexe beziehungsweise der Stiefmutter zu vertrauen, selbst nachdem diese ihr wiederholt nach dem Leben getrachtet hat. Debbie sagt: »Ich gebe meiner Mutter immer wieder eine neue Chance. Ich kann nicht glauben, daß sie mir weh tun will.« Genauso wie die böse Königin sich immer wieder neu verkleidet, findet auch Debbies Mutter immer wieder eine neue Angriffsfläche. »Wenn ich denke, wir verstehen uns, lasse ich meine Schutzmaßnahmen fallen. Und genau dann trifft sie mich wieder mit einer häßlichen Bemerkung oder einer Beleidigung. Sie gibt niemals auf.«

Warum wollen Debbie, Schneewittchen und viele andere Frauen den Neid ihrer Mütter einfach nicht wahrhaben? Sie können an die böse Absicht ihrer Mütter nicht glauben, nicht nur, weil sie eine gute und akzeptierende Mutter brauchen, sondern auch, weil sie keine andere Möglichkeit der Bemutterung kennen.

Debbie steht mit ihren Erfahrungen nicht allein.

Lilly, eine vierzigjährige Sekretärin, erzählte mir, daß ihre Mutter sich fett fühle und ihren eigenen Körper immer gehaßt habe. Sie zeigte ihren Neid auf Lilly, indem sie dafür sorgte, daß Lilly sich in ihrem Körper unbehaglich fühlte. Als Lilly noch schlank war, sagte ihre Mutter zu ihr: »Wenn du noch weiter zunimmst, mußt du bald Übergrößen tragen.« Oder ihre Mutter sagte: »Deine Beine sind nicht sonderlich hübsch. Es sind diese Schuhe, in denen sie ganz gut aussehen.«

Der erste Kommentar von Lillys Mutter, nachdem sie ihre

Enkelin zum ersten Mal gesehen hatte, lautete: »Was hat sie für mollige Beine.« Und dabei handelte es sich um ein neugeborenes Baby!

Lilly war immer eine gute, angenehme und abhängige Tochter gewesen. Als sie dreißig wurde, machte sie sich klar, daß sie immer noch eine Art Anhängsel oder Verlängerung ihrer Mutter war, und verbat sich weitere Bemerkungen über ihr Gewicht. Ohne Erfolg.

Lilly sagt: »Als meine Mutter im Krankenhaus lag und an Lungenkrebs dahinsiechte, besuchte ich sie. Ich trug irgend etwas Rotes. Als ich das Zimmer betrat, war ihre erste Bemerkung: ›Du solltest nie Rot tragen. Darin siehst du dick aus.‹«

Das Problem des Neides zwischen Müttern und Töchtern ist besonders groß, wenn die Mütter selbst keine gute Beziehung zu einem Mann hatten. Eine Frau erzählt: »Mein Vater starb, als ich klein war. Meine Mutter ging danach nie mehr aus und heiratete auch nicht wieder.

Selbst nachdem ich schon verheiratet war, hatte sie noch Schwierigkeiten mit meiner Sexualität. Sie hat jeden Mann, mit dem ich zusammen war, hinausgeekelt und vor mir lächerlich gemacht. Als mein Mann und ich sie besuchten, brachte sie uns in einem Zimmer mit einem Tisch zwischen den beiden Betten unter.« Der Tisch, den die Eheleute dann beiseite schoben, war so etwas wie ein trennendes Schwert und mehr ein Symbol des Neides als ein Versuch, das Zimmer hübsch zu möblieren. Vielleicht steht hier die Sexualität (und der Haß auf sie) für das Leben schlechthin, für all die verpaßten Leidenschaften, Freiheiten und Freuden.

Mütter haben Angst vor ihrer Sterblichkeit. Sie sind dem Tode näher als wir und sind neidisch auf die Tatsache, daß wir noch ein längeres Leben vor uns haben. Die meisten Frauen fühlen sich schuldig und wertlos, wenn sie älter werden, weil die Gesellschaft sie so behandelt. Und es drängt sich dann die Frage auf, was sie aus ihrem Leben gemacht und was sie versäumt haben. Der Schmerz über das Versäumte kann, wenn wir uns ihm nicht aussetzen, neidisch machen. Er wird dann nicht in Trauer erlebt – und überstanden.

## Vaters kleines Mädchen

Eine der auffälligsten Entdeckungen, die ich während meiner Recherchen machte, ist die große Anzahl jener Mütter, die neidisch waren auf die Beziehung ihrer Töchter zu ihrem Vater. Wir haben alle schon vom Ödipus-Komplex beziehungsweise Elektra-Komplex gehört. (Der Ödipus-Komplex bezieht sich auf das Verhältnis des kleinen Sohnes, der Elektra-Komplex auf das Verhältnis der kleinen Tochter zu den Eltern.) Das kleine Mädchen beneidet in einer bestimmten Phase seiner Entwicklung die Mutter, weil es den Vater begehrt, den die Mutter »besitzt«. Aber auch die Mütter beneiden natürlich ihre Töchter, wenn sie eine enge Beziehung zu ihren Vätern haben. Mehr Frauen berichten von diesem Neid als davon, auf ihre Mütter wegen deren Beziehung zu ihrem Ehemann neidisch gewesen zu sein. Die meisten Frauen hatten das Gefühl, daß ihre Mütter eine unerfüllte Beziehung mit ihrem Mann hatten, und wollten das auf keinen Fall in ihrem Leben wiederholen.

Hier einige Beispiele: »Meine Mutter wuchs ohne Vater auf. Sie machte aus meinem Vater ihren Vater und war dann neidisch darauf, daß ich die Tochter war.«

»Meine Mutter beneidete mich, weil ich Dinge hatte, die sie als Kind nicht besaß. Sie war neidisch darauf, daß mir mein Vater alles, was ich haben wollte, besorgte und sogar Dinge mitbrachte, die ich gar nicht wollte.«

»Meine Mutter war neidisch auf mich und meine Schwester wegen der Zeit, die mein Vater mit uns und nicht mit ihr verbrachte. Ganz egal, wie wenig ich mich mit meinem Vater in Wirklichkeit austauschte – meine Mutter haßte mich dafür.«

Viele Frauen berichten, daß ihre Mütter neidisch auf die Beziehung ihrer Töchter zum Vater waren, besonders dann, wenn Vater und Tochter etwas gemeinsam hatten. Hier ist der Neid der Mutter mit Eifersucht verknüpft. Sie kommt sich übergangen und unwichtig vor.

Ein solcher Neid wird begreiflich, wenn man sich klarmacht, daß viele Mütter einer verbreiteten gesellschaftlichen Forderung nachgegeben haben: »Gib deine Träume für eine Beziehung mit einem Mann auf.« Der Lohn dafür ist angeblich die

Position einer Ehefrau, die den Mittelpunkt im Leben ihres Mannes darstellt. Wenn die Mutter entdeckt, daß ihre eigene Tochter sich anschickt, ihr diese Position streitig zu machen, entwickeln sich begreiflicherweise starke Ressentiments.

Nehmen wir zum Beispiel Maras Fall. Maras Vater zog ihre Gesellschaft der seiner Frau vor. Er schätzte Maras Wildheit und Lebendigkeit mehr als die Passivität seiner Frau. Vater und Tochter gingen zusammen fischen, spielten Tennis, Basketball und Fußball. Maras Mutter war neidisch auf diese Beziehung und warnte Mara vor den psychologischen Gefahren, die daraus erwüchsen, wenn man seinem Vater zu nahe stünde. »Er ist dein Vater und sollte sich zurückhalten. Du kriegst nie einen Mann, wenn du zu sehr an deinem Vater hängst. Und wenn du zu athletisch bist, wirst du noch lesbisch.«

Da der Vater im Leben meist die geschätztere gesellschaftliche Rolle innehat im Vergleich zur Mutter, ist der Neid des Vaters geringer. Nichtsdestotrotz sind auch Väter auf ihre Töchter neidisch. Eine Frau erwähnte, daß ihr Vater auf sie neidisch war, weil sie eine Karriere als Musikerin gemacht hatte, während ihr Vater seiner geschäftlichen Verpflichtungen wegen in der Musik ein Amateur blieb. Einige Frauen berichteten, daß ihre Väter darauf neidisch waren, daß sie mehr als diese verdienten. »Ich hab' mehr riskiert als mein Vater. Er hat abgedankt. Er fragt nie, wieviel ich verdiene, aber meine Mutter tut das. Ich gebe darauf keine Antwort, weil ich sein Gefühl der Unzulänglichkeit nicht verstärken möchte. Aber er wäre stolz auf mein Geld, wenn ich ein Sohn wäre. Es ist viel bedrohlicher, wenn eine *Tochter* mehr verdient als ihr Vater. Eine Tochter darf nicht auf ihren Vater heruntergucken.«

## Und das sind die Folgen

Wenn Töchter den mütterlichen Neid fühlen, reagieren sie oft mit dem »Schneewittchen-Syndrom« darauf. Sie
- zweifeln an sich selbst,
- halten sich im Leben zurück,

– versuchen, ihre Mutter nicht traurig zu machen oder ihr weh zu tun.

Nora, eine 39jährige Patientin von mir mit lockigem, leuchtend rotem Haar, zeigte alle drei Reaktionen auf den Neid ihrer Mutter. Zurückblickend entdeckte Nora, wie sehr ihr Leben durch den Neid der Mutter beeinflußt und wie maskiert dieser Neid gewesen war. Der Effekt dieses mütterlichen Neides war, daß Nora ihr einziges Kind zur Adoption freigab! Die Therapie half Nora, den Neid ihrer Mutter zu erkennen und sich davon zu befreien.

Noras Mutter sagte immer: »Schau nur, wie hübsch du bist! Die Männer werden dich lieben. Warte nur, bis der richtige vorbeikommt!« Aber es gab nie einen Richtigen! Für Noras Mutter war kein Mann gut genug. Sie fand bei jedem einen Fehler. Als Nora 36 war, erzählte ihre Mutter ihren Freundinnen beim Kartenspielen: »Nora ist noch nicht verheiratet, weil sie auf den richtigen Prinzen wartet, und den haben wir noch nicht gefunden.«

Später begriff Nora, daß ihre Mutter nicht wollte, daß sie heiratete. Ihre Mutter wollte, daß Nora sich um sie kümmerte. Immerhin kümmerte sich ihre Mutter ja um ihren Mann. Deshalb sollte sich Nora nun um ihre Mutter kümmern. Ein faires Angebot, oder nicht?

Nicht jede neidische Mutter verhält sich wie die böse Königin in »Schneewittchen«. Es gibt auch die gegensätzliche Methode, bei der Mütter ihre Töchter, in der Hoffnung, über ihre Identifikation mit der Tochter daran teilzuhaben, auf einen Sockel stellen. Das Motto dabei: Wie die Tochter, so die Mutter. »Ich war nie eine wirkliche Person«, sagt Nora. »Ich war ein Ausstellungsstück. Ich sorgte dafür, daß meine Mutter gut aussah.«

Als Jordan, ein Prinz, elegant genug, um den Erwartungen der Mutter zu entsprechen, auftauchte, heiratete Nora ihn. Noras Mutter wertete Jordan auf und sprach nur noch darüber, wieviel Glück Nora gehabt habe. Wir wissen ja schon, daß der Neider oft einen Haufen Komplimente macht.

Umgekehrt hielt sich Nora ebenfalls an die unausgesprochenen Spielregeln ihrer Mutter. Sie versicherte ihrer Mutter, die selbst unter einer schlechten Ehe litt, daß ihre Ehe auch nicht rosig sei. Eine weitere Auswirkung des mütterlichen Neides war die, daß Nora schließlich tatsächlich an ihrer Liebe zu ihrem Mann zu zweifeln begann. Nora sagt: »Ich habe meine Probleme übertrieben, damit sie sich wohler fühlte. Um in ihren Augen weniger glücklich zu wirken, tappte ich in die Falle, meine Ehe wieder und wieder schlechtzumachen.«

Noras Mutter war außerdem auf Noras ursprünglich positive Einstellung zur Sexualität neidisch. Da sie selbst nie Spaß daran hatte, war sie der Meinung, ihrer Tochter stünde das auch nicht zu. Sie vertraute Nora an: »Ist Sex nicht gräßlich? Wie kann man das nur tun wollen? Es ist erniedrigend und schrecklich!«

Nora antwortete ihrer Mutter: »Ja, Mutter, Sex ist schrecklich. Ich denke da genau wie du.« Und wirklich lehnte sie die Sexualität mehr und mehr ab.

Nora war prädestiniert, sich von ihrer Mutter beeinflussen zu lassen, weil diese ihr beigebracht hatte, schwach und meinungslos zu sein, und sie schon früh davon überzeugt hatte, daß sie selbst die Bienenkönigin war, zu der man aufsah. »Mutter erzog mich dazu, untertan zu sein, mich um Leute zu kümmern, in erster Linie um sie. Wie die meisten Frauen, nahm auch ich die Rolle der Helferin ganz natürlich an.«

Die Psychotherapeutin Ruth Moulton nennt Mütter wie die von Nora »Bienenkönigin-Mütter«. Bienenkönigin-Mütter stehen mit ihren Töchtern in Konkurrenz und können es nicht ertragen, von ihnen in irgendeiner Weise überholt zu werden. Sie erzeugen in ihren Töchtern Schuldkomplexe, wenn diese es wagen, die geheiligte Position der Mutter in Frage zu stellen.

Ruth Moulton behauptet, daß Bienenkönigin-Mütter die reale Abhängigkeit der Tochter von ihrer Mutter mißbrauchen. Ursprünglich ist das Kind in körperlicher und emotionaler Hinsicht von seiner Mutter abhängig. Mütter halten ihre kleinen Mädchen fester im Arm als ihre kleinen Jungen und gestatten ihnen später weniger Freiheiten, körperlich aktiv zu sein. Sie schränken deren Drang, die Welt außerhalb des Hauses zu erforschen, ein. »Da die Mütter die ursprüngliche Quelle der Nahrung, des sinnlichen Genusses und der *Identifikation* mit dem *eigenen Geschlecht* sind«, sagt Moulton, »haben Mädchen mehr Angst davor, sich von ihren Müttern zu trennen, als Jungen.« Ein Bündnis mit der Mutter wird mit »Beschütztwerden« gleichgesetzt. Aber welcher Preis muß für dieses Bündnis bezahlt werden?

Der höchste Preis für Nora war es, ihren eigenen Sohn zur Adoption freizugeben. Nora war noch nicht verheiratet, als ihr Baby geboren wurde, glaubte aber, durchaus eine gute Mutter sein zu können. Aber Noras Mutter wollte nicht, daß Nora selbst Mutter wurde und ihr die mütterliche Rolle streitig machte. Außerdem wollte sie Noras ungeteilte Zuwendung. Nora machte sich klar: »Als ich, zehn Jahre bevor ich Jordan traf, schwanger wurde, dachte meine Mutter nur daran, wie das für sie sein würde und was ihre Freundinnen denken würden, wenn ich ein uneheliches Kind hätte.« Noras Mutter befürchtete, ihre Freundinnen würden sie nicht mehr als perfekte Mutter mit einer perfekten Tochter betrachten. In vielen Fällen ist der Neid schwer zu erkennen, weil gesellschaftliche Sitten und Regeln es uns erlauben, unser neidisches Verhalten zu kaschieren.

Nora beschrieb das folgendermaßen: »Es ging nicht nur darum, kein Kind zu haben. Meine Mutter konnte alles, jeden unabhängigen Gedanken, jede unabhängige Handlung nicht ertragen. Immer wenn ich nicht mit ihrem Bild von dem, wie ich sein sollte, übereinstimmte, strafte sie mich mit diesem speziellen Blick.« Nora träumte einmal, daß ihre Mutter als Känguruh an der Tür zu meinem Behandlungszimmer stand, um Nora daran zu hindern, zur Therapie zu kommen, zu jener Therapie, die Nora als ihren Weg zur Unabhängigkeit betrachtete. »Dieser Blick«, von dem Nora sprach, bedeutete: »Fall mir nicht in den Rücken! Wenn du das tust, werde ich dir alle Liebe vorenthalten. Du wirst allein sein und nichts mehr haben.« Wie Ruth Moulton es ausdrückt, hat die Tochter Angst davor, ihre Mutter zu übertreffen, weil sie dann die Liebe der Mutter verlieren könnte.

Als Nora ihre Therapie begann, sagte sie, sie sei seit der Freigabe ihres Babys zur Adoption »innerlich tot«. »Ich konnte den Schmerz, mich wie ein Nichts zu fühlen, nicht aushalten.« Sie pflegte zu sich selbst zu sagen: »Die wirkliche Nora Simmons möge sich bitte erheben«, aber niemand stand dann auf . . .

Wie lernte es Nora, sich dem Neid ihrer Mutter zu widersetzen? Zunächst mußte sie ihn überhaupt als solchen erkennen. Dann suchte sie sich Helfer und Freunde, um Zuversicht und Stärke zu entwickeln. Und schließlich mußte sie diesem Blick vorsichtig entgegentreten.

So etwas passiert nicht über Nacht. Eine dreijährige Therapie war notwendig, ehe Nora sich sicher genug fühlte, um sich den Neid der Mutter anzuschauen und sich an den kleinen Siegen zu freuen, daran, nun nicht mehr bei jedem Wunsch ihrer Mutter buckeln zu müssen. Jeder Erfolg gab ihr mehr Zuversicht.

Noras Mutter hatte um jeden Preis das Kommando haben müssen. Es hatte Nora unendlich viel gekostet, ihr Baby zur Adoption freizugeben. Nachdem wir diese Tatsache vier Jahre lang bearbeitet hatten, beschloß Nora, ihre eigenen Bedürfnisse ernst zu nehmen und ihren Sohn zu suchen. Sie ging dabei äußerst vorsichtig vor, hatte viel Verständnis für die Adoptiveltern, die ihrerseits Noras Wunsch verstanden und akzeptierten. Inzwischen sind sowohl sie als auch Jordan mit den Adoptiveltern befreundet, und der Sohn schreibt von der Hochschule regelmäßig an zwei Elternpaare.

Die einzige, die nicht zufrieden ist, ist Noras Mutter. »Wie konntest du mir das antun?« klagte sie. »Was wird dein Mann nur sagen? Bist du sicher, du hast mit Bess (aus irgendwelchen Gründen konnte sie meinen Namen nie richtig aussprechen), deiner Therapeutin, darüber gesprochen?«

»Sie hat nie nach der Suche gefragt«, erzählte mir Nora. »Als ich nach sechs Jahren meinen Sohn gefunden hatte, war meine Mutter sehr still und sagte dann: ›Oh, tatsächlich? Ich muß jetzt gehen.‹«

Nicht verwunderlich, daß der Muttertag für Nora, als sie älter wurde, ein Alptraum war. Da ihre Mutter die »Bienenkönigin« sein mußte, hatte Nora ihre Mutter am Muttertag von morgens bis abends zu feiern und mußte sie auf so einzigartige Weise unterhalten, daß ihre Mutter ihren Freundinnen davon erzählen und deren Neid darauf wecken konnte, was für ein ergebenes Kind sie hatte. Der erste Muttertag, nachdem Nora gerade ihren Sohn gefunden hatte, war am schlimmsten. Ihre Mutter rief an und sagte: »Du wirst meinen Muttertag mit einem Pfannkuchenfrühstück beginnen.« Nora war dagegen: »Aber ich bin doch auch Mutter. Ich komme später vorbei und koche dir ein Abendessen.« Aber ihre Mutter gab nicht auf: »Ja, natürlich bist du eine Mutter, aber ich bin auch Großmutter.« Mit anderen Worten: »Ich bin die Groß-Mutter, die einzige Mutter. Wir machen das, was ich will.«

Wie kommt es, daß eine Tochter sich so verhalten kann wie Nora und sogar ihr Baby fortgeben kann, nur damit sich ihre Mutter wohl fühlt? Abgesehen von der Angst, die Liebe der Mutter zu verlieren, fühlte Nora sich verantwortlich für ihre traurige und bedürftige Mutter. Die Mutter sagte immer: »Du fühlst dich so, als würde dir die Welt gehören. So etwas habe ich nie empfunden.«

Nora fühlte sich verpflichtet, das Leben ihrer Mutter zu erleichtern und zu verschönern, auch wenn das bedeutete, daß sie sich selbst weh tun mußte. Sie lebte mit ihren Schuldgefühlen, nie genug für die Mutter zu tun, so lange, bis sie den Neid der Mutter erkennen und ihn identifizieren konnte: Ihre Mutter fühlte sich machtlos. Sie wollte ihre Tochter nicht zerstören. Als Nora den Neid ihrer Mutter in einem größeren Zusammenhang sehen konnte, war sie eher in der Lage, sich von ihrer Mutter zu lösen und Mitgefühl zu entwickeln.


## Wie Mütter ihren Neid zeigen

Es gibt vier grundsätzliche Arten, wie Mütter ihren Neid zeigen:

1. Durch ständige Kritik. Egal, was man tut, irgend etwas ist nicht richtig. Man ist nie gut genug. Wenn man eine neidische Mutter hat und ihr Verhalten nicht als »Neid« identifizieren kann, mag man sich fragen: »Was hab' ich nur falsch gemacht?« Die Kritik muß nicht immer verbal sein, sie kann sich

auch im Tonfall zeigen. »Es gab da nichts, was sie je negativ gesagt hat. Es war nur immer dieser scharfe Ton in ihrer Stimme.«

2. Durch die Unmöglichkeit, sich von ihrer Tochter übertreffen oder trennen zu lassen. Dr. Ruth Moulton beschreibt das, was ich das Schneewittchen-Syndrom nenne, folgendermaßen: »Wenn die Mutter ihre Tochter aus Angst, überholt zu werden und sich dann überflüssig zu fühlen, nicht ermutigt oder stärkt, kann die daraus resultierende Entmutigung in der Tochter die Tendenz zu versagen hervorrufen. Die Angst vor dem Versagen ist normalerweise bewußt. Die Angst vor dem Erfolg hingegen ist unbewußt. Eine Tochter kann Angst vor der Konkurrenz anderer Frauen haben, sich vor deren Ablehnung fürchten und als Konsequenz daraus ihre eigene Entwicklung sabotieren.«

3. Eine Mutter verträgt es nicht, daß ihre Tochter sich glücklich zeigt. Freude und Erfolg der Tochter machen ihr ihre eigene Unzufriedenheit deutlich und vergrößern sie. Wenn die Tochter Erfolg hat, kann sie ihn nicht mehr selbst haben. Also verbirgt die Tochter ihr Wohlbefinden oder spielt es herunter, damit die Mutter nicht leidet.

4. Eine Mutter versucht, stellvertretend durch ihre Tochter zu leben. Sie opfert sich auf, um die Tochter zu unterstützen. So kann sie »ganz in der Tochter aufgehen« und wird auf diese Weise des Erfolgs der Tochter teilhaftig. Dieser Handel geht davon aus, daß man als Tochter für seine Mutter erfolgreich ist, damit sie stolz und froh sein kann.

Viele Frauen haben mir erzählt, welche Probleme auftauchten, wenn ihre Mütter versuchten, stellvertretend durch sie zu leben: Wenn die Tochter etwas erreicht, was zu weit entfernt ist von dem, was die Mutter noch »mitgenießen« kann, funktioniert der Handel nicht mehr. Elizabeths Mutter, eine sehr kluge Frau, kam sich als Hausfrau betrogen vor. Sie hatte das Gefühl, etwas verpaßt zu haben. Als ihr drittes Kind aus dem Hause ging, sagte Elizabeths Mutter traurig über ihr Leben: »Es ist alles völlig falsch gelaufen. Soll das alles gewesen sein?« So hatte sie ihre Hoffnungen an dem Erfolg ihrer Tochter festgemacht.

Elizabeths großer Erfolg kam, als sie im Alter von 32 Jahren als Archäologieprofessorin ihr eigenes Büro bekam. Ihre Eltern kamen, um Elizabeths neuen Raum zu bewundern. »Mein Vater fand das Büro toll. Er war stolz. Meine Mutter war sachlich. ›Das ist also dein Büro, hm, hm . . .‹, und dann sprach sie von etwas anderem.«

Elizabeth begriff, daß die Reaktion ihrer Mutter der »Abmachung«, die sie miteinander hatten, nicht entsprach; jenem unausgesprochenen Handel, nach dem ihre Mutter den Erfolg, den sie Elizabeth zu haben drängte, selbst genießen würde. Weil Elizabeth etwas erreicht hatte, was ihrer Mutter nicht gelungen war, konnte sich diese mit jenem Teil von Elizabeths Leben dann doch nicht identifizieren.

Eine Mutter kann nur bis zu einem gewissen Grad stellvertretend durch ihre Tochter leben. Dann aber muß sie zu ihrer eigenen Welt zurückfinden und begreifen: »Diese Welt, das neue Büro und die Karriere gehören meiner Tochter, nicht mir.«

»Meine Mutter wollte, daß ich perfekt war. Sie hoffte, daß eine perfekte Tochter aus ihr eine perfekte Mutter machen würde. Natürlich habe ich sie enttäuscht.«

Mütter, die sich der altruistischen Hörigkeit bedienen, beziehen nicht nur den Erfolg, sondern auch den Mißerfolg ihres Kindes auf sich. Man muß auf dem Gebiet, auf dem die Mutter es erwartet, Erfolg haben, oder man hat versagt. Dieses Versagen wird dann zum Versagen der Mutter. Erfolge auf anderen Gebieten zählen nicht.

»Ich bin eine Kreation meiner Mutter. Wenn ich glücklich bin, ist sie es auch. Aber ich kann ihr nie meine Probleme zeigen oder um Hilfe bitten. Sie wird sich meine Probleme nicht anhören, weil sie mich stark braucht als die, die alles im Griff hat. Wenn ich *sie* je brauche, ist sie inkompetent, schwach und hilflos.«

»Meine Mutter erträumte sich für mich ein glanzvolles Leben und drängte mich, Gelegenheiten wahrzunehmen, die sie niemals hatte. Indem sie durch und »für« mich lebte, wollte sie soviel wie möglich in mein Leben einbezogen sein. Da ich sie nie genug einschloß, habe ich sie enttäuscht.«

»Meine Mutter war selbstlos«, gab Betsy zu. »Sie konnte nur mir, nicht aber sich selbst etwas schenken. Als ich noch zur Schule ging, spendierte mir meine Mutter eine Serie von Behandlungen bei der Kosmetikerin. Ich bat sie die ganze Zeit, wenigstens einmal selber hinzugehen. Davon wollte sie nichts hören. Dabei brauchte ich doch gar keine Kosmetikerin.« Betsys Mutter starb vor zwei Jahren an Krebs. Als sie im Sterben lag, fragte Betsy sie: »Wenn du irgend etwas in deinem Leben hättest anders machen können, was wäre das gewesen?« Die Mutter antwortete: »Nicht viel. Vielleicht hätte ich öfter zur Kosmetikerin gehen sollen.«

Natürlich, Mütter erleben ihre eigene Freude noch einmal, wenn sich ihre Töchter verlieben, heiraten, Kinder kriegen, so als würde es ihnen selbst zum ersten Mal widerfahren. Aber wenn die Mutter zu ausschließlich stellvertretend durch ihre Tochter lebt, beklagen sich die Töchter zu Recht über den Mangel an Authentizität ihrer Mütter. »Sie sieht nicht mich, sondern das, was ich für sie sein soll.«

»Ehe meine Mutter heiratete, war sie unabhängig. Sie erwartet von mir, daß ich diese Unabhängigkeit für sie auslebe. Ich tue das, indem ich politisch und sozial sehr aktiv bin. Auch sie macht sich über die Armut und das Elend in der Welt Gedanken. Aber sie tut nichts dagegen. Nur wenn ich mich auf den Weg mache, um in einer ärmeren Gegend zu arbeiten, sagt sie mir, wie ich mich zu verhalten habe.« Die stellvertretende Mutter kann auch eine kontrollierende Mutter sein. Sie verlangt: »Tu es auf meine Art! Denn das ist die Art, in der ich selbst es nicht tun konnte.«

Die Mutter, die stellvertretend durch ihre Tochter lebt, rechnet sich deren Erfolg oft als eigenen Verdienst an. Eine bekannte Läuferin erschien auf dem Titelblatt einer Sportzeitschrift. Ihre Mutter sagte zu ihr: »Du kannst dir nicht vorstellen, wie viele Leute mir gesagt haben, daß du genau wie ich aussiehst.« Die Mutter zeigte diese Zeitschrift dem Taxifahrer, dem Parkwächter beim Supermarkt und verschickte 75 Exemplare an Leute, die sie kannte. Sie wiederholte ständig, wie gut sie ihre Rolle als Mutter gemeistert habe. Die Läuferin sagte: »Meine Mutter machte sich die unglaublichsten Phantasien über das, was sie für meinen Supererfolg hielt. Sie nahm Hefte dieser Zeitschrift mit zu Cocktailpartys und konnte über nichts anderes mehr reden. Wie sie mit mir angab, war einfach zuviel. Es war peinlich, wie sie sich mit mir identifizierte.«

Nehmen wir Denise, ein sehr erfolgreiches Model aus New York.

Denise erinnert sich: »Meine Mutter geriet in Panik, wenn sie meinen Vater um Geld bitten mußte, damit sie zur Bank gehen konnte, um den Scheck, den sie gerade ausgefüllt hatte, zu decken. Er machte die Tür einfach zu, weil er das Geld nicht hatte.

Mein Erfolg war für meine Mutter sozusagen das ›Ticket‹, um aus der Innenstadt von Cleveland herauszukommen, wo wir wohnten. Sie wollte in Shaker Heights leben. ›Meine Freunde sind weggezogen. Denise ist weggezogen. Warum bin ich noch hier?‹ fragte sich meine Mutter. Wenn sie jetzt mit mir spricht, merke ich, daß sie sich am anderen Ende der Leitung Notizen macht, damit sie ihren Freunden alles genau erzählen kann. Sie traut weder sich selbst noch meinem Vater etwas zu. Deshalb macht sie all ihre Hoffnungen an mir fest . . . Das Leben meiner Mutter war so mit meinem Erfolg verknüpft, daß sie, wenn sie mit mir sprach, nicht meine Mutter war, sondern ein Fan. Ich als Person kam mir dabei nicht gefragt vor.

Ich weiß, daß ich, so absurd das klingt, meine Mutter mit jedem Erfolg unglücklicher mache, obwohl sie nur eines wollte: daß ich Erfolg habe. Ich hätte manchmal so gern eine Mutter, die mir ein Vorbild und eine Stütze sein könnte. Ich habe mir andere Frauen als Vorbilder gesucht. Das hat meiner Mutter dann auch wieder weh getan.

Wenn ich zu Besuch komme, spüre ich schon im ersten Moment unseres Treffens auf dem Flughafen ihre Erwartung, daß ich die zauberhafte Tochter sein soll, von der sie gerade allen erzählt hat. Sehe ich wirklich zauberhaft aus, ist sie neidisch. Tue ich es nicht, ist sie enttäuscht.«

## Mitgefühl für unsere Mütter

*Siebzig Prozent* der befragten Frauen gaben an, auf das Leben ihrer Mütter *nicht* neidisch zu sein. Sie gaben an, Mitleid mit dem eingeschränkten Leben ihrer Mütter zu haben. Allerdings nahm der Neid der Mütter mit dem Grad der persönlichen und beruflichen Entwicklung der Töchter zu. Da ist es nicht immer leicht, Mitgefühl mit dem Neider zu zeigen. Und doch, ein Mensch, der Mitgefühl erlebt, macht die bereichernde Erfahrung, das Herz eines anderen zu spüren. Mitgefühl ist sowohl für den Gebenden als auch für den Empfangenden ein Geschenk. Empathie und Mitgefühl führen zum Vergeben. Vergeben führt zur Freiheit. Mitgefühl und Verständnis sind der Schlüssel, sich selbst aus der Falle des Schneewittchen-Syndroms zu befreien.

Wenn man Mitgefühl empfindet, kann man »erwachsener« auf die neue Situation, so wie sie jetzt ist, reagieren, ohne sie durch den Filter der Vergangenheit und der früheren Notwendigkeit sehen zu müssen, mit der eigenen Mutter zu Rande zu kommen.

Wenn man sich das Leben der Mutter vor Augen hält, sich in ihre Enttäuschungen einfühlt, ihre Gründe für den Neid erkennt und die Auswirkungen, die ihr Neid auf das eigene Leben hat, benennen kann, kann man sich leichter von all dem lösen. Anderenfalls – wenn man die Mutter weiterhin einfach zur Schuldigen macht – bleibt man reagierend an sie gebunden und wird immer noch von ihren Bedürfnissen beherrscht.

»Meine Mutter brauchte Sicherheit. Die einzige Art, wie sie das bekommen konnte, bestand für sie darin, daß sie bei ihrer Hochzeit einen großen Teil ihrer selbst einfach zumachte. Heute ärgert sie sich darüber und beneidet mich. Warum sollte sie auch nicht neidisch auf mich sein? Sie versuchte, eine typische Hausfrau zu sein. Sie mußte viele Träume aufgeben.«

»Ja, meine Mutter war auf vieles von mir neidisch. Sie kritisierte mich oft. Aber sie zog uns Kinder allein groß, und ich hatte nie das Gefühl, das Kind eines alleinerziehenden Elternteils zu sein. Sie hatte so wenig Zeit für sich selbst. Jeden Abend setzte sie sich fünfzehn Minuten hin, trank ein Glas Wein und hörte die Nachrichten im Radio. Das war die einzige Zeit, die sie für sich selbst hatte.«

»Meine Mutter war neidisch auf alle meine Beziehungen«, sagt Judith. »Während eines Abendessens hat einer ihrer Bewunderer einmal kurz meine Hand gehalten und mich ›Süße‹ genannt. Meine Mutter sagte später zu mir: ›Früher hat er mich so genannt.‹« Plötzlich erkannte Judith, wie sehr ihre Mutter um das, was sie nun nicht mehr bekam, trauerte. Von diesem Moment an hatte Judith ihrer Mutter gegenüber viel freundlichere Gefühle. »Meine Mutter hat nicht versucht, mir weh zu tun. Sie hat sich selbst weh getan.«

Wenn eine Mutter auf ihre Tochter neidisch ist, dann ist das ein gesellschaftliches Tabu und das allerletzte auf der Welt, was eine Mutter für ihre Tochter empfinden *möchte*. Ein unakzeptables Gefühl in Anbetracht des idealen Mutterbildes. Somit führt der Neid bei ihr zu der Befürchtung, daß sie als Mutter versagt. Auch dieses Gefühl ist unerträglich. Da ist es besser, diese Gedanken möglichst schnell loszuwerden und sie bloß nicht auszusprechen. Manchmal klären sich solche Gefühle erst am Ende eines Lebens.

Viele Frauen berichten, daß sie sich mit ihren Müttern erst aussprechen konnten, wenn diese im Sterben lagen. Das war der Moment, in dem Trudy, die vierzigjährige Inhaberin einer Werbefirma, schließlich verstand, worum es in der Beziehung mit ihrer Mutter überhaupt gegangen war. Trudys Mutter war nie zu einem öffentlichen Anlaß, an dem Trudy mitwirkte, mitgegangen, und Trudy hatte nie gewußt, warum. Kurz bevor sie starb, sagte Trudys Mutter: »Du hast mich immer eingeschüchtert.« Trudy: »Ich war wie vor den Kopf gestoßen und fragte sie: ›Meinst du etwa, sogar als ich noch klein war?‹ Sie antwortete: ›Ich habe *immer* Angst vor dir gehabt.‹

Ich glaube, wenn ich in der Schule schlechter gewesen wäre, weniger Freunde gehabt hätte oder nicht so schlagfertig gewesen wäre, hätten wir vertrauter miteinander sein können. Sie erlebte sich selbst als unsicher und freudlos. Sie kritisierte meine Leistungen und malte mir immer das Allerschlimmste aus, was passieren könnte, wenn ich nach Europa gehen, neue Arbeit annehmen, Freunde haben, heiraten, mit meinem Vater sprechen, einen Goldfisch oder gar ein neues Haus kaufen würde.

Ich hatte immer gedacht, meine Mutter wollte, daß ich alles erreiche. Aber jetzt begreife ich, daß meine Supererfolge das Schlimmste waren, was ich ihr antun konnte, weil es sie nur noch mehr ›einschüchterte‹. Ich sah plötzlich hinter diesem kritischen Gesicht die Schwäche meiner Mutter und konnte auf einmal, zum ersten Mal, Liebe für sie empfinden.«

Hinter dem Neid verbirgt sich Angst. Angst, man könnte nicht genug haben, Angst, man könnte nicht gut genug sein.

Mitgefühl für die mißliche Lage der Mutter ist erst dann möglich, wenn man seine eigenen Gefühle kennt und ihnen traut. Die meisten Töchter neidischer Mütter sind aber in ständiger Sorge um die Gefühle ihrer Mutter und haben demzufolge ihren eigenen Gefühlen nie genug Raum gegeben.

## Aus der Sicht der Mutter

Die Dinge aus dem Blickwinkel der Mutter zu sehen, das ist ein Weg, Mitgefühl zu entwickeln.

Nadja, die Mutter einer sechzehnjährigen Tochter, ist berufstätig und nicht ans Haus gebunden. Aber auch sie empfindet Neid. Sie beklagt die Tatsache, daß ihre Tochter in die Welt hinausgeht.

»Meine Tochter hat das ganze Leben vor sich, während mein Leben viel zu schnell vorbeifliegt. Sie wird ihre eigenen Fehler machen, aber sie steht noch am Anfang. Es kommt mir so vor, als bliebe ich zurück. Es ist so, als würde sie mich wegen einer anderen Person verlassen. Aber diese ›andere Person‹ scheint die ganze weite Welt voller Möglichkeiten zu sein. Darauf bin ich neidisch. Nachdem ich ihr so viel gegeben habe, nimmt sie sich jetzt das, was ich ihr gab, und kreiert daraus ihr eigenes Leben.

Ich möchte mehr anerkannt und gewürdigt werden. Wenn

sie mehr abwaschen oder das Haus häufiger saubermachen würde, vielleicht hätte ich dann das Gefühl, daß sie mir das, was ich ihr gegeben habe, irgendwie zurückzahlt oder honoriert. Ich wünschte, ich könnte genausoviel ausgehen wie sie, könnte Kleider kaufen, ohne darüber nachzudenken, wo das Geld herkommt, wäre versorgt und hätte weniger Verantwortung. Außerdem bin ich neidisch auf ihre innere Sicherheit, die es ihr erlaubt, ihre eigenen Entscheidungen zu treffen und dazu zu stehen. Sie ist so viel selbständiger als ich in ihrem Alter.

Sie geht nun aus dem Haus und, das ist ja auch ganz klar, sie überläßt es mir, mit dem, woran mein eigenes Leben krankt, selbst fertig zu werden. So sollte das auch sein, aber es ist schwierig.

Es ist ein Dilemma, daß es keine Person gibt, bei der ich meinem Ärger Luft machen kann. Man kann nicht auf die Welt wütend sein, weil sie einem das Kind wegnimmt, und man kann nicht ärgerlich sein auf sein Kind, weil es das tut, was es tun muß. So bleibe ich mit meinem Frust allein.«

Den Neid zu erkennen, sei es nun der der Mutter oder der eigene, ist ein wichtiger, erster Schritt. Was man erkennt, kann man auch besser erklären und verstehen als ein dunkles, dumpfes Gefühl. Und was man versteht, kann man oft besser nachfühlen. Man kann mitfühlen. Und mit dem Mitgefühl kommt die Liebe. »Auf die Welt wütend zu sein«, wie Nadja es ausdrückt, bindet uns an den Neid. Dabei wollen wir doch den Zugriff des Neides lockern.

## 5. KAPITEL

# Partnerneid und Neid in der Familie

Eine Mutter geht mit ihren beiden Töchtern Röcke einkaufen. Sie wählt einen roten und einen blauen Rock. Dann fragt sie die ältere der beiden Schwestern: »Welche Farbe möchtest du, Rot oder Blau?« Die ältere Schwester ist sich sicher: »Das ist mir egal, ich möchte den Rock, den sie bekommt.«
*George P. Elliott*

»Mein Mann ermutigte mich, wieder etwas zu lernen. Als ich das tat und Spaß daran hatte, bat er mich, wieder aufzuhören. Ich glaube, daß es Neid war; die beiden Botschaften waren: ›Das ist gut, nimm es dir; weil es gut ist, hör damit auf!‹«
*N. N.*

Die erste Erfahrung mit dem Neid machen wir zu Hause mit den Eltern und Geschwistern. Und wenn man älter wird, kann es einem passieren, daß man jene Rivalität, die man im Elternhaus erlebt hat, am Partner ausläßt. Aus diesem Grund ist es besonders wichtig, daß wir uns noch einmal dem Neid in der Familie zuwenden.

## Geschwisterneid

Die Art, wie in einer Familie mit dem Neid umgegangen wird, bildet die Grundlage dafür, wie man später im Leben mit dem eigenen und dem Neid anderer fertig wird. Wie sieht der Neid zwischen Geschwistern aus?

Neid unter Geschwistern ist etwas sehr Natürliches. Es gibt viele Faktoren in den Beziehungen von Geschwistern, die Neid fast automatisch hervorrufen. Entweder ist man ein Junge oder ein Mädchen, jünger oder älter. Selbst das mittlere Kind wird beneidet, weil es nicht die gleichen Probleme wie das jüngste oder älteste Kind hat. Es kommt nur darauf an, von welchem Standpunkt aus man das betrachtet. Manche der Geschichten, die Geschwister mir erzählt haben, klingen absurd. Es scheint klar zu sein, daß die Reihenfolge, in der man geboren wurde, bezüglich des Neides wenig Unterschied macht.

Die Älteste zu sein hat gewisse Vorteile. »Eins ist klar«, sagte eine Frau, »als die Älteste wird man von seinen Geschwistern beneidet, weil man schon mehr darf, einfach des Alters wegen. Ich wurde beneidet, weil ich als erste auszog, heiratete, nach Europa reiste, ein Kind bekam. Das ist natürlich.«

Und eine »Jüngste« sagt: »Ich wurde beneidet, weil ich das jüngste von zehn Kindern war, mehr Zuwendung erfuhr und weniger Verantwortung hatte. Zwischen mir und dem nächstälteren lagen zehn Jahre. Meine Eltern waren mit der Zeit etwas lockerer geworden, und es ging ihnen auch finanziell besser.« Eltern sind nicht ein Leben lang gleich. Ihre wirtschaftliche Lage, aber auch ihre Einstellung zur Erziehung können sich verändern, und das wirkt sich auf die Erziehung von Kindern unterschiedlichen Alters aus.

Und so äußert sich ein »mittleres« Kind: »Mein um fünf Jahre jüngerer Bruder beneidete mich, weil ich älter bin. Er versuchte immer, sich wie ein großer Bruder zu benehmen. Mit einem unangenehmen Kneifen in meine Backe, einer lauten Stimme und einer zu engen Umarmung nannte er mich dann ›kleines Schwesterchen‹. Mein älterer Bruder beneidete mich, weil meine Mutter mich offensichtlich bevorzugte. Sie bügelte meine Bettwäsche, schenkte mir bestickte Kopfkissen und sagte zu mir: ›Du bist für mich ein ganz besonderes Geschenk.‹ Das mußten meine beiden Brüder schmerzlich empfinden.«

Die Stellung in der Geschwisterfolge prägt die Persönlichkeit. Wenn man die Älteste ist, muß man oft (oder ist es sogar) die Kompetenteste sein. Eine vierzigjährige Frau aus der Werbebranche erzählte mir: »Weil ich fünf Jahre älter war als meine Schwester, konnte ich bestimmte Dinge besser, und bald schien es, als könnte ich alles besser. So entstand eine bestimmte Situation, in der meine Eltern von mir erwarteten, besser zu sein, und das verlangte ich dann auch von mir selbst. Weil ich glaubte, ich müsse besser sein als meine Schwester, machte ich mich zu ihrer Konkurrentin. Sie war neidisch und litt darunter, daß ich immer einen Vorsprung hatte, aber weil es mir gefiel, ging das Spiel weiter.«

Natürlich ist auch die Geschlechtszugehörigkeit oft Anlaß zu Neid. Eine Frau sagte, sie sei neidisch auf ihren Bruder gewesen, weil er der kleine König war. Er durfte mit seinem Vater jagen und fischen, während ihr das nicht erlaubt war. »Ich konnte das nicht ändern, ich bin nun einmal ein Mädchen. Ich wurde Architektin, was mein Vater sich eigentlich für meinen Bruder gewünscht hatte. Aber es machte keinen Unterschied. Er behandelt uns immer noch wie damals. Mein Bruder ist immer noch der König.« Der »König« wiederum hielt seine Schwester für verwöhnt, weil sie zur Kunsthochschule geschickt wurde. Er ließ sie wissen: »Du bist so eine Prinzessin, daß du nicht einmal selber tanken kannst.« Es sieht so aus, als hätte es in dieser Familie einen kleinen König und eine kleine Prinzessin gegeben. Damit waren die königlichen Kinder Erben des Neides.

Eine Frau erinnert sich: »Meine Mutter hatte für Jungen und Mädchen unterschiedliche Standards. Sie verlangte, daß Jungen schwierigere Dinge tun mußten. Vier Jahre lang lebten wir in einem winzigen Haus ohne fließendes Wasser. Mein Bruder erinnerte mich kürzlich daran, wie sehr er es haßte, das tragbare Plumpsklo leeren zu müssen. Ich aber war neidisch auf ihn, weil er an kalten Tagen nach draußen und Holz hacken durfte.«

Viele Frauen berichteten, daß sie beneidet wurden, weil sie die Lieblinge des andersgeschlechtlichen Elternteils waren. Alice, eine 44jährige Schriftstellerin, drückt das so aus: »Meine Mutter zog meinen Bruder und mein Vater mich vor. Mein Bruder war auf mich neidisch, weil ich vom Vater mehr Zuwendung erfuhr, und ich beneidete ihn, weil er von der Mutter mehr geliebt wurde.«

Der Neid hängt also von der Betrachtungsweise und nicht von der tatsächlichen Situation ab. Von extremen Umständen einmal abgesehen, wie Armut, Rassendiskriminierung, körperlichen Behinderungen und so weiter, schafft der eigene Gesichtspunkt auch eine eigene Wirklichkeit.

## Das macht neidisch

Wir haben gesehen, daß jeder Unterschied zwischen zwei Menschen dazu benutzt werden kann, das Feuer des Neides zu entfachen und zu nähren. Nachfolgend einige Schauplätze, auf denen dieses Feuer lodert: »Meine Schwester ist neidisch darauf, daß ich zierlich bin. Sie war schon mit zwölf Jahren 1,80 Meter groß. Sie ist sehr sportlich und sieht fast wie eine Mittelstürmerin aus. Ich bin Tänzerin. Sie ist neidisch auf mich, weil sie Akne hat und ich nicht. Ich habe Schwielen an den Füßen. Aber die sieht man nicht.«

»Meine Schwester ist darauf neidisch, daß ich dünner bin. Sie ist immer heimlich an meinen Schrank gegangen und hat meine Sachen, vor allem meine Lieblingspullover, genommen, ist in ihr Zimmer gelaufen und hat sich in sie hineingezwängt. Ich fand die Sachen dann am nächsten Tag ausgeleiert in meinem Schrank.«

»Meine Schwester beneidete mich wegen meiner glatten Haare. Ich beneidete sie wegen ihrer Locken.«

Bewegen wir uns hier nicht in der Nähe der Absurdität? Was auch immer die Geschwister haben – es ist das, was man selber möchte. Das, was man selber hat, zählt nicht. Aber vielleicht ist es das, wovon die Geschwister annehmen, es sei die Welt. Geschwister wünschen sich: »Warum können wir nicht einfach tauschen?« (Unsere Haare, Beine, Arme, Augen, Nasen – was auch immer?)

»Mein Bruder beneidet mich, weil ich mehr verdiene als er. Können Sie sich vorstellen, daß er zwei Dollars für ein Telefongespräch verlangte, das ich von seinem Haus aus geführt hatte, nachdem ich gerade seine ganze Familie zu einem teuren Essen eingeladen hatte? Aus lauter Schuldgefühlen bin ich so weit, daß ich mein Einkommen mit ihm teile. Jetzt bin ich immer knapp dran.«

»Ich bin auf meine Schwestern neidisch, weil ihre Ehemänner mehr verdienen als meiner. Sie haben beide Diamantringe. Ich nicht. Sie haben keine Ahnung, daß ich neidisch bin. Meine Schwestern sagen zu mir: ›Ich wollte, ich wäre wie du und müßte mir um meinen Schmuck keine Gedanken machen.‹«

Hier wird klar, daß Geschwister neidisch sind, wenn der andere etwas hat, aber genauso, wenn der andere nichts hat – kurz: Jede mögliche Form von möglicher Zufriedenheit kann Anlaß für Geschwisterneid sein!

»Meine Schwester, zwanzig Jahre jünger als ich, war neidisch auf mich, weil ich extrovertiert und lebhaft bin. Sie beklagte sich darüber, daß sie neben mir in einem Raum einfach ›untergehe‹. Vielleicht ist das der Grund, warum ich den Namen meiner Schwester immer vergaß.«

»Ich war neidisch auf meine Schwester, weil sie so sinnlich war und so auf Männer wirkte.«

»Ich habe meine zwei Jahre ältere Schwester beneidet, als wir Teenager waren. Als ich in die Pubertät kam, war ich übergewichtig, unbeliebt und ungeschickt. Sie dagegen war graziös, hübsch, charmant. Ich beneidete sie, wie sie mit unserem Vater flirtete. Meiner Mutter ging es nicht anders.«

»Meine Geschwister beneideten mich, weil ich unsere Mutter provozierte. Sie konnten das nicht.«

»Meine Schwester beneidete mich, weil ich einen attraktiven Ehemann hatte. Ich hatte halt Glück gehabt. Aber dann fielen ihm die Haare aus, und er setzte einen Bierbauch an. Jetzt beneidet sie mich nicht mehr.«

Das »Glück« spielt in der Neid-Liste eine besondere Rolle. Wenn alles klappt und sich wunschgemäß entwickelt, muß man damit rechnen, beneidet zu werden. Wenn man ein Mensch ist, der Glück hat, mag man den anderen wie das bevorzugte Kind vorkommen, das Fortuna und eine gute Mutter an seiner Seite hat. Die neidische Person stellt sich vor, daß das Leben diejenigen, bei denen alles zu klappen scheint, vorzieht, sie fühlt sich gekränkt und zurückgesetzt.

»Meine Schwester ist neidisch auf meine Fähigkeit, Dinge zu Ende zu führen, und auf meinen Haushalt. Sie sagt: ›Oh, dir fällt alles zu.‹ Das ist so, als kämen irgendwelche Heinzelmännchen, und eins, zwei, drei hätte ich ein sauberes Haus. Ich zeig' ihr dann meine rauhen Hände und erkläre ihr, daß ihr Haus genauso aussehen könnte wie meins.«

»Mein Bruder beneidet mich, weil ich Bücher veröffentliche und er für seine Manuskripte keine Abnehmer findet. Als ich ihm ein Buch schickte, das ich veröffentlicht hatte, und ihn nach seiner Meinung fragte, antwortete er: ›Welches Buch?‹«

»Mein Bruder ist neidisch auf meinen Beruf. Ich bin Lehrerin. Das zeigt er, indem er sich weigert, mich zu sehen, wenn er in unsere Gegend kommt.«

»Meine Schwester ist eine unverheiratete, neurotische, einsame, sechs Jahre ältere Bardame. Sie ist neidisch darauf, daß ich verheiratet bin und Kinder habe. Sie zeigt ihren Neid, indem sie mein Leben sozusagen fürsorgend in die Hand nimmt. Sie schickt jede Woche großzügige Geschenke. Auf der einen Seite ist das natürlich das Netteste, was es gibt, aber auf der anderen Seite ist es einfach zuviel. Ich fühle mich bombardiert. Das läßt mich gemein werden. Ich kann einfach nicht mehr ehrlich reagieren. Dieser Exzeß macht das Ganze zu einer Parodie, zu einer Karikatur. Hinter all dieser Schenkerei verbirgt sich eine Menge Haß und Neid.«

»Meine Schwester beneidet mich, weil ich was riskiere. Jahrelang bin ich Abenteurerin gewesen, während sie das sichere Leben einer Hausfrau führte. Sie wollte lieber neidisch sein, als selbst etwas zu wagen. Dann änderte sich die Situation. Mein zweiter Mann ließ sich von mir scheiden und nahm alles, was ich besaß, mit. Dann beschloß der Mann, mit dem ich mich angefreundet hatte, er wolle sich nicht fest binden. Außerdem starb meine Katze. Meine Schwester war da, um mir auszuhelfen. Sie sah, daß ich mich weigerte, mich geschlagen zu geben. Sie sah, daß ich mich aus der Misere herausarbeitete. Sie sah, daß das zwar nicht einfach, aber möglich ist. Da beschloß sie, daß sie in Zukunft nicht immer nur auf Nummer Sicher gehen wollte. Vorher mußte ich die guten Seiten in meinem Leben immer herunterspielen. Das brauche ich jetzt nicht mehr.«

Kritik ist auch eine Art, wie Geschwister ihren Neid zeigen können. »Meine Schwester beneidet alles an mir – meine Ehe, meine Kinder, meine Hobbies. Sie zeigt das, indem sie meine *Kinder* kritisiert, die Art, wie ich sie erziehe, die Freunde, die sie haben, die Noten, die sie nach Hause bringen, ihren Beruf. Das ist schlimmer, als eine Mutter zu haben.«

Man kann auch versuchen, ein Geschwisterteil zu überzeugen, es solle so sein wie man selbst. »Sei wie ich, Schwester! Geh konservativer an das Leben heran! Weck keine schlafenden Hunde! Gehe kein Risiko ein! Nimm deinen traditionellen Platz in der Gesellschaft ein! Erfülle die Rolle, für die du geboren und erzogen wurdest! Hör auf, dich im ganzen Land herumzutreiben! Erwarte nicht soviel vom Leben! Beherrsche dich! Sei nicht so offen und spontan!«

Eine dritte Taktik ist die, alles gleich machen zu müssen. »Meine Schwester und ich, wir sind aufeinander neidisch. Ich bin 22, sie ist siebzehn. Wenn eine von uns etwas bekommt, saust die andere los und besorgt sich genau das gleiche, ob das nun eine neue Bluse, Jeans, durchstochene Ohren, Freunde oder Freundinnen sind. Das haben wir unser ganzes Leben lang schon so gemacht.«

### Was ist Geschwisterrivalität?

Das Wort »Rivale« kommt von dem lateinischen »rivalis«, das ist der Anwohner eines Flusses oder einer Strombank, der mit seinem Nachbarn oder seiner Nachbarin um den Zugang zum Wasser wetteifert.

Geschwister wetteifern um den »Fluß«, um die Versorgung mit dem zum Überleben notwendigen Wasser. Diese Versorgung ist die Fähigkeit der Eltern, die Bedürfnisse des Kindes – vor allem nach Liebe und Zärtlichkeit – zu erfüllen. Das Kind rivalisiert mit seinen Geschwistern um den »exklusiven Zugang zu dieser Quelle der Liebe«. Der Neid entsteht aus der Tatsache oder auch nur der Vorstellung, daß ein Geschwisterteil mehr elterliche Liebe erfährt als man selbst. Aber welches Kind ist schon der Meinung, genug Liebe zu bekommen?

## Was nährt den Neid zwischen Geschwistern?

Geschwister sind die Anwohner eines Flusses, die gleichermaßen des Flusses elterlicher Liebe teilhaftig werden wollen. Dabei spielt das Verhalten der Eltern eine wichtige Rolle, wie die »Verteilung« der Liebe wahrgenommen wird. Eltern erzeugen Neid, wenn sie

1. einem Kind nicht besondere Zuwendung angedeihen lassen, wenn ein neues Geschwisterchen geboren wird;

2. offen ein Kind dem anderen vorziehen;

3. ihre Kinder in Schablonen pressen;

4. unnötige Vergleiche zwischen den Kindern anstellen;

5. versuchen, Neid dadurch zu vermeiden, daß sie vorgeben, alle Kinder seien gleich;

6. vorgeben, Geschwisterneid existiere nicht, oder ihn herabspielen und den Kindern einfach sagen, sie sollten nicht streiten;

7. wankelmütig oder parteilich sind, wenn sie ihren Kindern helfen wollen, einen Streit zu schlichten;

8. dem einen Kind gegenüber einem anderen besondere Privilegien einräumen;

9. das Selbstwertgefühl eines rivalisierenden Kindes nicht stärken.

Selbst wenn man all die oben erwähnten Fehler vermeidet, wird es weiterhin Geschwisterneid geben. Und wenn man nur ein Kind hat, wird es vielleicht »Kusinenneid« oder Neid auf die Arbeit oder sonst irgend etwas, was ihm Aufmerksamkeit entzieht, entwickeln. Da sich jedes Kind irgendwann einmal als klein, dumm und in bezug auf die komplexe Welt der Erwachsenen als unzureichend empfinden muß, wird es sich früher oder später mit jemandem vergleichen, der für den Moment besser dran zu sein scheint. Daß es gegenüber dieser Person

114

Neid fühlt, vor allem, wenn es noch fürchtet, die elterliche Liebe zu verlieren, ist nur natürlich.

## Wie Eltern den Geschwisterneid nähren

*Unempfindlich für die großen Veränderungen in der Welt des Kindes sein.*

In einer glücklichen Familie fühlt sich das erstgeborene Kind wohl und ist sich der elterlichen Liebe sicher. Der Fluß der Zuwendung strömt ungehindert für das Kind. Die erste Veränderung tritt ein, wenn ein weiteres Baby geboren wird.

»Ich war das Königskind, das erste Enkelkind«, erinnert sich eine Freundin. »Niemand sagte mir, daß ich noch eine kleine Schwester kriegen würde.«

Wenn man auf diese Veränderung nicht vorbereitet wurde, ist man über die Geburt eines Geschwisterchens noch ärgerlicher. »Die Geburt des ersten Geschwisterchens stellt der älteren Schwester eine sehr schwierige Aufgabe. Sie muß glückselig das ›Geschenk‹ in Form eines Geschwisterchens annehmen, worum sie nie gebeten hat, während sie gleichzeitig ihre ärgerlichen Gefühle darüber, daß sie aus dem mütterlichen Nest vertrieben wird, unterdrücken muß.« Man sollte versuchen, das ältere Kind nicht zur Fürsorglichkeit für das jüngere Geschwisterchen zu zwingen.

Werden neue Ehen eingegangen, in denen es Stiefgeschwister gibt, muß man auf den Geschwisterneid besonders vorbereitet sein. Anna, eine 22jährige Studentin, berichtet, daß ihre Stiefschwester sie beneidete, weil ihr Vater sie auf eine Privatschule schickte, während er verlangte, daß die Stiefschwester eine staatliche Schule besuchte. Anna fragte einmal, warum sie nicht auch auf eine staatliche Schule gehen könne, da die private doch so teuer sei. Ihre Stiefschwester hörte das und antwortete: »Mach dir nur keine Gedanken! Vater würde seine Großmutter verkaufen, um dich auf jede Schule, die du willst, schicken zu können.«

*Bevorzugung.* Jedes Kind möchte hier und da auch das bevorzugte, das beste Kind sein. Deshalb haben auch, wie sehr die

Eltern sich auch bemühen mögen, jedes Kind fair zu behandeln, die meisten Kinder Momente, in denen sie sich zurückgesetzt fühlen.

Zeitweise Bevorzugungen kommen in allen Familien vor. Stephen Bank und Michael Kahn, die acht Jahre lang Geschwister untersucht haben, stellten fest, daß in den gesündesten Familien die Kinder sozusagen abwechselnd aus unterschiedlichen Gründen vorgezogen werden. Ein Balancieren mit der Bevorzugung trägt dazu bei, den Neid zu mindern. Das eine Kind an dem einen und das andere am nächsten Tag (oder in unterschiedlichen Phasen im Leben des Kindes) vorzuziehen, so daß kein Kind das eindeutig bevorzugte oder dominierende ist – das scheint zu funktionieren. Wird ein Kind ständig dem anderen vorgezogen, entwickelt es das Selbstbild des immer »Besseren«. In größeren Familien ist die Tendenz, ein Kind zu bevorzugen, geringer, einfach weil sich die elterliche Aufmerksamkeit auf mehrere verteilt und alle insgesamt weniger erhalten. Daraus entwickelt sich die Einstellung: Wir sitzen alle im gleichen Boot.

Auch das Bevorzugt-Werden hat negative Seiten. Erstens trägt man die Erwartung, als etwas Besonderes behandelt zu werden, in das Klassenzimmer, in die Welt hinein. Man versucht, den Neid anderer zu wecken und sich selbst zu vergewissern, daß man immer noch bevorzugt wird. Solche Kinder sind bei anderen sehr unbeliebt und haben oft Mühe, Freunde zu finden.

Zweitens kann man Schuldgefühle entwickeln, weil man vorgezogen wird. Vor allen Dingen dann, wenn man sieht, daß andere Geschwister darunter leiden. June, eine meiner Patientinnen, wurde ihrer jüngeren, weniger fleißigen Schwester deutlich vorgezogen. Sie erinnert sich daran, wie ihre Schwester während eines Weihnachtsfestes, nachdem die Familie alle Geschenke ausgepackt hatte, sagte: »Nicht jeder kann all seine Geschenke in einer Hand halten.« June erzählte mir: »Da wurde mir klar, daß ich sehr viel mehr Geschenke bekommen hatte, vor allem von meiner Mutter. Ich fühlte mich schrecklich.«

June hat diese Belastung auch in die Arbeitswelt mitgenommen, wo sie sich nach Erfolgen sehnt und hart arbeitet, um sie zu erringen. Aber wenn sie sich während einer Versammlung hervortut, fühlt sie sich schuldig, weil ihr mehr Aufmerksamkeit gezollt wird als anderen, obwohl sie sich auf dieses Treffen besonders sorgfältig vorbereitet hat. Sie stellt sich vor, daß diejenigen, die weniger Aufmerksamkeit erfahren haben, sie als die Bevorzugte ablehnen, wie es ihre jüngere Schwester tat. Bevorzugt zu sein kann einen Menschen mit der lebenslangen Angst, Neid hervorzurufen, belasten.

*Schablonendenken.* Kinder in Schablonen zu pressen kann ihre Fähigkeiten behindern und einschränken. »Du bist die Kluge, und du bist die Hübsche.« Solche Pauschalisierungen rufen oft Geschwisterneid hervor, obwohl viele Eltern hoffen, daß es gerade durch solche »Zuteilungen« zu weniger Konkurrenz und Feindseligkeit kommt, wenn ihre Kinder glauben, wenig gemeinsam und jeder seine besondere Nische zu haben.

Eine Frau erzählte mir, daß ihre Mutter beschloß, auf welchem Gebiet sich jedes Kind hervorzutun hatte: »In unserer Familie war kein Platz dafür, daß mehr als einer auf demselben Gebiet erfolgreich war. Ich war die Musikalische. Eine andere Schwester die Malerin. Eine dritte die Häusliche. Es war mir nicht erlaubt, irgend etwas zu tun, was in den Fähigkeitsbereich der anderen hineinreichte. Ich erzählte meiner Mutter, daß ich ein paar Blumen gepflanzt hatte. ›Du verstehst von der Gartenarbeit gar nichts‹, antwortete sie. ›Das ist das Spezialgebiet deiner Schwester.‹«

Warum sollte man seinen Kindern nicht erlauben, Kompetenzbereiche im Einklang mit ihren natürlichen Fähigkeiten und Temperamenten zu entwickeln? Die Persönlichkeit eines Kindes und seine Rolle in der Familie ist nicht von Geburt an vorgegeben, sondern entwickelt und verändert sich mit Alter und Umgebung.

Untersuchungen zum Geschwisterverhalten ergeben, daß Brüder und Schwestern in drei wichtigen Bereichen miteinander konkurrieren: Leistungen, Sexualität und gesellschaftliche Beziehungen. Nur selten dominiert ein Geschwisterteil auf allen drei Gebieten. »Normalerweise machen sich Geschwister klar, daß ein Bruder oder eine Schwester das eine oder zwei dieser Gebiete ›kontrolliert‹; somit fühlt sich das andere Geschwisterteil berufen, auf dem übriggebliebenen Gebiet Rang und Anerkennung zu erreichen.« Eine dreißigjährige Hausfrau berichtet: »Ich war intelligent und meine Schwester hübsch. Ich ging mit klugen und meine Schwester mit gutaussehenden Männern aus. Wir haben uns gegenseitig beneidet.«

Hier das Beispiel von Marcy und ihrer jüngeren Schwester Renny, das den direkten Zusammenhang zwischen dem Schablonendenken einer Mutter und dem Geschwisterneid aufzeigt: »Meine Mutter pflegte uns innerhalb der Familie, unter Freunden und sogar bei völlig Fremden als die ›Intelligente‹ (mich) und die ›Schöne‹ (Renny) vorzustellen. Nach Mutters Vorstellung ist Renny in allen ›fraulichen‹ Pflichten bewandert und eine bessere Hausfrau und Köchin als ich. Mein Mann hat sich wegen meiner Koch- oder Putzkünste nie beklagt. Also muß ich es doch richtig machen. Wenn meine Mutter uns besucht, guckt sie sich das Haus ganz genau an. Ihre Kommentare beginnen normalerweise mit dem Wort ›Renny‹. ›Renny hat einen besseren Job; Rennys Mann sieht besser aus; Rennys Kinder sind anbetungswürdig, Renny hin, Renny her.‹ Ich habe lange versucht, meine neidischen Gefühle loszuwerden. Aber meine Mutter reibt es mir, wo immer sie kann, wieder unter die Nase. Wenn ich nicht die Unterstützung meines Mannes hätte, würde ich wahrscheinlich verrückt werden.«

*Vergleiche.* Der Neid nimmt zu, wenn Eltern Vergleiche ziehen und fragen: »Warum kannst du nicht mehr wie deine Schwester sein?« Eltern können Vergleiche vermeiden. Hier ein Beispiel dafür, was passiert, wenn sie es nicht tun.

»Meine Mutter hat den Neid zwischen mir und meiner Schwester in die Welt gesetzt. Sie sprach über den zierlichen Kopf und den Knospenmund meiner Schwester. Ich hatte einen großen Kopf und einen ›Sonnenblumenmund‹. Meine Schwester war körperlich früh entwickelt, und meine Mutter erzählte mir immer, was für eine perfekte Figur sie habe. Meine Schwester war bei allem ein Star, im Sport, in der Schülermitverwaltung. Ich dagegen war schüchtern und zurückhaltend. Meine Mutter verwöhnte meine Schwester immer und nähte ihr zum Beispiel ein Extra-Kleid für ihren Schulabschluß.

Nicht für mich. Es sind diese Kleinigkeiten, die weh tun.«
Diese Mutter assoziiert zu der einen Tochter ihre eigenen
Ideale und zur anderen ihre negativen Seiten. Anschließend
spielt sie die Töchter gegeneinander aus, weil sie auf diese Art
und Weise mit ihren eigenen gemischten Gefühlen und Konflikten fertig zu werden versucht.

Eine andere Frau berichtet: »Ich wurde von meiner Schwester beneidet, weil meine Eltern mich für klüger hielten. Obwohl ich jünger war, verlangten meine Eltern von mir, daß ich
ihr bei den Schularbeiten half. Dafür hat sie mich gehaßt.«

Selbst wenn die Eltern zwischen den Geschwistern keine
Konkurrenz säen, so tut es die Außenwelt. Die ältere von zwei
Schwestern sprach davon, daß es in ihrem Elternhaus kaum
Neid gegeben habe, fügte aber hinzu: »Als meine jüngere
Schwester in die Schule kam, hörte sie von allen Seiten: ›Du
bist also Sophies kleine Schwester.‹«


## Wie man Geschwisterneid vermeidet

Eltern sollten davon ausgehen, daß sie nie alles richtig machen können. Eine Mutter versuchte, die Rivalität zwischen
ihren Kindern einzudämmen, indem beide Kinder immer das
gleiche bekamen. Trotzdem beneidete die Schwester ihren jüngeren Bruder. »Ich war die Älteste, hatte aber keine besonderen
Privilegien. Wir bekamen immer gleich viel Taschengeld. Ich
haßte es, ›gleichwertig‹ zu sein.« Diese Mutter versagte dem älteren Kind jene Privilegien, die es normalerweise haben sollte.

Andere Eltern werfen alle Kinder in einen Topf, als gäbe es
keine wirklichen Unterschiede zwischen den einzelnen Kindern. Dieses »Zusammenschmeißen« ist ein Versuch, Neid zu
vermindern. Aber in Wirklichkeit wird er dadurch hervorgerufen, denn ein Kind, dem keine Eigenständigkeit vermittelt und
zugestanden wird, leidet an einem Mangel an Selbstwertgefühl.

In einer solchen Familie wird ein Kind oft für etwas verantwortlich gemacht, was es gar nicht getan hat, da die Eltern sich

nicht die Zeit nehmen, festzustellen, welches Kind unartig war. Alle Kinder werden bestraft und gleich getadelt. Solche Eltern mögen hoffen, Bevorzugungen zu vermeiden und Auseinandersetzungen und die Konkurrenz unter den Kindern zu vermindern. Aber genaugenommen schaffen sie dadurch nur noch mehr Konkurrenz. Besser ist es, den Geschwisterneid zuerst einmal zu akzeptieren. Man sollte nicht beteuern, wie phantastisch es ist, Brüder und Schwestern zu haben, sondern darauf achten, wie sich die Kinder tatsächlich bezüglich ihrer Geschwister fühlen. Wenn die Eltern der Meinung sind, ihre Kinder würden sich prächtig verstehen und gegenseitig lieben, so ist es für die erwachsenen Geschwister später oft eine Entlastung, darüber zu sprechen, wie es wirklich war, Rivalen zu sein und um jede Zuwendung buhlen zu müssen.

## Begrenzte »Güter«

Neid basiert auf der Vorstellung, daß Liebe, Anerkennung, Wertschätzung »begrenzt vorhandene Güter« sind, die plötzlich aufgebraucht sein können. Aber die Liebe ist nicht wie ein Kuchen, der unter acht Leuten aufgeteilt wird und dann »vergeben« ist. Liebe schafft sich aus sich selbst heraus immer wieder neu; da gibt es keine fixierte oder begrenzte Menge.

Das Kind mag überzeugt sein, daß von der Zuwendung und Liebe der Eltern nicht genug vorhanden ist, um alle Geschwister gleich zu befriedigen. Ein Geschwisterteil, das dieses Gefühl der »begrenzten Güter« erlebt, glaubt, daß für es selbst nicht mehr genug da ist. Dieses Kind geht dann davon aus: »Wenn die anderen alles haben, kann ich es nicht mehr bekommen.«

Dabei wird die Liebe zu einem Gut und stehen Güter für die Liebe. Eine 72jährige Hausfrau erzählte mir: »Meine Schwester Sue war neidisch, weil ich hübscher war. Es ging ihr finanziell weit besser als mir, aber das galt nicht, weil sie glaubte, ich hätte das, wonach sie sich sehnte.

Nachdem unser Bruder gestorben war, fanden wir unter seinen Hinterlassenschaften auch ein Set Servierschalen. Ich erwähnte, daß ich das Geschirr gern nehmen würde. Ich hatte nie ein solches Set besessen. Sue antwortete: ›Wenn es dir nichts ausmacht – ich habe nur zwei Sets und brauche noch ein drittes, wenn ich Gäste habe.‹ Ich warf ein: ›Aber Sue, ich habe noch gar kein Set.‹ Sue sagte: ›Ja, aber du hast alles andere, was gut ist im Leben.‹«

Die Annahme, daß nicht genug für alle da ist, führt zu dem Gefühl, daß man etwas deshalb nicht bekommen kann, weil es schon einem anderen gehört.

Eine 35jährige Krankenschwester schreibt: »Ich war die Jüngste und wurde als Teenager in ein Internat geschickt. Meine Schwestern ärgerten sich darüber und dachten, ich sei ein verwöhntes Kind, das immer alles bekomme. Aber ich war neidisch darauf, daß sie erwachsen und verheiratet waren, ihre eigenen Entscheidungen treffen konnten und in einer Familie lebten. Keiner konnte sie einfach so wegschicken.

Als meine Mutter starb, wußte mein Vater nicht, was er mit Mutters Verlobungsring machen sollte. Er sah die Hände seiner fünf Töchter und auch die seiner vier Schwiegertöchter an. Ich war die einzige, die noch keinen Verlobungsring hatte. Deswegen gab er mir den Ring. Er war nicht wertvoll.

Vater versuchte, unparteiisch zu sein, aber meine Schwestern und Brüder sahen das anders. Sie meinten, mir stünde nichts zu, da ich schließlich immer alles bekommen hätte. Ich sagte zuletzt, ich wolle den Ring nicht haben, weil die Sache soviel Ärger hervorrief. Aber mein Vater bestand darauf, daß ich ihn nahm.

Die Reaktion der anderen tat mir weh. Ich kam mir wie ein schlechter Mensch vor, weil ich diese Art Reaktion bei meiner eigenen Familie hervorgerufen hatte. Ich bin nicht in der Lage, schwanger zu werden und eigene Kinder zu haben. Ich dachte, wenn ich – wie sie – ein schönes Zuhause und Kinder hätte, würde ich mich nie so benehmen.

Wie gehe ich damit um, beneidet zu werden? Darüber zu sprechen hilft nichts. Ich sage mir selbst, daß Familie kein ›magisches Wort‹ ist. Eine Familie sein heißt doch noch lange nicht, daß man sich auch gern hat. Eine Familie ist lediglich eine Gruppe ganz normaler Menschen mit Problemen.«

Eine Freundin erzählte mir folgende Geschichte: »Ich habe zwei Hunde. Wenn ich beiden einen Knochen gebe, möchte jeder den Knochen des anderen. Jeder Hund wirft mir dann einen Blick zu, der ausdrücken soll, wenn ich ihn wirklich liebte, hätte ich niemals dem anderen einen, sondern ihm beide Knochen gegeben. Um dem einen Hund meine Liebe zu zeigen, müßte ich den andern eigentlich hungrig nach draußen sperren.«

Der Besitz einer Familie, ihr Geld und ihre Güter sind meist tatsächlich limitiert. Bei dem erwähnten Beispiel gab es nur einen Verlobungsring. Um weniger Rivalität unter den Kindern hervorzurufen, ist es sinnvoll, über die Verteilung zu sprechen. Man sollte klarstellen, daß das andere Kind etwas ähnlich Wertvolles bekommen wird, wenn ein Kind ein einmaliges Geschenk erhält. Wenn das nicht möglich ist, sollte man auf ungleich verteilte Privilegien nicht noch pochen, sondern die Begrenztheit der Möglichkeiten offen besprechen.

»Mein Bruder war neidisch darauf, daß ich ein eigenes Zimmer bekam, während er auf der Wohnzimmercouch schlafen mußte.« Wer hat hier das beste Bett bekommen? Bettneid und Wohnraumneid, wer also mit wem ein Zimmer teilen muß, rangieren auf der Neid-Liste der Geschwister ganz oben. Sigmund Freud zum Beispiel wurde immer das größte Schlafzimmer zugewiesen, während seine fünf Schwestern und sein Bruder die kleineren Zimmer teilen mußten. Sigmund, der Älteste, wurde wie ein Favorit behandelt, der von seinen Geschwistern bewundert werden und sich seinen Schwestern überlegen fühlen sollte. In seiner Autobiographie erwähnt er nicht einmal, daß er Brüder und Schwestern hatte. Ich könnte mir vorstellen, daß sie ihn beneidet haben.

## Was man aus der Geschwisterrivalität lernen kann

Wie fast alle psychologischen Verhaltensweisen hat auch die Rivalität unter Geschwistern ihre guten und schlechten Seiten. Eine gewisse Rivalität bedeutet auch, daß ein Kontakt zwischen den Geschwistern besteht und eine lebendige Auseinandersetzung. Hier kann gelernt werden, wie man mit Konflikten umgeht und sie beilegen kann; wie man kein Spielverderber ist; wie man gewinnen kann, ohne seinen Gegner zu erniedrigen; wie man verlieren kann, ohne sich als Versager zu fühlen. Man lernt eigenen Ehrgeiz (und die eigenen negativen Seiten) kennen und auch, wie man sich selbst verteidigen kann. Wenn man um die Liebe der Eltern wetteifert, lernt man sie zu teilen. Das hilft einem später, wenn man die Liebe der eigenen Kinder mit dem Partner teilen muß. Man lernt auch, etwas dickhäutiger zu werden und nicht jede Enttäuschung oder jeden Mangel an Zuwendung als das Ende der Welt zu betrachten.

Wenn man sich die Rivalität mit den eigenen Geschwistern bewußtmachen kann, gewinnt man manche Einsicht in die eigenen Unzulänglichkeiten. Anne Isaak, eine New Yorker Restaurantbesitzerin, gibt zu: »Weil ich durch die Geschwisterrivalität bestimmte Verteidigungsmechanismen aufgebaut habe, achte ich instinktiv darauf, andern ja nicht zuviel Aufmerksamkeit oder Anerkennung zu zollen. Wenn ich mich dann an meinen Geschwisterneid erinnere und daran, wie sehr ich es haßte, wenn meine Brüder und Schwestern mehr bekamen als ich, habe ich mich wieder im Griff und benehme mich nicht mehr so, als wären meine Mitarbeiter meine Geschwister.«

Man kann es außerdem lernen, sich in Menschen, die weniger haben als man selbst, besser einzufühlen. Wenn man das Geschwisterteil ist, das am meisten Zuwendung erfährt, es im Leben leichter hat oder am meisten beneidet wird, kann man für die Person, die scheinbar weniger als man selbst hat, Empathie entwickeln.

Der Neid unter Geschwistern ist ein sehr archaischer Neid. Trotzdem ist er besiegbar, und viele erwachsene Geschwister können sich schließlich auch neidlos schätzen und lieben.

Es tut gut, sich daran zu erinnern, daß man eine gemeinsame Geschichte und in vielem ähnliche Erfahrungen hat. Wenn man altersmäßig dicht beieinander liegt, hat man das gleiche Zuhause, die gleichen Schulen und Freunde geteilt. Die Geschwister sind die einzigen Menschen auf der Welt, die wissen, wie es war, so aufzuwachsen. Oft gewährt man seinen Geschwistern größere Einblicke in die eigene Seele als den Eltern und vertraut ihnen Geheimnisse an, die man den Eltern auf keinen Fall preisgeben würde. Mit den Geschwistern kann man anders kämpfen als mit allen anderen Menschen. Oft verbündet man sich mit ihnen gegen die Eltern und braucht sich aber auch gegenseitig, um die Eltern besser zu verstehen. Im besten Fall hilft man sich gegenseitig dabei, die alternden Eltern zu versorgen.

Vielleicht ist der Neid unter Geschwistern deshalb so intensiv, weil man – mit den gleichen Genen wie die Eltern ausgestattet – so leicht das hätte haben können, was die Geschwister haben. Nur eine ein klein bißchen andere Genverteilung, und ich wäre so wie der Bruder, die Schwester, stellt sich ein Kind unbewußt vor.

Wenn wir uns die Tiefe der geschwisterlichen Verbundenheit klarmachen, dürfen wir darauf hoffen, daß der Geschwisterneid zwar nicht an sich beseitigt, aber geheilt werden kann. Vor allen Dingen dann, wenn die Geschwister sich auf die positiven Aspekte ihrer Rivalität konzentrieren. Eine Auseinandersetzung mit dem Neid in der Familie kann uns befähigen, den vielfältigen Formen des Neides, die uns im Leben immer wieder entgegentreten, mit mehr Selbstvertrauen und Wissen zu begegnen. Wenn es uns gelungen ist, den Geschwisterneid zu besiegen, haben wir gute Voraussetzungen, auch später mit dem Neid fruchtbar umzugehen.


## Partnerneid

Wenn man sich für immer das »Jawort« gibt – rechnet man dann je mit dem möglichen Neid des Partners? Wenn man einen Freund, einen Liebhaber hat, denkt man dann daran, daß der Neid Einzug in die Liebesbeziehung halten könnte? Eifersucht? Klar! Aber Neid? Doch nicht bei dem Partner, jener Person, die man respektiert, liebt und auf die man sich verläßt!

Wenngleich der Neid von seiten des Ehemanns weniger

erwartet wird als der Geschwisterneid, so gaben doch siebzig Prozent der interviewten Frauen an, von ihren Partnern beneidet zu werden.

Partner sind auf die gleichen Vorzüge neidisch wie Mütter, Mitarbeiter, Vorgesetzte, Freunde und Geschwister, nämlich Jugend, Elternhaus, Persönlichkeit, Freundschaften, Erfolge, Karriere und jede Art von Glück.

Ein Ehemann, der mit seinem eigenen Älterwerden auf Kriegsfuß stand, fragte seine jüngere Frau, als sie ihre nächtliche Pflegecreme auftrug: »Glaubst du wirklich, daß dir das noch helfen kann?«

»Mein aus der Arbeiterklasse stammender Ehemann war neidisch darauf, daß ich Mitglied jener gesellschaftlichen Schicht war, der er so gerne angehören wollte. Indem er mich heiratete, hatte er zu ihr Zugang; ich war eine Errungenschaft für ihn, und gleichzeitig neidete er mir die Selbstverständlichkeit meiner Zugehörigkeit.«

Eine lesbische Frau berichtet: »Meine schüchterne Geliebte ist neidisch darauf, daß die Leute mir gegenüber offener sind als ihr gegenüber. Sogar in Fahrstühlen und bei gesellschaftlichen Anlässen tut sie so, als wäre es eine Tortur für sie, mit mir zusammenzusein, und als würde ich mich absichtlich in den Mittelpunkt drängen. Sie sagt dann: ›Meine Freunde haben mehr zu dir als zu mir geguckt.‹ Oder: ›Ich bin froh, daß wenigstens du dich amüsiert hast.‹«

»Er ist neidisch darauf, daß ich mit Frauen tiefere Beziehungen habe als mit Männern. Es ist nicht nur Eifersucht oder Angst, mich zu verlieren. Es ist Neid! Er möchte das gleiche Gefühl von Sicherheit haben, das ich aus meinen Freundschaften beziehe. Er zeigt seinen Neid, indem er immer die Freundin, mit der ich gerade zusammen bin, abwertet: ›Wenn du mit ihr zusammen bist, ist das einzige, was du tust, essen, schwatzen und Zeit vergeuden.‹ Oder: ›Du merkst es nicht, aber sie nutzt dich aus.‹« Darauf müßte man wohl antworten: »Na und? Ich sie auch. Ich bin gerne mit ihr zusammen.«

Partner sind auf eine Vielzahl von Fähigkeiten neidisch. Diszipliniert, gut organisiert, belesen und beredt zu sein, mit Geld umgehen, rasche Entscheidungen treffen können und in der

Lage sein, sich Namen zu merken – auf all das kann man neidisch sein.

Oder: »Mein Mann war neidisch auf mein Wissen, auf das, was ich wußte und er nicht. Er schimpfte mit mir und wurde ärgerlich, wenn ich recht hatte. Oft klang er wie ein Schulmeister, der die Tatsachen verdreht, nur um recht zu haben. Das war schwierig für mich, denn ich meinerseits wollte, daß der Mann, mit dem ich zusammen war, mindestens genausoviel wußte wie ich. Ich wollte nicht die Klügere sein. Vielleicht wollte ich sogar ihn beneiden, zumindest aber bewundern.«

Frauen werden dazu erzogen, zu ihren Männern aufzusehen, und wenn die Männer sie beneiden, dann ist das überraschend und verwirrend.

Viele Männer ermutigen ihre Frauen, berufstätig zu sein und auch außerhalb des Hauses Verantwortung zu übernehmen. Sie möchten, daß ihre Frauen ausgefüllt sind und eigenes Geld verdienen können. Aber sobald sie wirklich Anerkennung erfahren oder gar mehr verdienen oder mehr Erfolg haben als sie selbst, bleibt der Neid oft nicht aus, zumal sie vielleicht tatsächlich nun auch auf einen Teil der früheren Zuwendung verzichten müssen, weil ihre Frau von vielen Seiten beansprucht wird.

»Mein Mann ist neidisch darauf, wie sehr ich meine Arbeit liebe. Ihm machte seine Arbeit keinen Spaß, und er wußte auch nicht, was er statt dessen hätte tun können. Er versuchte, mich von meinen Berufsinteressen abzulenken. Als ich schließlich meinen Doktortitel bekam, sagte er mir, daß ich nie so viel Geld verdienen würde wie er. Das stimmt. Er schlug dann vor, es sei billiger, wenn ich zu Hause bliebe und selbst saubermachte, statt einen Beruf auszuüben und eine Putzfrau zu engagieren.«

In Ehen mit zwei berufstätigen Partnern ist Neid ein alltägliches Problem. Schauen wir ihm lieber ins Auge, denn heutzutage arbeiten in den meisten Familien beide Partner.

Die Ehe bietet ganz besondere Gründe für den Neid. Der eine ist die Mutterschaft, die Verbundenheit, die eine Mutter mit ihrem Kind empfindet. Ein weiterer ist die Schwangerschaft. Der Mann einer Freundin drückte seinen Neid ganz klar aus: Als seine Frau viereinhalb Monate schwanger war und sie im Auto saßen, lenkte er das Fahrzeug zur Seite. »Okay«, verkündete er, »die Schwangerschaft ist zur Hälfte vorbei. Gib mir das Baby für die zweite Hälfte!« Allerdings wollte er das Baby unmittelbar vor der Geburt an seine Frau zurückgeben.

Traditionsgemäß haben lange die Männer die Verantwortung des Brötchen-Verdienens getragen. Wenn das Einkommen der Familie nicht hoch genug ist, fühlen sie sich schuldig. Viele Ehemänner sind mit gutem Grund auf ihre Frauen neidisch, die nicht unter dem gleichen Druck stehen, Geld herbeischaffen zu müssen. Sie sind auch auf die Freiheit ihrer Frauen neidisch – auf die Freiheit, sich nicht in ein völlig durchorganisiertes Leben einpassen zu müssen.

Eine Frau erzählt: »Mein Mann ist neidisch, weil ich nicht Geld verdienen muß wie er und daß ich Zeit habe, Ballettunterricht zu nehmen. Vor allen Dingen wenn viele Leute drum herum stehen, sagt er gern etwas Sarkastisches wie: ›Monique arbeitet zwar, aber sie verbringt mehr Zeit mit ihrer Kunst als damit, das Abendessen zuzubereiten. Auch heute abend gibt's bei uns wieder einmal nur mitgebrachtes Essen vom Chinesen.‹«

## Das Wesen des Partnerneides

Was ist das Besondere am Partnerneid? Worin unterscheidet er sich von anderen Formen des Neides? In unsere Ehen und Liebesbeziehungen tragen wir den unbewältigten Neid aus unseren Beziehungen zu Geschwistern und Eltern hinein. Oft benutzen wir unsere Partner dazu, den Neid auf Mitglieder der Ursprungsfamilie oder ihren Neid auf uns aufzuarbeiten.

So viele unserer emotionalen Bedürfnisse (vor allen Dingen der Wunsch, liebend umsorgt zu sein) sollen von unserem Partner erfüllt werden, daß diese Beziehung uns emotional meist sehr abhängig macht. Und da Abhängigkeit fast immer als unangenehm erlebt wird, mag man seinen Partner (oder er uns) beneiden, weil er für unser Gefühl die Macht hat, uns entweder zu verletzen oder glücklich zu machen. Diejenigen Menschen, von denen man emotional abzuhängen scheint, beneidet man mehr als alle anderen.

Diese Abhängigkeit ist natürlich nicht nur emotionaler Art. Mit seinem Partner teilt man schließlich ein Zuhause, Kinder, Geld, Besitz. Dieses gemeinsame Teilen ist aber nicht nur beglückend, sondern macht auch verletzlich und abhängig.

In einer Liebesbeziehung fühlt man sich oft zu jemandem hingezogen, weil der andere etwas an sich hat, was man selbst nicht hat und was man sich wie über den andern aneignen möchte. Nach dem Motto: »Sei doch bitte meine bessere Hälfte!« Aber irgendwann entdeckt man, daß diese Qualitäten beim Partner bleiben, daß man sie nicht sozusagen durch Osmose gewinnen kann. Somit ist man neidisch und ärgerlich auf den Partner, weil er etwas hat, was man sich selbst erhoffte. Diese Hoffnung entstammt uralten magischen Vorstellungen: Schließlich hat man seinen Körper und vielleicht sogar seine Seele geteilt beziehungsweise sich mit dem anderen vereinigt, verschmolzen. Warum dann nicht mit den Qualitäten des anderen?

In der engsten aller Beziehungen sind unsere Gefühle, vor allem Liebe und Haß, sehr stark. Der Partner mag zwar das Beste für einen wollen, sich aber gleichzeitig durch den Erfolg des anderen bedroht fühlen. Das gilt natürlich auch umgekehrt für uns selbst. »Ich hatte immer das Gefühl, daß mein erster Mann mich aus den gleichen Gründen geliebt und gehaßt hat. Er liebte und beneidete meine Fähigkeit, mit Menschen befreundet zu sein, und gleichzeitig haßte er mich, daß ich auch mit anderen und nicht nur mit ihm vertraut war. Er betrachtete meine Stärke als etwas, was er nicht besaß, und wollte sie mir deshalb wegnehmen.«

So kann der Partner uns fast zur gleichen Zeit ermutigen und entmutigen. Diese besondere Art des Neides, eine Mischung aus Stolz auf den anderen und Ablehnung, wurde von vielen Frauen beschrieben: »Mein Mann gab mir Geld, um mein eigenes Büro zu eröffnen. Anfangs unterstützte er mich – bis meine Arbeit Anerkennung fand. Da wurde er neidisch, und er fragte sich, warum er mir überhaupt das Startkapital gegeben hatte.«

Warum diese Ambivalenz? Wir haben uns bereits über den Neid des Mannes auf die Frau Gedanken gemacht: Heutzutage hat ein Mann zusätzlich zu all den traditionellen und biologischen Gründen, eine Frau zu beneiden, einen weiteren Grund zum Neid: Sie hat seine Welt betreten und beginnt, Gebiete zu erobern, die früher ihm allein gehörten.

Die Ehefrau verdient eigenes Geld, das sie unabhängiger macht. Sie hat eine Ausbildung wie er und macht vielleicht Karriere. Sie kommt mitunter später von der Arbeit nach Hause als ihr Mann und hat noch dazu eigene Interessen und einen eigenen Freundeskreis. Der Ehemann ist stolz auf seine Frau und mit dem Zweitverdienst und Statusgewinn nicht nur zufrieden, sondern auch davon abhängig. Indes – Männern und Frauen wurde und wird häufig beigebracht, daß ein »wirklicher Mann« mehr Geld verdient und erfolgreicher ist als eine Frau. Die Männlichkeit eines Gatten mag bedroht sein, wenn seine Frau erfolgreicher wird als er. Wenn die Bedrohlichkeit dieser Entwicklung schwerer wiegt als der Stolz, wird der Neid destruktiv. Nach Nancy Friday engt die neidische Person die Geliebte ein, bewacht und beobachtet sie. Es werden immer höhere Barrieren dagegen errichtet, daß sie ohne ihn Zugang zu wirklichen oder auch nur imaginären Freuden hat.

Eine Frau beschreibt das so: »Ich nahm an einem zweijährigen Hochschulprogramm teil. Im Sommer hatten wir Semesterferien. Als ich mich im Herbst wieder einschrieb, meine Freunde wiedersah und mich unheimlich auf die Seminare freute, war ich in Hochstimmung. Als ich nach Hause kam und meinem Mann erzählte, wie glücklich ich war, konnte ich rein körperlich spüren, wie er depressiv wurde. Nach mehreren Erfahrungen dieser Art machte ich mir schließlich klar, daß er immer, wenn ich mich gut fühlte, depressiv wurde. Er warf mir jedes bißchen eigenes Wachstum vor.«

Nancy Friday berichtet, daß Beziehungen sich um so mehr verschlechtern, je mehr die Frauen im Berufsleben den gleichen Standard erreichen wie ihre Partner. Die Identität des Mannes ist bedroht. Außerdem werden seine Schutzmechanismen gegen seinen Neid auf die Macht der Frau zerstört. Die Frau ist ohnehin schon mächtig; nun greift sie auch noch nach dem, was ihm verblieben war: »Neue Ehen, in denen die Frau ehrgeizig ist, sind weniger stabil . . . Bei Ehepaaren, die sich getrennt haben, fällt auf: Je ehrgeiziger die Frau war, desto mehr neigte der Mann dazu, die Beziehung beenden zu wollen.«

Begreiflicherweise sind Neid und Eifersucht in einer Ehe besonders eng miteinander verknüpft. Es ist wahrscheinlich, daß der Partner nicht nur am Erfolg und der Persönlichkeit seiner Frau teilhaben möchte – also neidisch ist –, sondern daß er darüber hinaus befürchtet, ihr Erfolg oder ihre Persönlichkeit könnten sie von ihm entfernen – er also eifersüchtig ist. Dieser Mechanismus gilt natürlich umgekehrt für die Frau ebenso.

Der Neid entsteht dann häufiger, wenn beide die gleiche Ausgangssituation hatten und die Frau schließlich etwas erreicht, was ihrem Partner nicht vergönnt ist.

»Ich war ganz aufgeregt, als ich eine Kochschule eröffnete, und mein Mann wollte mit in das Unternehmen einsteigen. Als er sah, wieviel Vergnügen ich dabei hatte, wie ich mich engagierte und Erfolg hatte, wurde er neidisch.

Er zeigte seinen Neid, indem er bissige Bemerkungen machte, wenn ich etwas vorführte und vorkochte. Wenn ich irgend etwas im Zimmer als ›meinen Tisch‹ oder ›meine Schüssel‹ bezeichnete, betonte er: ›*meine* Schüssel‹, als wolle er einen Witz machen. Doch das klang immer messerscharf. Er riß Witze, die von dem Essen, das ich machte, ablenkten, und gab genau im richtigen Moment Kommentare, um die Aufmerksamkeit auf sich zu lenken.«

Wenn eine Frau heiratet, die sich im Beruf schon fest etabliert hat, hat »er« eine Vorstellung, was ihn erwartet: zum Beispiel ein Mangel an Verfügbarkeit. Aber wenn sich eine Veränderung ergibt und sich der Schwerpunkt vom Partner etwas mehr auf die Arbeit verschiebt, muß man sich auf den Neid vorbereiten.

»Mein Freund lebt in Los Angeles und bemüht sich sehr, ganz groß herauszukommen. Er hat mich wieder und wieder ermutigt, dort hinzuziehen und ebenfalls zu versuchen, Fuß zu fassen. Er stellte mich einer Frau vor, um mit ihr über ein Drehbuch zu diskutieren, das ich gerade schrieb. Diese Frau war sehr daran interessiert, für mein Projekt Werbung zu machen. Mein Freund flippte total aus: ›Das kann ich nicht ertragen! Ich bin seit fünf Jahren hier, und du schneist in die Stadt und willst schon was sein. So etwas dauert seine Zeit. Du hast deinen Preis noch nicht bezahlt. Du verstehst nicht, wie die Dinge hier funktionieren. Du kannst nicht über Nacht zu einem Erfolg werden. Niemand kann das.‹«

Ist es richtig, mit dem Neid des Partners so umzugehen, daß man vermeidet, sich auf dem gleichen Gebiet zu profilieren? »Mein Mann und ich arbeiten beide im Journalismus. Einer meiner Artikel erschien auf der Titelseite der *Washington Post*. Die Leute fragten ihn, ob ihn das störe. Es störte ihn. Und ich kündigte, weil ich nicht von meinem Mann beneidet werden wollte. Sollte ich je wieder arbeiten wollen, würde ich ein anderes Gebiet suchen. Ich würde kein Kopf-an-Kopf-Rennen mit meinem Mann mehr starten. Auch wenn mir der Journalismus Spaß macht, ich bin auch auf anderen Gebieten gut. Ich hasse Machtkämpfe. Eine Ehe ist schwierig genug, auch ohne Neid.«

Ist es wirklich das beste, eine Karriere aufzugeben, um den Neid zwischen Partnern zu vermeiden? Ich denke, man sollte auf die Reaktion des Partners auf den eigenen möglichen Erfolg sehr gut achten. Man muß über die auftauchenden Gefühle offen sprechen und dann sehen, was man füreinander tun kann; man sollte sich auch auf den eigenen Neid hin befragen und sich dann klarmachen, was man am anderen liebt. Vielleicht lassen sich dann gemeinsame Kompromisse finden, auch wenn der Partnerneid dadurch nicht aus der Welt geschafft werden kann.

## Berühmte Frauen und der Partnerneid

Die Fernseh- und Filmkritikerin Rona Barrett hat mir erzählt, daß die Männer am Anfang ihrer Karriere neidisch waren auf ihr Durchsetzungsvermögen und ihre Fähigkeit, sich zu behaupten. Sie zeigten ihren Neid durch lächerliche, dumme, abgeschmackte Bemerkungen wie: »Wie geht es unserem kleinen Star denn heute?«

1967 war Muriel Siebert die erste Frau, die sich einen Platz an der New Yorker Börse erkaufte. Seit 1969 hat sie ihr eigenes Maklergeschäft in Manhattan und war eine Zeitlang die einzige Frau, die eine solche Firma leitete. Die Männer beneiden sie. Sie ist dynamisch, mächtig und menschenfreundlich. »Ich werde schon sehr beneidet. Ein Mann muß sehr selbstsicher sein, um mit mir ein Zimmer zu betreten.

Der Neid zeigt sich auf unterschiedliche Art. Männer sagen zu mir: ›Wenn Sie nicht so viel arbeiten würden, hätten Sie Zeit, zum Friseur zu gehen.‹ Als mich ein Mann einmal am Flughafen abholte, kommentierte er trocken: ›Hier kommt das Arbeitspferd.‹«

Die Schriftstellerin Rona Jaffe beschreibt die Schwierigkeiten einer erfolgreichen Frau in der Beziehung zu einem weniger erfolgreichen Mann.

»Wenn man ein kreativer Mensch ist, *ist* man seine Arbeit«, sagt Rona. »Wenn die Arbeit so eins mit dem Leben wird und die Person, die einen liebt, dann sagt: ›Gib das für mich auf‹, dann ist das Neid.«Destruktiver Neid, denn man spürt das Bestreben des andern, einem Freude und Selbstwertgefühl zu nehmen.

»Je erfolgreicher man selbst und je weniger erfolgreich der Freund oder Ehemann ist«, fährt Rona fort, »um so häufiger muß man dessen schmutzige Wäsche waschen. Manche Männer zeigen ihren Neid, indem sie feindselig werden. Ich glaube, es ist besonders schlimm, wenn man auf dem gleichen Gebiet arbeitet. Wenn ich mich mit einem anderen Schriftsteller einlasse und mein Buch ein Bestseller wird, während er sein Drehbuch nicht verkaufen kann, muß ich saubermachen, kochen und ihn nach Strich und Faden verwöhnen, um das auszugleichen. Ich habe das bei vielen Paaren beobachtet, bei denen die Frau die meisten Rechnungen bezahlt. Der Mann stellte nicht einmal das Geschirr in die Spülmaschine. Ich meine damit, daß man damit endet, das Hausmädchen des Mannes zu sein, nur um den eigenen Erfolg auszugleichen. Man muß die Herren bedienen, um ihnen zu beweisen, daß man sie liebt.«

Die attraktive, humorvolle Ann Fraser ist ausgebildete Sängerin und Tänzerin. Sie hatte in einer großen Band gesungen und gehörte zu der ersten Theatergruppe in der Geschichte, die im Weißen Haus auftreten durfte. Ihr Ehemann sagte zu ihr: »Jetzt, wo wir verheiratet sind, singst du aber nicht mehr öffentlich.« Ann erzählte mir: »Schon da hätte ich wissen müssen, daß er neidisch war auf meine Auftritte.«

Neid und Angst sind manchmal nicht voneinander zu trennen. Carolyn Kizer, Gewinnerin des Pulitzerpreises des Jahres 1985 für Literatur, war mit einem Mann verheiratet, der mehr eifersüchtig als neidisch war. Er war auf jeden Kontakt seiner Frau mit einem intelligenten Mann eifersüchtig, weil er sich unsicher fühlte. Carolyn erinnert sich: »Als Dylan Thomas in die Stadt kam, hat mein Mann mir verboten, ihn zu sehen. Was meine Freunde am meisten verblüffte, war die Tatsache, daß ich mich einverstanden erklärte. Meine Einstellung zu diesem Ehemann war die einer Jasagerin, worüber meine Freunde heute nur noch schallend lachen können.«
Carolyns Mann hatte Angst davor, sie zu verlieren. Nachdem sie in vier Jahren drei Babys zur Welt gebracht hatte, sagte er: »Jetzt hab' ich dich für mich. Jetzt wird dich kein anderer mehr wollen.« – »Aber natürlich irrte er sich«, sagte Carolyn. »Ich reagierte darauf mit der Scheidung.«

Barbara Corday ist die erste Präsidentin einer wichtigen Fernsehgesellschaft in Hollywood, der *Columbia Pictures Television*, und Filmautorin. Sie erzählte mir über ihre Ehe: »Vom ersten Tage an nach der Hochzeit und während der ganzen zwei Jahre, die wir zusammen waren, kletterte ich auf der Karriereleiter weiter nach oben, während er der gleiche blieb. Das veränderte das Gleichgewicht in unserer Beziehung vollkommen. Er war unglücklich. Ich war auch ganz verzweifelt. Ich konnte nicht abends erfüllt und strahlend zur Tür hereinkommen und eine Atmosphäre erwarten, in der wir miteinander sprechen oder uns gemeinsam an dem Tag freuen konnten.
Zwei Dinge machten mir klar, daß diese Ehe keinen Bestand haben würde: erstens, daß ich ihm gegenüber nicht zu glücklich

aussehen durfte und mich auf den Stufen zum Haus mäßigen mußte, ehe ich die Tür öffnete; und zweitens, daß er sich während einer Neujahrsparty weigerte, meinen Geschäftskollegen die Hand zu drücken. Ich stellte die Kollegen meinem Mann vor, und sie streckten ihm die Hand entgegen. Aber er stand ganz einfach da. Er war feindselig. Auf der Rückfahrt von der Party sprachen wir miteinander, und es war klar, daß er sich mit dem Problem nicht auseinandersetzen wollte. Er wollte nicht einmal zugeben, daß wir ein Problem hatten.

Eigentlich war er ein sehr freundlicher, intelligenter Mensch. Aber es war schlimm, als er einfach aufhörte mit mir zu sprechen oder wenn er schmollte. Ich konnte ihn niemals mit zu Leuten nehmen, mit denen ich arbeitete, mit denen ich gerne zusammen war oder lachen konnte. Heute weiß ich natürlich, daß er sich schrecklich bedroht fühlte und unglücklich war.

Wenn man jemanden heiratet, der ein Star ist, dann weiß man, worauf man sich einläßt. Wenn man aber eine Frau des gleichen Niveaus heiratet und dann einer von beiden – vor allen Dingen die Frau – abhebt und der andere nicht, dann heißt es gleich: ›Wie kannst du es wagen, Erfolg zu haben, und nicht ich!‹ Eine solche Situation ist auch schwierig. Mein letzter Ehemann, ein sehr lieber, netter Mensch, war mit seinen 26 Jahren nicht in der Lage, mit seinem Neid umzugehen. Ich konnte das aber auch nicht. In meiner jetzigen Ehe geht es aber recht gut.«

Wenn man nicht zugeben kann, daß man neidisch ist, kann man die Situation auch nicht verändern. Nicht zugegebener Neid läßt sich nicht abbauen und nicht richtig verstehen.


### Das bin nicht ich: Faszination und Einschüchterung

Peggy Hora wurde mit vierzig Jahren die erste Richterin im Landgericht von Süd-Alameda, gegen alle männlichen Bewerber.

Als sie 1964 heiratete, kannte sie keine einzige Frau, die außerhalb des Hauses arbeitete. »Heute ist mein Ex-Mann sehr stolz auf das, was ich tue. Aber während ich mit ihm verheiratet war, wollte er das nicht haben. Das war zu bedrohlich. Er hat traditionelle Vorstellungen davon, wie eine Ehe aussehen soll.«

Peggy hat erst einen einzigen Mann getroffen, der nicht versuchte, sie zu verändern beziehungsweise anzupassen. Sie fährt fort: »Ich bin eine gutaussehende Frau, aber kein Mannequin. Normalerweise sind die Männer, die sich zu mir hingezogen fühlen, davon fasziniert, daß ihnen das überhaupt passieren konnte. Ich glaube, die Männer sind angezogen, weil ich nicht in die Rolle, an die sie gewöhnt sind, hineinpasse. Die Richterin Rose Bird sagte vor ein paar Jahren in einem Interview: ›Wenn man Richterin des Oberlandesgerichtes von Kalifornien ist, hat man Schwierigkeiten, für den Samstagabend ein Rendezvous zu bekommen.‹

Wie sehr auch ein Mann von mir fasziniert sein mag, so ist er doch auch eingeschüchtert. Die Menschen sind eingeschüchtert, wenn sie nicht wissen, wie sie einen einordnen sollen. Jener Teil, der am faszinierendsten ist, den sie am wenigsten begreifen und von dem sie am wenigsten wissen, was sie damit anfangen sollen, ist der Teil, den sie am liebsten unter den Teppich kehren würden.«

Peggy erzählte mir über das Buch von Peter Beagle »Das letzte Einhorn«: »Als das Einhorn zum ersten Mal aus dem Wald herauskommt, wird sein Horn unsichtbar. Dann kommt dieser ungehobelte Kerl, der versucht, das Tier mit einem Lasso einzufangen. Aber das Einhorn kann nicht gefangen werden, weil es ein magisches Tier ist. Schließlich wirft das Tier das Lasso ab und läuft als Einhorn weiter. Der Kerl fällt total erledigt in den Schmutz. Das Einhorn sagt: ›Ich kann gar nicht verstehen, was er mit mir angefangen hätte, wenn er mich gefangen hätte.‹ So ähnlich komme ich mir auch vor. Die Männer lassen sich von mir faszinieren, aber wenn sie mich dann haben, wissen sie nicht, was sie mit mir anfangen sollen. Deshalb versuchen sie, mich zu verändern. Aber dann bin ich nicht mehr ich.«

# Wie man dem Partnerneid entgegenwirken kann

*1. Akzeptiere die grundsätzlichen Unterschiede.*

Seit er vier war, hat mein Sohn mir gesagt: »Ich bin nicht du. Ich denke nicht so wie du. Nur weil du Spinat magst, schmeckt er mir noch lange nicht.« Manche Partner haben Schwierigkeiten, die unvermeidlichen Differenzen und Unterschiede, die zwischen zwei Menschen bestehen, zu akzeptieren.

Eine zwanzigjährige Mutter und Krankenschwester aus Kansas schreibt, daß ihr Mann und sie sich durch die Unterschiede zwischen ihnen nicht bedroht fühlen: »Ich habe mehr Schulbildung als er. Er gibt freizügig zu, daß er nichts über mein Fachgebiet weiß, und ich gestehe genauso freimütig, daß ich nichts über seines weiß. Er ist Automechaniker, ich bin Krankenschwester. Ich lese fast alles gerne. Er liest nur technische und Autozeitschriften.«

*2. Mache dein Selbstwertgefühl nicht vom beruflichen Erfolg und dem verdienten Geld abhängig.*

Der Mann meiner Freundin ist Direktor einer Grundschule. Sie ist Geschäftsführerin einer Gesellschaft und verdient dreimal soviel wie er. Ihm ist klar, daß die Gesellschaft der Arbeit seiner Frau mehr Anerkennung zollt als seiner eigenen. Er weiß aber auch, daß die Ungleichheit in ihren Löhnen nicht ihrer beider menschlichen Wert widerspiegelt.

*3. Nicht nur der andere ist neidisch!*

»Manchmal wird mein Mann sauer, wenn unsere 22 Monate alte Tochter mehr an mir hängt als an ihm. Mir geht es aber genauso, wenn es umgekehrt ist. Ich finde, das ist ein natürlicher Teil davon, Eltern zu sein.« In diesem Falle ist der eingestandene Neid ein akzeptabler Teil der Beziehung.

*4. Sprich über deine Gefühle.*

Eine fünfzigjährige Hausfrau erzählt: »Immer, wenn ich mit meinen Freundinnen zum Essen ausgehen wollte, pflegte mein Mann mir zu sagen, ich sähe schrecklich aus. Ich kam mir dann immer wie eine Schlampe vor. Eines Abends fragte ich ihn: ›Wie kommt es eigentlich, daß du mir nur dann sagst, ich sähe schrecklich aus, wenn ich mit meinen Freundinnen ausgehe? Ich weiß, ich habe morgens schon oft viel schlimmer ausgesehen.‹ Da gab er zu: ›Ich wünschte, ich hätte genauso viele Freundinnen wie du.‹ Diese Offenheit ließ mich seine Gefühle verstehen, und ich nahm es nicht mehr so persönlich, als er mich das nächste Mal kritisierte, als ich mit meinen Freundinnen ausging.«

*5. Verändere nach Möglichkeit die Situation, die den Neid erzeugt.*

Eine Frau schrieb: »Mein Mann beneidete mich, weil ich mehr Schulbildung habe. Er hatte Angst davor, ich würde irgendwann denken, er sei nicht gut genug für mich, und ihn verlassen. Er schmollte oder wurde argwöhnisch, wenn ich lange Telefongespräche führte oder zuviel über die Kollegen sprach. Es änderte nichts, wenn ich ihm sagte, daß ich ihn nicht verlassen würde, oder ihm besondere Zuwendung angedeihen ließ. Er empfand das dann nur als Mitleid.

Ich war frustriert und in Sorge, daß seine Angst und seine Unsicherheit uns auseinanderbringen könnten. Es war nicht fair von ihm, mir nicht zu glauben. Ich stellte fest, daß es half, wenn ich über seinen Neid Witze machte. Ich habe ihm einen meiner Titel angeboten. Ich habe ihm Anekdoten erzählt und ließ ihn mit ein paar supergebildeten Spinnern und Blödmännern zusammentreffen. Das ganze Problem war schließlich gelöst, als wir beschlossen, daß er zurück auf die Schule gehen sollte, während ich die Familie ernährte. Ein Berater an der örtlichen Universität sagte ihm dann, wenn er so viel Zeit, Geld und Unterstützung von seiner Frau habe, solle er doch die Schule sausen lassen und ein Geschäft gründen. Seither gab es nie mehr Probleme mit dem Neid.«

*6. Ein bißchen mehr Großzügigkeit!*

Plötzlich, als ein Ehemann über einen Bericht, den seine Frau gerade geschrieben hatte, seinen Kaffee verschüttete, wurde ihr bewußt, daß ihr Mann auf ihre Zielstrebigkeit und ihren Ehrgeiz neidisch war. Sie wollte nicht, daß er neidisch war, und wollte eigentlich ihre ehrgeizigen Pläne aufgeben. »Doch dann wurde mir klar, daß ich es nicht schaffen würde. Ich konnte nicht aufhören, meine geliebten langen Berichte zu schreiben. Zu seinen Gunsten muß ich sagen, daß ihm das auch bewußt wurde. Er sagte darauf ganz ehrlich und mit aller Großzügigkeit zu mir: ›Tu das, was du tun mußt.‹«

*7. Wenn dein Partner in einer Hinsicht gewinnt, heißt das noch lange nicht, daß du verlierst.*

Vieles kann man gemeinsam bewältigen und genießen. Eine Frau berichtete, daß ihr Mann sie zu einem besonderen Essen einlud, nachdem *sie* eine Gehaltserhöhung bekommen hatte. Voller Freude berieten sie, was sie damit anfangen würden.

*8. Unterstütze den Partner – auch in seinem Erfolg (nicht nur, wenn es ihm schlechtgeht).*

Als ich auf einer Konferenz einen Vortrag hielt, nahm mein Mann ihn für mich auf Tonband auf. So erlebten wir die Situation wirklich sehr gemeinsam.

*9. Laß dich vom anderen inspirieren.*

Eine mit mir befreundete, erfolgreiche Therapeutin hat einen Mann, der gerade erst beginnt, sich zum Therapeuten ausbilden zu lassen. Er benutzt seinen Neid auf ihre Kompetenz ganz bewußt dazu, seine eigene Weiterentwicklung zu fördern.

*10. Lache über deinen eigenen Neid.*

## 6. KAPITEL

# Neid am Arbeitsplatz

Warum herrscht am Arbeitsplatz so viel Neid? 84 Prozent der befragten Frauen berichteten davon. Sie empfanden den Neid am Arbeitsplatz schlimmer als in jedem anderen Bereich.

Das Geschäftsleben ist ein kalkuliertes Spiel, ein Spiel mit Spielregeln, die auf dem Wettbewerb und dem Vergleich beruhen. Darum verwundert es nicht, daß der Teamgedanke meist wenig verbreitet ist. Wer verdient mehr Geld? Wer wird schneller befördert? Wer arbeitet besser? Wer hat eine höhere Position? Wen mag der Chef am liebsten? Die diesen Fragen zugrundeliegenden Vergleiche führen zur Unzufriedenheit, und wo Unzufriedenheit vorhanden ist, gedeiht der Neid.

Am Arbeitsplatz gibt es, wie überall, die verschiedensten Formen und Abstufungen von Neid. Manche Frauen sind das Opfer des Neides, andere rufen ihn hervor. Dennoch gibt es Wege, mit dem Neid, den man bei der Arbeit empfindet, umzugehen.

## Worum werden die Frauen bei der Arbeit beneidet?

Die Frauen gaben folgende Antworten: Weil sie jünger und geschickter sind, jünger und sorgloser, jünger und ehrgeiziger, jünger und hübscher. Weil sie älter und attraktiver sind. Weil sie beliebt sind. Weil sie vom Chef bevorzugt werden. Weil sie eine gute Beziehung zu ihrer Abteilungsleiterin haben, weil sie sich nicht von ihren Vorgesetzten einschüchtern lassen und weil sie mit ihren Mitarbeitern gut auskommen.

Weil sie als Bedienung von den Kunden vorgezogen werden; als Krankenschwester bei den Patienten beliebter sind; als Künstlerin populärer sind; kreativer sind. Sie werden beneidet, weil sie die Tochter des Chefs sind, mehr Patienten als andere Psychiater haben, geschäftliche Kontakte haben oder den größten Vertrag unter Dach und Fach brachten, den je eine Architekturfirma an Land ziehen konnte. Sie werden beneidet, weil sie sich ihre Ausbildung erkämpften oder weil sie während der Studienjahre nicht arbeiten mußten. Sie werden beneidet wegen ihrer finanziellen Situation, ihres Ehemannes wegen; weil sie Verantwortung tragen, Befehle geben können, nicht selbst tippen müssen; für einen unerwarteten Erfolg, nachdem sie einen Artikel geschrieben haben, der sogar veröffentlicht wurde; für ihr Selbstvertrauen, ihren Mut, ihr Liebesleben, für eine starke Persönlichkeit oder ihren Elan.

Sie werden beneidet, weil sie eine Aufgabe rasch erfassen, gute Arbeit geleistet haben, als der Chef Urlaub machte, einen Job bekamen, den eine andere Kollegin wollte, weil sie viel arbeiten und wenig Pause machen, weil sie nicht so hart arbeiten müssen und sich hin und wieder ausruhen können. Sie werden beneidet, weil sie Veränderungen durchsetzen können, kompetent, geschickt sind, von anderen gelobt werden; weil sie die Büropolitik beherrschen, einen Halbtagsjob, einen Ganztagsjob haben; wegen ihrer Garderobe und ihres Geldes; weil sie nicht kriechen, Ausdauer haben, organisieren können; wegen ihres Mannes, der bei der Versorgung des Kindes und bei der Hausarbeit mithilft; weil sie »es geschafft« haben. Bei all diesen Beispielen lauert im Hintergrund die verwunderte Frage: »Warum du und nicht ich?«


## Privilegien

»Privilegien« haben bedeutet, ein Recht oder einen Vorteil zu haben, der anderen vorenthalten bleibt. Als die Frauen darüber sprachen, warum sie bei der Arbeit beneidet werden, stellte sich heraus, daß Geschicklichkeit oder Fähigkeiten nicht halb so sehr beneidet werden wie Privilegien.

Helene, eine Lehrerin in Los Angeles, stammt aus einer reichen Familie. Sie unterrichtet in einer öffentlichen Schule, lebt aber in einem palastartigen Haus. Eine Kollegin weigert sich, zu ihr nach Hause zu kommen, weil sie sich, wie sie sagt, nur auf neutralem Gebiet treffen möchte.

Helene gibt zu:»Es gefällt mir nicht, beneidet zu werden. Es ist kein schönes Gefühl. Es ist keineswegs so, daß die Menschen einen mögen, weil man mehr als sie hat. Sie mögen einen nicht. Ich möchte lieber gemocht als beneidet werden.

Wenn ich beneidet werde, fühle ich mich unsicher. Ich versuche, es einfach wegzulachen, aber das geht nicht. Ich wollte, ich könnte irgend etwas Direktes und Ehrliches sagen, zum Beispiel: ›Ich lebe in diesem Haus, weil ich es mir leisten kann. Mein Vater ist gestorben und hat mir genug Geld hinterlassen, um dieses Haus zu kaufen. So ist das nun einmal, Schluß.‹«

Wegen gewisser Privilegien beneidet zu werden ist sehr überraschend, wenn man sich nicht privilegiert fühlt. Eine Frau erzählte mir, daß ihre Mitarbeiter sie als privilegiert betrachten, weil sie zu ihren Vorgesetzten eine gute Beziehung hat und von andern um Rat gefragt wird. Während einer Mitarbeiterkonferenz gab sie einen Kommentar ab, worauf eine ihrer Kolleginnen antwortete:»Woher willst du das denn wissen? Du ißt doch vom feinsten Porzellan.« Die Frau verstand gar nicht, wovon ihre Kollegin sprach. Eine Freundin erklärte ihr später: »Sie meinte, daß du privilegiert bist.«

### Wenn man selbständig ist und Angestellte hat

Was passiert, wenn man ein eigenes Geschäft und Angestellte hat? Patricia besitzt ihr eigenes Massage-Studio und hat vier neidische Angestellte.

Eine zeigt ihren Neid, indem sie so tut, als wäre *sie* verantwortlich.

Eine andere Angestellte versucht, die Vorschriften ohne Patricias Genehmigung zu ändern.

Eine dritte Angestellte zeigt ihren Neid, indem sie ständig kritisiert und sich darüber beklagt, es sei kein angemessener Vorrat an Laken vorhanden oder im Studio würden nicht genug verschiedene Teesorten angeboten, obwohl es zwölf Sorten sind, die zur Verfügung stehen. Sie kritisiert Patricia offen, wann immer diese nicht mit ihr übereinstimmt.

Eine vierte Angestellte verbirgt ihren Neid hinter einer Maske aufgesetzter Freundlichkeit. Das hört sich ungefähr so an: »O Patricia, du bist einfach der größte Schatz, den es überhaupt gibt.« Diese Komplimente verunsichern Patricia und werden von ihr eher als Feindseligkeit denn als Zuwendung aufgefaßt.

### Wenn man in einem Familienunternehmen arbeitet

Sally arbeitet in der Firma ihres Vaters. Ihre Kollegen glauben, daß sie bei der Arbeit bestimmte Privilegien habe, aber das stimmt nicht. Sie gehen sarkastisch und herausfordernd mit ihr um. Einmal wurde Sally zum Manager gerufen, und man teilte ihr mit, ihre Kollegen hätten sich beklagt, sie habe Körpergeruch. Sally fand das lustig. »Nun, so rieche ich nun einmal.« Um sicherzugehen, vergewisserte sie sich aber dann doch bei ihren besten Freundinnen; sie stimmten alle überein, daß sie keinen Körpergeruch habe.

### Wenn man vom Chef vorgezogen wird

Paula ist Börsenmaklerin und verdient mehr als die Kollegen. Diese betrachten sie so, als hätte sie das Management in der Hand.

Zwei Gruppen von Leuten beneiden Paula. Die einen zeigen ihren Neid, indem sie sie anfahren oder meiden. Die andern möchten ihre Freunde sein, aber nicht, weil sie sie mögen, sondern aufgrund ihrer Position in der Firma. Sie sind wie solche Kollegen, die plötzlich zu Vertrauten werden, nur weil man befördert wurde. Sie sind freundlich, aber man fragt sich, warum.

Paula weiß, daß das Management einen Teil des Neides hervorgerufen hat, weil es sie zum Aushängeschild gemacht hat. Das Management macht sich keine Gedanken über Fairneß oder möglichen Neid. Es möchte lediglich, daß Paula Geschäfte an Land zieht. Man gewährt ihr bestimmte Vorteile; sie hat mehr Leute, die für sie arbeiten; ihre Ausgaben werden ihr zurückerstattet; sie kann reisen und wird von den Vorschriften, die für andere gelten, ausgenommen.

Zusätzlich zu ihrer privilegierten Position in der Firma ist Paula hübsch, blond, sportlich und jung. Paula zählt die Möglichkeiten auf, mit denen sie versucht, den Neid, der ihr entgegenschlägt, einzudämmen:

- Sie versucht mütterlich zu sein.
- Sie mag es, wenn die Leute ihr ihre Probleme anvertrauen, und versucht zu helfen.
- Sie ermutigt die andern unauffällig, sie und *ihre* Probleme kennenzulernen.
- Sie bemüht sich gerade um solche Kollegen, die möglicherweise neidisch sein könnten. Sie ist offen und zugänglich.

Paula glaubt, daß diese Verhaltensweisen notwendig sind, wenn man in einer Lage wie der ihren ist.

## Beförderungen und Gehaltserhöhungen

Nora, die 39jährige Bankberaterin mit dem lockigen roten Haar und der neidischen Mutter, erzählt: »Ich werde jetzt sehr beneidet, weil ich Beraterin geworden bin. Manche Kollegen werfen es mir direkt an den Kopf: ›Du hast Glück, daß du so viel Geld verdienst. Du kannst deine eigenen Arbeitszeiten festsetzen und mußt dich nicht mit der Firmenpolitik herumschlagen.‹«

Nora wird beneidet, weil sie regelmäßig befördert wurde. Sie arbeitete sechs Jahre lang als Sekretärin bei der Bank. Sie war zuverlässig und fleißig und wurde zur Abteilungsleiterin gemacht. Die anderen Sekretärinnen taten sich zusammen und fragten in der Personalabteilung: »Wie konnte Nora befördert werden? Wir sind doch älter.« Aber im Gegensatz zu den anderen Sekretärinnen hatte Nora die Abendschule besucht und einen Abschluß in Betriebswirtschaft gemacht.

Als Nora Beraterin werden wollte, setzte sie ihre Ausbildung fort und machte einen zusätzlichen Abschluß. Einige Kollegen fragten: »Welcher Zauberstab hat dich von der Sekretärin zur Beraterin gemacht? Du bist wirklich ein Mädchen, das Schwein hat.« Nora antwortete: »Ich hatte kein Schwein. Ich habe auch keinen reichen Vater. Ich habe studiert! Ich bin zurück zur Schule gegangen. Ich habe schwer geschuftet.«

Die Leute gehen oft davon aus, daß manchen Menschen der Erfolg auf einem silbernen Tablett gereicht wird. Oder sie glauben, er hänge ausschließlich davon ab, wie man aussieht, mit wem man geschlafen hat und wen man kennt, statt von der eigenen Beharrlichkeit oder den eigenen Fähigkeiten.

## Mobilität

Man muß keine wohlhabende Lehrerin, Börsenmaklerin oder Bankfrau sein, um beneidet zu werden. Alle von mir interviewten Kellnerinnen zum Beispiel berichteten von Neid am Arbeitsplatz. Man kann neidisch sein auf jüngere, lebhaftere, fröhlichere Frauen, die sich auf dem eigenen Gebiet breitmachen. Wenn man seine besondere Beziehung zu den Gästen schätzt, wenn man immer hart gearbeitet hat, kann man das Gefühl bekommen, daß die jungen, neuen Kellnerinnen Senkrechtstarter und Eindringlinge sind. Diese »Eindringlinge« sind oft in der Lage, eine andere Arbeit zu finden, wenn das Kellnern nicht klappt.

Einige Frauen berichteten, daß sie deshalb beneidet wurden, weil das Kellnern für sie nur ein Sprungbrett war.

Eine neue Kellnerin wird deshalb beneidet, weil sie von Natur aus immer lächelt und die Gäste sie mögen. Die Gäste wollen immer an ihren Tischen sitzen und mit ihr reden, reden, reden. Sie hat mir erzählt: »Die Kellnerin, die mich ganz besonders beneidete, war seit langer Zeit in diesem Restaurant und keine glückliche Person. Sie hatte Schwierigkeiten, zu lächeln und fröhlich zu sein. Niemand hat zum Schluß noch mit ihr gesprochen. Ich war die neue Kellnerin. Ich bekam gute Trinkgelder. Ich war nicht nur ein Eindringling, sondern ich bin auch noch ein fröhlicher Mensch.«

Eine andere Frau, die keine festangestellte Kellnerin war, berichtete, daß ihre Chefin sie um die Möglichkeit beneidete, den Job aufzugeben: »Meine Chefin hat die ganze Zeit herumgemeckert und mich schlecht behandelt. Sie hat sich immer auf die Seite der unzufriedenen Gäste geschlagen und sagte, ich sei ein ›Arschloch‹ und die Gäste hätten recht. Es war immer mein Fehler, auch wenn ich gar nichts damit zu tun hatte. Sie schob mir die schlimmsten Arbeitszeiten zu, die Abende mit den wenigsten Kunden und gab mir dann auch noch die schlechtesten Tische. Am Anfang war ich unsicher und hatte Angst, ich würde keinen anderen Job finden. Doch ich fand einen, wechselte und verdiente dann dreimal soviel.«

Andererseits können jüngere Kellnerinnen neidisch sein auf die Fähigkeiten älterer Kolleginnen. Es geht dabei um Kellnerinnen, die fünfzehn Teller erhobenen Armes tragen können und gelassen bleiben, selbst wenn die Gäste mit den Löffeln klappern, um bedient zu werden.

Wie überall gilt auch hier: Wenn ich mich in die Situation des Beneideten wirklich hineinzuversetzen versuche – ist er dann tatsächlich beneidenswerter als ich? Oder könnten wir nicht Freunde sein, die ihre Probleme miteinander besprechen? Das geht sicher nicht in jedem Fall, aber wie schön, wenn ein offenes Wort über die Situation gegenseitiges Verständnis möglich macht.


**Festigkeit**

Viele Frauen haben mir erzählt, daß sie beneidet werden, weil sie keine Angst vor ihren Vorgesetzten haben und ihnen gegenüber standfest bleiben.

Melinda, eine 42jährige Architektin aus Manhattan, beschreibt ihre Arbeitssituation. Ihr unmittelbarer Vorgesetzter war seinem Chef gegenüber ungemein kriecherisch und war neidisch auf Melindas Fähigkeit, anderen nicht »in den Hintern zu kriechen«. In Gegenwart ihres gemeinsamen Chefs war er zu Melinda liebenswürdig. Aber wenn die beiden allein waren, ließ er seine Maske fallen.

Ihr Vorgesetzter gab ihr die unbeliebtesten Arbeiten, versuchte, sie davon abzuhalten, neue Entwürfe zu gestalten – eine Arbeit, die sie liebte und für die sie eingestellt worden war, aber auch eine Arbeit, die ihm das Gefühl der Unterlegenheit vermittelte. Wenn Melinda eine gute Idee hatte, versuchte ihr neidischer Vorgesetzter, sie auszuschalten. Schließlich – und das ist ein recht verbreitetes Vorgehen – versuchte er, sie sogar daran zu hindern, Informationen zu bekommen, die sie für ihre Arbeit brauchte. Er »vergaß«, ihr Nachrichten zu übermitteln, wenn Leute angerufen hatten. »Er stand in direkter Verbindung zu den Bauherren, hatte die ganze Kommunikation mit ihnen in der Hand und gab mir falsche Informationen über das, was sie gesagt hatten. Ich stellte fest, daß ich etwas unter falschen Voraussetzungen entwarf. Um mich zu vergewissern, rief ich die Kunden selber an und ließ mich von ihnen wieder auf die richtige Spur bringen. Sie mochten mich. Wir kamen gut miteinander zurecht, und das verschlimmerte noch die Gefühle meines Vorgesetzten.«

Die 38jährige Mary arbeitet für ein leitendes Forschungsinstitut. Ihr Vorgesetzter, Jim, befürchtet, daß Mary seine Beziehung zu Barry, dem Boß und Vizepräsident der Gesellschaft, beeinflussen könnte. Jim ist neidisch auf Marys Selbstsicherheit und Selbstbewußtsein.

Mary war sich darüber im klaren, daß Jim sie beneidete. »Ich arbeitete hektisch auf den Abgabetermin eines Beraterauftrages hin. Barry kam an meiner Tür vorbei und erklärte: ›Wir müssen sofort eine Besprechung machen.‹ Solche Besprechungen setzte er nie im voraus fest. Er berief sie immer dann ein, wenn er gerade wollte und es ihm paßte – wie der König persönlich.

Zwei Stunden vorher hatte er mir befohlen, das Projekt sofort abzuschließen. Ich war mächtig im Gange, führte gerade ein Ferngespräch mit einem Kunden und machte mir Notizen, als er hereinkam und die Besprechung verlangte. Ich antwortete: ›Nicht jetzt, Barry! Ich bin beschäftigt.‹ Er zog sich zurück: ›Oh, das tut mir leid.‹«

An diesem Abend hatte Mary lange zu tun und ging anschließend noch mit ihrem Vorgesetzten Jim und zwei anderen Mitarbeitern ein Bier trinken. In der Bar sagte Jim: »Wollt ihr mal hören, was Mary zu Barry gesagt hat? Sie sagte: ›Nicht jetzt, Barry!‹« Sie faßten das als Witz auf.

Mary hatte die Nerven und den Mut, Barry zu widersprechen. Jim, ihr Vorgesetzter, hatte fürchterliche Angst vor Barry. Jim beneidete Mary, weil der oberste Chef sie genug respektierte, um sich zu entschuldigen und zurückzuziehen.

146

»Jim bekam immer mehr Angst, daß ich die Kontrolle übernehmen könnte. Er versuchte, mich zu untergraben, und sagte bezüglich meiner Arbeit nicht die Wahrheit. Er hatte Angst davor, ich könnte einen Bombenerfolg haben. Ich fragte mich, warum er auf mich neidisch sein konnte. Er und Barry waren doch Kumpels. Warum sollte er sich Gedanken machen? Er war ein Mann und stand in der Firma noch über mir!«

## Wenn man das hat, was der Boß gerne selber hätte

Roberta sitzt an ihrer Doktorarbeit in Anthropologie. Sie wird von Cheryl, ihrer »Doktor-Mutter«, beneidet. Roberta sagt über Cheryl: »Ich könnte sie umbringen! Natürlich werde ich sie nicht umbringen, aber ich hasse sie.«

Cheryl hatte schnell bemerkt, daß Roberta eine ihrer begabtesten Studentinnen war. Als Roberta mit der Dissertation begann, war sie verheiratet, hatte aber keine Kinder. Es sah so aus, als hätte sie eine große Karriere vor sich. Cheryl hatte ein Kind, einen neunjährigen Jungen, den sie seit seinem zweiten Lebensmonat in einer ganztägigen Kinderaufbewahrungsstätte untergebracht hatte. Cheryl arbeitet ganztags, ist beamtet, und ihr Sohn ist vor und nach der Schule immer noch in dieser Tagesstätte.

Anfangs haben Cheryl und Roberta gut zusammengearbeitet. Aber Roberta erinnert sich daran: »Nachdem mein erstes Kind geboren war und ich mich weigerte, es in eine Krippe zu geben, wurden unsere Differenzen immer offensichtlicher. Von da an hat sich meine Beziehung zu Cheryl vollkommen verändert. Obwohl es mir damals nicht klar war, zerstörte der Neid unsere enge Bindung. Ich hatte geglaubt, mein berufliches und persönliches Leben ließen sich trennen. Ich war naiv. Cheryl beneidete mich, weil ich mir die Zeit nahm, mein Kind selbst zu versorgen.«

Die ersten Anzeichen des Neides wurden sichtbar, als Cheryl Roberta aufforderte, mit ihrer Doktorarbeit unter dem Titel »Die Rolle der Mutter bei der Vermittlung der Sprache in vergleichbaren Kulturen« anzufangen.

Alles, was Roberta wußte, war: »Nachdem ich weder Danny noch zwei Jahre später mein neugeborenes kleines Mädchen in einer Tagesstätte unterbrachte, endete jedes Gespräch mit Cheryl in Beschimpfungen. Sie schickte mir zum Beispiel eine Notiz bezüglich des Zeitplans. Als ich sie zurückrief, begann sie eine schlimme Tirade: ›Sie haben Ihre Dissertation noch nicht abgeliefert. Sie lassen das ganze Untersuchungsteam im Stich. Ihretwegen hat keiner irgendeine Arbeit veröffentlichen können, und niemand wird ein Stipendium bekommen. Sie halten alle auf. Wegen Ihnen wird keine andere Frau unter den graduierten Studenten eine Anstellung im anthropologischen Seminar bekommen.‹«

Roberta hatte extra ein Thema gewählt, das sie nicht im Team bearbeiten und bei dem sie nicht in Fachgebieten recherchieren mußte, wo sie möglicherweise andere behinderte. Trotzdem fühlte sie sich schuldig. »Cheryl deutete an, ich sollte mich schuldig fühlen, und das tat ich auch. Sie beschuldigte mich, die Bemühungen aller anderen zu behindern, und ich dachte, wie schrecklich es von *mir* sei, zwei Babys zu haben.«

Sechs Wochen nach der Geburt ihrer Tochter berichtete Roberta über ihre jüngsten Recherchen in einem Seminar, bei dem Cheryl wiederholt die gleiche Frage stellte, mit der sich Roberta noch nicht befaßt hatte. Eine andere Studentin kam Roberta zur Hilfe: »Sehen Sie, Cheryl, Roberta sagte doch, sie wird sich demnächst mit dieser Frage befassen. Also stellen Sie sie doch nicht immer wieder!« Cheryl antwortete: »Roberta tut nie das, was sie verspricht. Sie sagt zwar, sie würde dieses und jenes in Angriff nehmen, doch das einzige, was sie wirklich tut, ist Babys bekommen.«

Cheryls Kritik war nicht angebracht. »Die Tatsache, daß ich sechs Wochen nach der Niederkunft diesen Vortrag, der gut ankam, fertigbekommen hatte, war bewundernswert. Außerdem halte ich mich immer an die Termine. In dieser Beziehung bin ich sehr eigensinnig. Cheryl ging sogar so weit, mir vorzuschlagen: ›Wenn Ihnen Ihre Arbeit wichtiger wäre, würden Sie Ihren Mann bitten, für sechs Monate seine Arbeit niederzulegen, damit Sie Ihre Doktorarbeit fertigbekommen!‹

Nach einer Reihe beschämender Auseinandersetzungen

sprach sie nicht mehr mit mir. Einmal kam ich nach Hause, brach in hysterische Tränen aus und sagte zu meinem Mann David: ›Sie wird meine Dissertation niemals annehmen. Sie benimmt sich irrational, und ich weiß nicht, wie ich mit ihr umgehen soll. Sie ist emotional gestört.‹«

Es ist ein großes Problem, wenn die Person, die einen beneidet, Macht und Autorität über einen hat und man etwas von ihr braucht. Eine solche Person kann unsere Abhängigkeit sehr mißbrauchen und uns wirklich leiden lassen. Man hat das Gefühl, man müsse ihren Wünschen nachgeben, um das, was man braucht, zu bekommen. Für Roberta war es ein wahrer Kraftakt, nicht einfach aufzugeben. Aber sie wußte, daß die anderen Begutachter ein Veto gegen Cheryl einlegen würden, wenn sie selbst ruhig bleiben und eine Arbeit von wissenschaftlichem Wert abliefern würde.

Zwei Wochen später rief die Seminarsekretärin Roberta morgens um neun Uhr an: »Cheryl bat mich, Sie zu einem Seminar heute nachmittag um zwei Uhr einzuladen.« Cheryl, die wußte, daß Roberta nur begrenzte Babysitter-Möglichkeiten hatte, plante dieses Seminar schon seit Wochen. Aber erst an diesem Morgen hatte sie die Sekretärin gebeten, Roberta einzuladen. Roberta fragte: »Worum geht es in dem Seminar?« Das, was die Sekretärin dann sagte, klang genau so wie das Thema von Robertas Dissertation!

Cheryl hatte sich Robertas Arbeit bedient. »Sie hat meine Arbeit nicht zitiert. Statt dessen hat sie sie benutzt und – ohne meine Zustimmung – verwertet. Das sind schlechte Geschäftspraktiken. Da sie seit zweieinhalb Jahren das Thema meiner Doktorarbeit kannte, konnte ihr nicht entgehen, was sie da tat. Das war psychologische Kriegführung. Sie versuchte, mich zum Aufgeben zu zwingen.«

Die Fakultät hielt Cheryl vor Augen, daß sie ihre Grenzen weit überschritten hatte. Aber neidische Leute können sehr clever sein. Cheryl schob eine andere Studentin vor und machte sie zur Hauptautorin der während des Seminars präsentierten Arbeit. Roberta geriet in Panik und machte sich klar, daß sie ihre Arbeit so schnell wie möglich fertigschreiben mußte. Ganz rasch beendete sie das erste Kapitel. Cheryl war feindselig:

»Okay, wenn du jetzt im Oktober schon beinahe fertig bist, möchte ich eine komplette erste Fassung bis zum Erntedankfest haben.« Da Roberta erst ein einziges Kapitel geschrieben hatte, hielten die anderen Gutachter das für einen unmöglichen Zeitplan.

Aber Roberta nahm die Herausforderung an. »Ich hab' mich einfach darangemacht. Jede Nacht hab' ich bis morgens um drei Uhr gearbeitet. Mein Mann hat sich allein um die Kinder gekümmert. Ich habe nur noch getippt.«

Sie überraschte alle. Sie wurde rechtzeitig fertig.

Nachdem Roberta Cheryl die komplette Dissertation abgegeben hatte, hörte sie monatelang gar nichts. Cheryl beantwortete nicht einmal Robertas Anrufe, so daß diese sich schließlich hilfesuchend an ihren zweiten Gutachter wandte und verlangte, Cheryls Kommentar zu ihrer Arbeit zu erhalten. Der Gutachter berichtete, daß Cheryl darauf bestehe, ihre Kommentare nur ihm, nicht aber an Roberta weiterzugeben. Dennoch schickte er den Bericht an Roberta. Aber lediglich das erste von zehn Kapiteln war geprüft!

Roberta verlangte, daß der Gutachter die Beurteilung der anderen neun Kapitel einholte, weil sie sonst, wie sie sagte, aufgeben würde. »Cheryls Plan war der, einfach so zu tun, als gebe es mich nicht, in der Hoffnung, ich wäre dann wirklich nicht mehr da. Es muß ihr Wunsch gewesen sein, mich wegzupusten. Es geht einfach nicht, daß man eine Doktorarbeit fünf Monate zurückhält und keine Beurteilung abliefert.«

Der andere Gutachter, der Konflikten aus dem Wege ging, sagte Roberta, er habe kein Druckmittel gegen Cheryl. Roberta war wütend: »Einverstanden, dann gehe ich eben zum Rektor.« Indem sie ankündigte, daß sie den Rektor informieren würde, zeigte Roberta, daß sie sich nicht von Cheryls Neid unterkriegen lassen wollte.

Am gleichen Abend erklärte sich Cheryl zur Annahme der Dissertation bereit. Sie kam mit einer Flasche Wein und Glückwünschen zu Roberta nach Hause. »Ist das nicht der Gipfel? Ich habe keinen Schluck getrunken. Ich wußte, daß die Flasche vergiftet war. Ich wußte haargenau, daß sie an diesem Abend kommen würde.« Schneewittchen hätte wissen müssen, daß der Apfel, den seine Stiefmutter ihm anbot, vergiftet war. Aber Schneewittchen brauchte die mütterliche Zuwendung dringender, als Roberta die guten Wünsche oder die Zustimmung von Cheryl brauchte.

Weil Roberta sich Cheryls Neid bewußtmachte und den festen Willen hatte, ihren Weg zu gehen, sträubte sie sich dagegen, sich von diesem Neid zerstören zu lassen. Aber das war nicht leicht. Das ist es nie. Roberta sagt: »Ich habe gelitten; meine Familie hat gelitten. Meine psychische Verfassung und meine Stimmung desgleichen. Cheryl hat mich fast zerstört.«

Überraschenderweise versuchte Roberta nie, sich an Cheryl zu rächen, sondern hielt sich nur an das, was sie aus eigener Erfahrung gelernt hatte, nämlich:
- Identifiziere den Neid.
- Sprich mit anderen über den Neid.
- Gehe davon aus, kritisiert und sabotiert zu werden.
- Umgehe den Neid, wo es möglich ist.
- Mache dir die Möglichkeit der Sabotage bewußt und finde alternative Möglichkeiten, dich zu schützen, vor allen Dingen dann, wenn der Neider Macht über dich hat.
- Gib nicht auf.


**Neid am Arbeitsplatz provozieren**

Wenige Frauen wissen, daß das negative Verhalten, dem sie begegnen, oft dem Neid entspringt, bis dieses Verhalten zu einer gewaltigen Kraft wird. Viele Frauen merken nicht, was sie dazu beitragen, um Neid hervorzurufen. Sie behaupten, es nicht vermeiden zu können, beneidet zu werden. Sie glauben, sie gäben sich einfach so, wie sie sind.

Bei der Arbeit und auch sonst versucht man, das meiste aus dem zu machen, was man hat. Dennoch gibt es eine feine Grenze zwischen dem »Lediglich-man-selbst-Sein« und dem subtilen Versuch, die Aufmerksamkeit und den Neid anderer zu erregen. Obwohl nicht alle Menschen bewußt versuchen, beneidet zu werden, wollen doch die meisten von uns anerkannt, gewürdigt, akzeptiert und gemocht werden. Wir spielen unsere

Vorzüge mit dem Bewußtsein in den Vordergrund, daß es angenehm ist, beachtet zu werden. Aber wenn wir nicht empfindsam dafür sind, wie unsere Erfolge auf andere wirken, können wir Neid hervorrufen.

Erinnern wir uns an Sarah, deren neidische Mutter ihr ständig gute Noten abverlangte. Ihre Kollegen ärgerten sich über ihre fröhliche Art und ihren verführerischen Körper. Diese Qualitäten erzeugten während der ersten sechs Jahre am Arbeitsplatz noch nicht viel Neid. Das waren Jahre, in denen sie sich über eine unglückliche Ehe und anschließend eine schmerzliche Scheidung beklagte. Aber im siebten Jahr verliebte sich Sarah und wollte heiraten. Es ist kein Zufall, daß ihre Kollegen und Vorgesetzten genau diesen Moment wählten, um ihren Neid zu zeigen.

Sarah ist eine offene, gesprächige, begeisterungsfähige junge Frau, die nicht immer an die Konsequenzen dessen denkt, was sie sagt. Als ihre Hochzeit näher rückte, war sie wahnsinnig aufgeregt und benutzte ihr Büro in der Verwaltungsabteilung eines Krankenhauses dazu, viele Hochzeitspläne zu schmieden. Sie benutzte das Krankenhaustelefon, um sich wegen der Blumenarrangements, des Festessens und des Hochzeitskleides zu erkundigen. Sie sprach über die Hochzeit, erzählte von den Geschenken, die sie und ihr Verlobter bekamen, und beschrieb, wie schön sie es in der Nacht zuvor zusammen gehabt hatten.

Sie lud ihre Kollegen und Vorgesetzten zur Hochzeit ein, und alles schien wunderbar. Alle lachten und tranken Champagner und schienen an ihrer Freude über die Hochzeit teilzuhaben. Aber als Sarah von ihren Flitterwochen auf Jamaika zurückkehrte, erlebte sie am Arbeitsplatz plötzlich die Hölle. Es war der Zeitpunkt für den Halbjahresbericht über die erzielten Erfolge und eines Belegschaftstreffens, wo über Fortschritte und Fähigkeiten der Angestellten gesprochen wurde. Alle waren sich darüber einig, daß die Kritik konstruktiv sein sollte. Bei diesen Treffen wurde nie jemand abgekanzelt.

Sarah war auf den Fausthieb, der sie dort erwartete, nicht vorbereitet, denn ihre früheren Zeugnisse waren voller Lob und positiver Bemerkungen gewesen. Diesmal aber präsentierten ihre Vorgesetzten, die die Zusammenkunft leiteten, eine lange Liste mit Sarahs Problemen. So erfuhr Sarah nun, sie

- sei nervös gewesen, und das habe sich auf ihre Kollegen übertragen;
- sei ungeduldig, wenn sich Patienten wegen eines Problems meldeten;
- sei schnell verärgert;
- sei im Rückstand mit bestimmten Teilen der Arbeit;
- sei oft unpünktlich;
- sei zu oft krank.

Die Liste ging weiter und weiter. Über Sarahs Hochzeitspläne oder darüber, daß sie mit ihren Gedanken nicht bei der Arbeit gewesen sei, wurde nichts gesagt. Auch nichts über ihre Vorzüge und darüber, daß sie eigentlich gute Arbeit leistete. Als Sarah versuchte, sich zu verteidigen, und behauptete, sie glaube nicht, oft ärgerlich gewesen zu sein, lautete die Antwort: »Du bist defensiv.«

Dies ist ein alter und bekannter Trick, der von Leuten angewendet wird, die das psychologische Vokabular beherrschen. Wenn man verbal angegriffen wird, möchte man sich mit gutem Recht verteidigen. Aber wenn man das tut, wird man oft als »defensiv« bezeichnet, was einer Abwertung gleichkommt. Wenn man sich dann dagegen verteidigt, wird man wiederum als defensiv kritisiert. Wenn man als defensiv abgestempelt wird, sollte man sagen: »Jawohl, ich bin defensiv! Ich habe das Gefühl, angegriffen zu werden.« Das verweist die andere Person wieder auf ihren Platz.

Sarah fuhr fort, sich zu verteidigen, ohne die anderen auf ihren Platz zu verweisen: »Sie reden die ganze Zeit und haben überhaupt nichts Positives gesagt.« Ein Vorgesetzter antwortete: »Hier gibt es ja auch nichts Positives zu sagen.«

Sarah trug schwer an dieser Kritik. Wir sprachen über den Neid und seine Auswirkungen. In allen Kulturen erzeugen Hochzeiten Neid. Wäre Sarah bewußt gewesen, daß ihre Hochzeit und ihre Freude bei denjenigen, die ihr eigenes Leben als nicht so erfüllt betrachteten, Neid hervorrufen würde, hätte sie sich wahrscheinlich anders benommen. Sie wäre sicher vorsichtiger gewesen bei der Verbreitung ihrer Hochzeitspläne. Sie hätte ihren Enthusiasmus etwas dämpfen können, nicht vollständig, aber doch um eine Oktave. Und sie hätte sich bei der

Versammlung auf ein paar negative Bemerkungen gefaßt machen können.

Eigentlich hätte Sarah eine konstruktive Kritik zugestanden. Statt dessen wurden Kanonen hereingerollt. Die Intensität dieser Attacke hätte Sarah hellhörig machen müssen, daß da etwas anderes im Gange war.

Sie hätte sich dann selbst versichern können: »Sie sind sauer auf mich, weil ich geheiratet und damit angegeben habe. Trotzdem bin ich immer noch eine gute Mitarbeiterin.« Wenn es ihr so gelungen wäre, ihr Selbstwertgefühl aufrechtzuerhalten, hätte Sarah der Kritik besser zuhören und für sich selbst entscheiden können, was davon berechtigt war und was nicht. Da sie sich aber verstören ließ, gab sie ihren Kollegen einen wirklichen Grund zur Kritik: Sie war so versessen darauf, nach dieser Beurteilung besser abzuschneiden, daß sie anschließend schlechter arbeitete als vorher.

Sarah konnte mit dieser Situation nicht angemessen umgehen, wie sie in der Vergangenheit noch nicht gelernt hatte, sich mit dem Neid auseinanderzusetzen, mit dem Neid ihrer Mutter im besonderen. Erst ein Rückblick versorgte sie mit Antworten: »Jetzt kommt mir alles vertraut vor. Meine Mutter hatte mir gegenüber die gleichen Gefühle. Ich habe meine Mutter und meine Vorgesetzten gewinnen lassen, indem ich mich in meiner Arbeit verschlechterte. Aber das passiert mir nicht noch einmal!«

In Sarahs Fall hatten ihre Chefs das letzte Wort. Sie legten ihr nahe zu kündigen, indem sie ihr androhten, sie zurückzuversetzen. Sarah fühlte sich wieder besser, als wir den Neid der anderen und ihre Angst vor den Vorgesetzten analysiert hatten. Sie beschloß, sich eine neue Arbeit zu suchen, und nahm sich vor:

– sich das nächste Mal möglichen Neides bewußter zu sein;

– weniger Neid zu provozieren und gegenüber der Wirkung, die ihre Freude auf andere haben könnte, empfindsamer zu sein;

– nicht den Neid ihres Chefs und ihrer Kollegen als die einzig zutreffende Beurteilung ihrer selbst anzusehen, sondern ihn vielmehr als eine Aussage darüber zu werten, was die andern vermissen;

– mit sich selbst trotz neidischer Angriffe von seiten anderer zufrieden zu bleiben.

**Der eigene Neid verletzt uns selbst**

Es ist klar, daß alle diese Frauen, von denen ich sprach, durch den Neid anderer verletzt wurden. Aber Frauen, die neidisch sind, tun sich auch selbst weh.

Diana unterrichtet zusammen mit einer Frau, die eine tatkräftige und kompetente Lehrerin ist. In einer Klasse ist Diana besonders locker. Wenn sie diese Klasse unterrichtet, herrscht eine auffallend gute Stimmung, die nicht entsteht, wenn ihre Kollegin mit diesen Schülern arbeitet. Diana hat einfach ein Gespür für diese Klasse.

Die Kollegin möchte die gleichen Fähigkeiten haben und wird immer neidischer. Sie wird Diana gegenüber feindselig, mit der sie sich früher gut verstanden hat. Je neidischer sie wird, desto schlechter kommt sie mit der Klasse zurecht, und um so mehr genießt diese Klasse Diana, die immer lockerer wird. Diana erzählte mir: »Ich wußte, daß ich nicht besser war. Ich wußte, daß wir einfach unterschiedlich unterrichteten. Sie hat ihre eigenen Stärken. Wir haben nie darüber gesprochen. Je mehr sich meine Kollegin mit mir vergleicht, um so mehr richtet sie die Feindseligkeit, die sie mir gegenüber empfindet, gegen sich selbst. Und um so neidischer und weniger effizient ist sie.«

Was kann man daraus lernen? Unterschiedlich zu sein heißt nicht, besser oder schlechter zu sein. Es heißt nur »unterschiedlich«, nicht »gleich« zu sein. Die Kollegin beispielsweise ist intellektueller und weiß theoretisch auf ihrem Gebiet mehr als Diana. Früher mochten die Schüler sie. Die Kollegin muß zu ihrer Eigenständigkeit, ihrem eigenen Stil und ihren eigenen Werten zurückfinden. Dann wird ihr Neid überflüssig sein.

# Mit dem Neid am Arbeitsplatz umgehen

## Sexismus, Rassismus und Neid

Wenn wir mit Sexismus und Rassismus am Arbeitsplatz umgehen, müssen wir auch mit dem Neid umgehen. Rassismus,

Sexismus und Neid sind Möglichkeiten, eine Gruppe von Leuten von einer anderen zu trennen. Dabei wird von der Annahme ausgegangen, daß Erfolg und Anerkennung am Arbeitsplatz quantitativ beschränkt sind, und von der Furcht, daß das eigene Stück Kuchen gefährdet ist, wenn ein anderer auch ein kleines Stück erhält.

Bei den folgenden Beispielen spielen Rassismus, Sexismus und Neid eine Rolle. Eine schwarze Frau an einem von Weißen beherrschten Arbeitsplatz, eine weiße Frau an einem von Männern beherrschten Arbeitsplatz und eine aus dem Süden eingewanderte Frau an einem von eingewanderten Männern beherrschten Arbeitsplatz – sie alle sind mit dem Rassismus, Sexismus und Neid konfrontiert.

*Jennifer*

Jennifer, eine schwarze Anwältin, arbeitet in einer angesehenen Kanzlei. Unter den 140 Anwälten dieser Firma sind nur vier farbige Männer und zwei Frauen. Jennifer erzählt: »Ich wurde eingestellt, weil ich qualifiziert war, aber auch wegen meiner ›Sichtbarkeit‹. Die Leute fühlten sich in meiner Gegenwart unbequem, und ich hatte das Gefühl, meine ganze Zeit damit verbringen zu müssen, daß sie sich besser fühlten, damit ich nicht diesen Blick spüren mußte, der da sagte: ›Was willst du denn hier?‹

Sie taten überrascht, als ich neben all dem Scheißkram, den sie mir zur Erledigung gaben, gute Arbeit leistete. Sie erwarteten von einer schwarzen Frau keine gute Arbeit. Es war, als wollten sie sagen: ›Mein Gott, das können Sie?‹ Obwohl das doch genau das war, wofür man mich eingestellt hatte.«

Für Angehörige einer Minorität oder einer diskriminierten Gruppe sind Neid und Rassismus selten voneinander zu trennen. Jennifer hatte das Gefühl, beneidet zu werden. Dabei klingt ihre Geschichte weit mehr nach Rassismus. Hieß die Bemerkung: »Sie kleiden sich so toll«, daß das für eine Schwarze ungewöhnlich ist, daß die andern neidisch waren oder daß sie ihre Kleider wirklich schön fanden?

*Ruth*

Die 58jährige Ruth Gordon ist die erste Frau, die im Staate Kalifornien als Ingenieurin eingetragen wurde. Sie ist seit 36 Jahren mit einem Mann verheiratet, der sie unterstützt, und Mutter von drei Kindern, denen es allen gutgeht. Sie ist beliebt, sehr lebendig und eine überzeugte Feministin. Bedenkt man Ruths starke Persönlichkeit, ist es kein Wunder, daß sie im Laufe ihrer Karriere auch dem Neid begegnet ist. Als sie 1943 auf die Universität von Stanford ging, hatten die Studenten Zugang zu den archivierten alten Prüfungstexten, die sie untereinander weitergaben, die sie sich aber weigerten, auch den weiblichen Studenten zukommen zu lassen. Diese Diskriminierung erwies sich für Ruth als ein Vorteil, wenn ein Professor gelegentlich einen anderen Test als den erwarteten durchführte. Nur die, die wirklich gepaukt hatten, konnten den Test bestehen. Ruth schaffte es.

Als sie ihr Staatsexamen bestanden hatte, bewarb sich Ruth bei einem örtlichen College um eine Stellung. Sie erhielt eine begeisterte Antwort auf ihren Brief, den sie nur mit ihren Initialen unterschrieben hatte. Als sie jedoch zum Vorstellungsgespräch erschien, wurde ihr gesagt: »Wir stellen keine Frauen ein.« Sie fing dann bei einem Unternehmer zu arbeiten an, der an ihren Fähigkeiten und nicht an ihrem Geschlecht interessiert war, und begann Krankenhäuser zu planen.

1953 bewarb sie sich um die Mitgliedschaft in der Ingenieurvereinigung von Nord-Kalifornien. Da sie die erste Frau war, die sich bewarb, ging ihre Bewerbung mehrere Monate lang durch die Vorstandssitzungen, bis sie schließlich zugelassen wurde. »Als ich zum ersten Mal im Ingenieursclub auftauchte, wurde mir gesagt, daß es Frauen nicht erlaubt sei, hier zu essen.«

Ruth arbeitete 29 Jahre lang für den Staat Kalifornien, hauptsächlich im Bereich Erdbebensicherheit. Genaugenommen ist sie Stahlhelmträgerin, aber darüber hinaus trägt sie auch ein T-Shirt, auf dem steht: »Der richtige Mann für den Job kann eine Frau sein.«

Gegenwärtig eröffnet Ruth ihr eigenes Büro. »Der Grund,

warum ich den Staatsdienst verlassen habe, hat ausschließlich mit dem Neid zu tun. Hier sind ein paar Einzelheiten: Erstens: Ich war auf der Liste derjenigen, denen eine Beförderung zustand, die Nummer zwei. Aber ich wurde übersprungen, und die Nummer sechs wurde befördert. Sie wählten einen typischen weißen amerikanischen Mann. Ich war total fertig.

Zweitens: Eines Tages fand ich in meinem Briefkasten einen Zeitungsausschnitt mit der Überschrift: ›Das Finanzamt akzeptiert es jetzt, ein Gesichts-Lifting von den Steuern abzusetzen.‹

Drittens: Ein anderes Mal fand ich auf meinem Schreibtisch die Botschaft: ›Der größte Fehler der Frauen ist ihr Wunsch, wie Männer zu sein.‹ Und: ›Sie haben es bald geschafft.‹«

Ruth erinnerte sich an die staatliche Bestimmung, nach der es nicht nur illegal ist, sexuelle und rassistische Bemerkungen am Arbeitsplatz zu machen, sondern auch, solche Vorkommnisse nicht zu melden. Also stürmte Ruth in das Büro ihres Chefs und sagte zu ihm: »Wir müssen das alles melden.« Als er sich weigerte, nahm Ruth die Sache selbst in die Hand. Die Vorfälle wurden untersucht, und Ruths Chef hatte ein Merkblatt abzugeben, in dem sexuelle Diskriminierung verurteilt wurde. Er gab sich schließlich geschlagen, fügte aber die Bemerkung bei, er gebe diesen Schrieb nur herum, weil man es von ihm verlangt habe.

Ruth gründete ihre eigene Firma. Sie ist entschlossen, sich nicht vom Neid unterkriegen zu lassen und anderen Frauen mit ähnlichen Problemen zu helfen. »Niemand kann alles allein schaffen. Immer muß und hat es jemanden gegeben, der Wege vorbereitet und geebnet hat.

Was mich am meisten verdrießt«, fährt sie fort, »ist das Bienenkönigin-Verhalten von erfolgreichen Frauen, die meinen, sie wären den Feministinnen keinen Dank schuldig, die zunächst einmal für Bürgerrecht und Gleichberechtigung der Frauen gekämpft haben.

Die Erste oder eine von wenigen zu sein, das ist eine große Verantwortung. Wir sollten jede Gelegenheit ergreifen, um als Vorkämpferinnen für die jungen Frauen, die nach uns kommen, aufzutreten.« Deshalb sollte man dafür sorgen, daß der Neid, den man auf den Erfolg anderer hat, nicht destruktiv wird, weil man einander braucht, um sich zu helfen.

Die meisten Frauen stimmen überein, daß wir die Schwäche neidvoller Kriegführung durch unsere Stärke in Sachen Intimität, Beziehungsfähigkeit und Sensitivität ersetzen sollten. So beschreibt beispielsweise Marilyn Loden in ihrem Buch »Feminine Leadership«, daß Frauen, die im Geschäftsleben hohe Positionen innehaben, ihre Macht anders benutzen als Männer. Loden nennt kooperativeres Vorgehen, eine am Team orientierte Organisation, Konzentration auf die Qualität und das Einbeziehen von sowohl emotionalen als auch rationalen Erkenntnissen. Sie glaubt, daß Frauen die möglichen Auswirkungen ihres Verhaltens auf die Mitarbeiter stärker berücksichtigen und eher in der Lage sind, Befugnisse an Angestellte weiterzugeben. Das ist eine Alternative zu der stereotypen Büropolitik, die viele Frauen so demoralisierend finden.

## *Dolores Huerta*

Dolores Huerta ist die erste Vizepräsidentin und Mitbegründerin der *United Farm Workers*, einer Gewerkschaft unter der Leitung von Cesar Chavez, die eineinhalb Millionen Bauern und Arbeiter in den USA repräsentiert. Dolores Huerta ist mit Cesar Chavez' Bruder Richard verheiratet. Im Führungsstab der Gewerkschaft hat Dolores hauptsächlich mit mexikanischen Männern zu tun. Sie war eine der ersten, die in den Verträgen der Farmarbeiter Bestimmungen über notwendige sanitäre Einrichtungen, medizinische Versorgung und Altersversorgung durchsetzte.

Dolores hofft, die Mitarbeit der Frauen in der Gewerkschaft verstärken zu können. Sie war bei der Gründungsversammlung der Koalition der Labor Union Women dabei, die über 25 000 Mitglieder hat. Während der letzten Tagung war die Hälfte der Delegierten schwarz und braun, die andere Hälfte weiß. »Ich habe diese Art der Mitarbeit von Minoritätsfrauen noch bei keiner anderen Frauenversammlung erlebt«, sagt sie.

Als ich Dolores fragte, was es für sie bedeutet, erfolgreich zu sein, hatte sie schnell eine Antwort parat: »Der größten Anzahl von Menschen helfen zu können und gesellschaftliche Veränderungen herbeizuführen.«

Sie ist auf dem besten Wege dazu. Und als hätte sie an ihrer Arbeit noch nicht genug, hat sie elf Kinder. Vier davon bekam sie nach vierzig. Sie ist 55, sieht wie 35 aus und hat die Energie einer 25jährigen.

Sie war begeistert, über den Neid sprechen zu können, weil sie sich damit jeden Tag herumschlagen muß. Sie glaubt, daß der Neid die Basis des männlichen Chauvinismus ist.

Dolores ist Vizepräsidentin der Gewerkschaft, seit diese in den sechziger Jahren gegründet wurde. Oft werden ihre Position und ihr Prestige herausgefordert, wenn ein neuer Mann in die Führungsspitze aufgenommen wird. Einem neuen Beamten der Gewerkschaft sagte sie einmal: »Ich mußte mich mit dem männlichen Chauvinismus im allgemeinen und mit dem von Richard (Chavez) im besonderen abfinden, weil er mein ›Alter‹ ist. Aber ich muß nicht auch noch Ihren hinnehmen.« Irgendwann, als sie mehr Selbstvertrauen entwickelt hatte, machte sie sich klar, daß sie sich eigentlich auch mit dem Chauvinismus ihres Mannes nicht abfinden mußte.

Wie drückt sich der Neid ihr gegenüber aus? Dolores betont, daß es hauptsächlich Männer sind, die eine führende Position erreichen wollen, die sie beneiden. Manche Männer beneiden ihre Kontakte am Arbeitsplatz und die Tatsache, daß sie mit sehr unterschiedlichen Leuten gut zusammenarbeitet. Sie fühlt sich in Gegenwart von Farmarbeitern, Leuten der Mittelklasse, Politikern, Berühmten und Reichen, die ihr geholfen haben, Geld zu sammeln, gleichermaßen wohl. Manche Männer sabotieren sie, brüsten sich mit Dolores' Projekten oder treffen bezüglich ihrer Arbeit Entscheidungen, ohne sie einzubeziehen.

Einmal arbeitete sie monatelang an einem Kommunikationsprojekt. Dann nahm man ihr diese Aufgabe weg, ohne ihr zu erzählen warum. Sie vermutet, daß einige der neidischen Kollegen sich Sorgen machten, sie könne zu mächtig werden, wenn sie dieses Projekt abschlösse.

Was macht Dolores, wenn sie beneidet wird? Sie spricht den Neider direkt darauf an: »Hallo, Moment mal! Hier wird eine Entscheidung getroffen, die *mich* angeht. Warum werde ich nicht gefragt?«

Dolores weiß, was sie leistet und was diese Leistung wert ist.

Sie hat keine Angst davor, beneidet zu werden. »Männer erkennen die Arbeit, die man getan hat, nicht an. Ich pflegte zu glauben, daß nur die Arbeit einer Gruppe zähle. Ich hab' mich nie als Einzelkämpfer betrachtet. Aber dann mußte ich feststellen, daß die Männer in der Gewerkschaft sich aus lauter Neid die Meriten für *meine* Arbeit gutschrieben, Arbeiten wie Vertragsabschlüsse, Slogans oder Boykotts. Ich wollte aber, daß die Leute wußten, daß ich das getan hatte.

Indem ich die Lorbeeren für meine eigene Arbeit auch in Anspruch nahm, habe ich einen unserer Vizepräsidenten in Verlegenheit gebracht. Er hielt bei einer öffentlichen Versammlung eine Rede und schob meinem Mann Richard den Verdienst für den Traubenboykott in New York zu. Ich reagierte so auf diese Rede: ›Ich möchte Sie in einer Beziehung korrigieren. Ihre Rede war sehr schön, aber ich war diejenige, die die Arbeit in New York organisiert hat. Nicht Richard Chavez, sondern ich, Dolores Huerta.‹

Hinterher war er wütend: ›Wie konnten Sie das tun? Sie haben mich in Verlegenheit gebracht. Das war meine erste Rede als Gewerkschaftsführer!‹«

Dolores blieb gelassen: »Sie haben *mich* in Verlegenheit gebracht«, korrigierte sie. Dolores achtet darauf, daß auch bei anderen Frauen sich das Lob an die richtige Person wendet. So berichtete ein Mann beispielsweise von all den Verbesserungen, die die Gewerkschaft in Texas erreicht habe. Dolores stand auf und erklärte: »Sie haben vergessen, Rebecca Flores Harrington zu erwähnen. *Sie* hat diese ganze Arbeit geleistet.«

Der Mann, der den Fehler gemacht hatte, kommentierte: »Okay, wir sind halt eine Männerwelt«, als ob das ein Witz wäre.

Dolores geht in die Offensive, wenn sie das hört, was sie hinter einem Sex-Witz versteckten Neid nennt. »Wenn Männer eine sexistische Bemerkung machen, rufe ich sie sofort zur Ordnung. Frauen müssen das tun. Wir erlauben keine Witze über Schwarze, über mexikanische Spanier, über Juden. Warum sollten wir dann sexistische Bemerkungen dulden?

Ich versuche, den Neid in Respekt umzuwandeln. Die Männer respektieren einen, wenn sie nicht wissen, was sie zu erwarten haben, wenn sie sehen, daß man agiert, daß man handelt, daß man schnell und effizient ist. Wenn man die Offensive gegen den Neid ergreift, müssen sie sich zurückziehen und einen respektieren, wenn sie einen auch nur ein kleines bißchen brauchen.«

Zum Teil geht Dolores mit dem Neid deshalb gut um, weil ihre Mutter ihr schon sehr früh beibrachte, es nicht persönlich zu nehmen, wenn andere Mädchen auf Dolores' Beliebtheit neidisch waren. »Mach dir keine Gedanken«, erklärte ihre Mutter. »Sie sind nur neidisch auf dich.« Als Teenager lernte Dolores, daß es nicht ihr Fehler sein mußte, wenn Neid entstand. Der Wahlspruch ihrer Mutter war: »Sei vor allem du selbst.« Das half Dolores, mit ihrem eigenen Neid auf andere Leute (und dem Wunsch, so zu sein wie sie) fertig zu werden.

Auch wenn es Dolores weh tut, beneidet zu werden, läßt sie sich durch die Angst davor nicht davon abhalten, für ihre Leistungen auch die angemessene Anerkennung zu fordern. »Wenn ich verletzt bin, versuche ich, dem Neid etwas entgegenzusetzen. Ich versuche, ihn in etwas Positives umzuwandeln. Vielleicht bedeutet der Neid ja gerade, daß ich etwas sehr gut gemacht habe. Vielleicht ist es also ein Plus und nicht ein Minus.« Sie ist sich darüber im klaren, daß man um so mehr Neid erfährt, je mehr man sich exponiert.

Die schlechteste Antwort auf den Neid ist für Dolores die Depression, von der sie weiß, daß sie Monate andauern kann. Das weiß sie aus eigener Erfahrung. Während sie und ich über diese Depression sprechen, wird sie traurig. Anfangs versucht sie, darüber Witze zu machen: »Vielleicht sollten wir daraus einen Slogan machen, wie: ›Männer beneiden uns, ist das nicht toll?‹ Oder: ›Männer beneiden uns, das ist ihr Problem.‹« Aber sie findet das nicht wirklich komisch, und die Witzchen ziehen nicht.

»Ich hab' nicht alle Antworten«, sagte sie leiser als üblich. »Nur die eine: Frauen müssen sich nicht kleiner machen, nur um jemand anderen größer erscheinen zu lassen.«

## Wie sich der Neid am Arbeitsplatz ausdrückt

*Beispiel: helfende Berufe*

Neid gibt es auch in Berufen, wo es das ausgesprochene Ziel ist, einander zu helfen, wie in Schulen, Kliniken oder psychotherapeutischen Praxen.

Sind Sie in einer Therapie oder wollen Sie eine Therapie anfangen? Auch ein Therapeut, und daran sollte man denken, ist gegen den Neid nicht einfach immun. Das ist mir bei mir selbst aufgefallen, die ich seit sechzehn Jahren therapeutisch arbeite. Normalerweise wird mehr über den Neid des Patienten als über den des Therapeuten geschrieben. Dennoch waren sich 57 Prozent der befragten Frauen einig, von ihren Helfern beneidet zu werden. Aber auch Therapeuten, Lehrer, Ärzte und Trainer – Leute in Macht- und Autoritätspositionen – gaben zu, auf die Menschen, denen sie helfen sollen, neidisch zu sein.

Ich werde *meine* Geschichte erzählen. Aber sie steht für die Geschichte von vielen anderen Helfern, von denen manche ihren Neid zur Kenntnis nehmen und andere nicht. Es mag viele Gründe geben, warum ich oder andere Helfer die Person, der wir helfen, beneiden. Der Patient oder die Patientin erfährt Hilfe, Fürsorge und Zuwendung. Manchmal denke ich in einer therapeutischen Sitzung, wie herrlich es wäre, selbst jemanden zu haben, der beruhigend und mütterlich auf mich wirkt und der *mir* zuhört. Jeder Mensch, auch der Therapeut, wünscht sich manchmal, umsorgt zu werden.

Die therapeutische Beziehung ist etwas sehr Merkwürdiges. An einem Tag sitze ich in ruhiger, guter Stimmung und am nächsten vielleicht in erregter, schlechter Laune auf meinem Stuhl. Aber ich bleibe sitzen. Die Patienten kommen und gehen. Wir sprechen über ihre Taten, Erlebnisse, Gefühle und Gedanken. Ich werde dafür bezahlt, etwas von dem, was ich bin, zu verleugnen. Und deshalb beneide ich die Möglichkeit der Patienten, alles von sich zur Schau zu stellen.

Jede Person hat etwas Beneidenswertes. Ich mag eine Patientin beneiden, die kreativer ist, intellektueller, schneller, eloquenter, politischer, lustiger. Vielleicht ist sie jünger, anziehen-

163

der, sieht besser aus. Vielleicht ist sie auch ordentlicher als ich oder eine Künstlerin und macht das, was ihr wichtig ist, ohne sich um die Bedürfnisse anderer kümmern zu müssen. Ob sie nun Musikerin, Hausfrau oder politische Aktivistin ist – mag sein, sie lebt meine eigenen heimlichen Träume aus.

Ich beneide eine Patientin, die über ihr Vermögen spricht, während ich gerade an diesem Morgen einen ganzen Stapel Mahnungen bekommen habe. Ich beneide die Patientin, die voller Freude und Entzücken von ihrer zweimonatigen Europa-Reise berichtet, während ich diese Zeit damit verbrachte, acht Stunden am Tag zu arbeiten und abends für Krisenanrufe dazusein. Ich habe Frauen dabei unterstützt, unbefriedigende Jobs zu verlassen. Sie leben im Moment von der Arbeitslosenunterstützung und von Ersparnissen, bis sie bessere Arbeit gefunden haben. Viele »Helfer« haben den Drang, unersetzlich zu sein. Ihre Terminkalender sind ständig überfüllt. Grade deshalb beneiden sie aber die Fähigkeit der Patienten, auch einmal fünfe gerade sein zu lassen oder nichts zu tun. Als berufstätige Mutter habe ich zum Beispiel wenig Zeit, Tennis zu spielen. Eine meiner Patientinnen, die von der Arbeitslosenunterstützung und ihrem Ersparten lebte und morgens aufstand, wann sie wollte, rief mich manchmal an, um die Therapiestunde am Morgen zu verschieben, weil sie ein wichtiges Tennisspiel hatte . . .

Eine weitere Facette des Neides: Ich sause morgens um acht wegen einer Patientin in meine Praxis. Im Auto versuche ich, mich an den Traum, den ich in der letzten Nacht hatte, zu erinnern. Die Patientin wartet schon, als ich ankomme. Sofort beginnt sie, begeistert von den beiden Träumen zu berichten, die sie gerade gehabt hat. Ich wende mich ihr zu. Mein eigener Traum ist vergessen und verloren.

*Mein Neid auf Barbara.* Wenn »Helfer« sich ihrer möglichen eigenen neidischen Gefühle nicht bewußt sind, laufen sie Gefahr, den Menschen, denen sie eigentlich helfen wollen, eher zu schaden. Natürlich sind wir alle an solchen Tagen, an denen wir uns weniger ausgeglichen und zufrieden fühlen, anfälliger für den Neid.

Ich möchte hier von einem Fall erzählen, wo ich gegen meinen eigenen Neid anzukämpfen hatte. Barbara ist dreißig, eine lebendige, selbstkritische Lehrerin. Vor kurzem, nach drei Jahren, in denen sie sich von ihrem Mann abgelehnt fühlte, hat sie sich scheiden lassen. Er zog molligere Frauen, »etwas, woran man sich festhalten konnte«, vor. Sie ist vor einem Jahr in Therapie gekommen, weil sie sich einsam, depressiv und »schon jenseits von Gut und Böse« fühlte.

Barbara hatte eine Menge Verehrer, war aber überzeugt, daß sie niemals mehr einen Mann treffen würde, der ihren Erwartungen entsprechen würde. Um Barbara im folgenden besser zu verstehen, müssen wir uns an das Schneewittchen-Syndrom erinnern. Manche Patienten haben von vornherein die Tendenz, in der Therapie keine Fortschritte zu machen, weil sie unbewußt den Neid des Therapeuten fürchten, wie sie früher den Neid der Eltern gefürchtet haben. Ich habe Patienten erlebt, die eine Besserung ihres Zustandes verhinderten, weil sie Angst davor hatten, die Therapie dann beenden zu müssen, Angst, daß sie den Therapeuten oder die Therapeutin verletzen könnten, wenn sie ihn nicht mehr brauchen würden, Angst, ihn oder sie um ihr Einkommen zu bringen.

Ich weiß, daß Barbaras Klagen situationsbedingt sind. Ich weiß, daß sie zum Teil ein unbewußter Versuch sind, mich daran zu hindern, sie um ihre neugefundene Freiheit zu beneiden. Barbara hat die Zukunft vor sich und viele Möglichkeiten. Ich bin älter, verheiratet und nicht so frei wie sie, einfach einen Neuanfang zu wagen.

Eines Tages flog Barbara mit dem Club Mediterranée nach Mexiko in die Ferien. Strahlend, ausgeruht und verliebt kam sie wieder. Das einzige Gesprächsthema war nun David. Das hörte sich so an: »Wir haben uns am Sonntag fünfmal geliebt. Es war wunderbar, einfach überwältigend. Was denken Sie? Glauben Sie nicht, daß das zuviel war? Daß wir uns so vielleicht nicht richtig kennenlernen? Glauben Sie, daß das vielleicht eine Flucht ist? Daß wir lieber Freunde besuchen und nicht immer nur zu zweit sein sollten? Vielleicht sollten wir langsamer an das Ganze herangehen?«

Und da sitzt Betsy Cohen, die neidische Therapeutin. Am liebsten würde ich sagen: »Das klingt so glücklich. Ich würde mich schon ein bißchen darauf vorbereiten, daß die sexuelle Spannung auch wieder mal nachläßt.« Oder: »Genießen Sie es, solange es dauert!« Statt dessen halte ich meinen Neid unter Kontrolle und antworte: »Das klingt wunderbar, was Sie erzählen.«

Barbara versucht es noch einmal. »Mein Gott, sicher hole ich mir eine Infektion von all dem Lieben. Meinen Sie nicht, ich sollte vorsichtiger sein? Vielleicht bin ich eine Masochistin?« fragt sie strahlend. Betsy denkt für sich: »Natürlich kann sie eine Infektion bekommen, aber das ist ja an den Haaren herbeigezogen. Sie kann ihr Glück nur nicht genießen, weil sie Angst hat, daß ich sie beneide.« Ich nehme sie ein bißchen auf den Arm: »Seit wann nennen Sie das masochistisch? Wem wollen Sie denn etwas vormachen? Ich hab' Sie noch nie glücklicher gesehen.«

Ein drittes Mal versucht Barbara, mich dazu zu bringen, daß ich ihr Glück wie eine Seifenblase zum Platzen bringe: »Natürlich bin ich das. So wie jetzt ist es noch nie gewesen. Aber ich bin total kaputt. Ich schlafe zu wenig. Wir sind die ganze Nacht wach . . . Es ist himmlisch. Schauen Sie mich doch einmal an! Sehe ich nicht völlig übermüdet aus? Mit Ringen unter den Augen? Strähnigem Haar? Ich glaube, ich werde krank, wenn ich nicht bald wieder richtig schlafe.«

Betsy wird in ihrem Sessel immer kleiner, versucht aber, entspannt und ausgeglichen zu wirken: »Ich glaube, Sie haben Angst davor, ich könnte sagen: ›Ja, Sie sollten sich ausruhen! Warum sagen Sie ihm nicht, er soll am nächsten Wochenende nicht kommen? Dann hätten Sie, was Sie brauchen, nämlich acht Stunden Schlaf.‹ Stimmt's? Ich glaube nicht, daß Sie jetzt unbedingt Schlaf brauchen. Es ist gut, schön und okay, glücklich zu sein.«

Barbara stimmt zu: »Das stimmt. Und ich habe immer Angst, glücklich zu sein. Als ob das schlecht oder verboten wäre.«

Die Patienten erspüren den Neid ihrer Therapeuten durchaus. Ob sie darüber sprechen möchten, ist eine andere Angelegenheit. Und auf jeden Fall möchten sie nicht glauben, daß ihre Therapeuten sie beneiden. Sie möchten ihrem Helfer vertrauen, möchten fühlen, daß ihr Therapeut *nur* helfen möchte, daß er sie niemals im Stich lassen würde. Die meisten Patienten hätten Angst, ihren Therapeuten zu fragen: »Beneiden Sie mich?«

Ich sage zu Barbara: »Sie und ich müssen mit Ihrer Angst vor meinem Neid zurechtkommen. Wir haben über Ihre neidische Mutter gesprochen und wissen, wie sensibel Sie dafür sind, beneidet zu werden.«

Barbara fährt fort: »Ehe ich verheiratet war, konnte ich meiner damaligen Therapeutin gar nichts von den Verabredungen, die ich hatte, erzählen. Sie sah so traurig und allein aus. Sie sind nicht ganz so schlimm, aber ich habe immer noch Angst, Sie zu verärgern.«

Wenn Barbara früher ihrer Mutter erzählte, daß sie »jemanden getroffen« hatte, hatte ihre Mutter immer geantwortet: »Ich möchte die Einzelheiten gar nicht wissen. Reden wir in vier Monaten darüber! Vielleicht ist es bis dahin schon wieder vorbei, und wir können uns diese Unterhaltung sparen.« Jetzt übernimmt Barbara die Art ihrer Mutter, um mich zu provozieren, ebenso zu reagieren und ihr die Freude wirklich zu verderben.

Barbara zu Betsy: »David ist ruhig, amüsant, sieht gut aus und kocht gern. Er ist klug, aber er verdient nicht genug. Glauben Sie nicht, daß das zu einem echten Problem werden kann? Vor allen Dingen, wenn ich mehr verdiene als er? Ich glaube, ich möchte jemanden, der mich finanziell besser versorgen kann.«

Betsy zu sich selbst: »Himmel! Zurückhaltend, umgänglich, schön, und er kocht gerne. Sie hat wirklich Schwein.« Zu Barbara: »Entschuldigung, was haben Sie gesagt ist das Problem?«

Barbara fährt fort: »Selbst wenn ich krank werden sollte, meine Freundinnen nicht oft genug sehe und total erledigt bin – finden Sie, daß ich es richtig mache?« Sie sucht mein zustimmendes Lächeln. »Gut.«

Sie ist runter von der Couch, raus aus der Tür, bereit für ein weiteres, beneidenswertes Wochenende, über das ich sicher nächste Woche hören werde. Ich rede mir selber gut zu: »Ich bin für sie da. Das ist mein Beruf. Ich könnte mich auch verlieben, wenn ich das wollte. Vor Jahren habe ich auch solche

.chte erlebt. Es ist schön für Barbara, so verliebt zu sein.« In
edanken zähle ich auf, was ich alles nicht habe. Ich erinnere
mich selbst daran, daß es Ziel einer Therapie ist, den Patienten
selbständig und unabhängig zu machen. Genauso müssen Eltern es ertragen lernen, ihr Kind in die Welt hinausgehen zu sehen, zu sehen, daß es sein Glück woanders und nicht mehr zu
Hause findet. Ich denke daran, wieviel Absicherung Barbara
braucht, wieviel Kummer sie durchlitten hat, und ich empfinde
Mitgefühl. Zur Leistung eines Helfers und der Eltern gehört es
auch, Neid in Liebe umzuwandeln, eine nicht immer leichte
Aufgabe.

### Strategien gegen den Neid

Wenn man einmal entdeckt hat, daß es Neid ist, der eine Beziehung oder ein Arbeitsverhältnis trübt, muß man Wege finden, damit umzugehen. Dabei dürfen wir allerdings nicht vergessen, daß es keine perfekten Lösungen für den Umgang mit
Emotionen gibt. So könnte man sich verhalten:

1. Das Schneewittchen-Syndrom: Linda. Eine Möglichkeit,
mit dem Neid am Arbeitsplatz umzugehen, ist die, Neid möglichst gar nicht erst aufkommen zu lassen, indem man sich zurückhält und darauf achtet, nicht zuviel Erfolg zu haben, auch
wenn man ihn lieber hätte, oder den Erfolg herunterzuspielen.
Linda Blackstone, die Drogen- und Alkoholabhängige betreut,
spricht offen über ihr Dilemma. Da es ihr bewußt ist, hat sie
gute Aussichten, es zu lösen.

»Ich tue alles, um nicht beneidet zu werden. Das ist das wirkliche Thema meines Lebens. In Konkurrenz-Situationen ziehe
ich mich von vornherein zurück. Wenn die Tatsache, daß ich
etwas nehme, was mir zusteht, einem anderen unangenehm ist,
ziehe ich lieber den kürzeren. Das ist für den anderen gedacht,
aber unfair mir selbst gegenüber.

Es spielt auch eine gewisse Selbstgerechtigkeit mit, wenn
ich mich so verhalte. Ich habe sozusagen eine Märtyrermen-
talität. Was daran nicht so sauber für mich ist, ist die Tatsa-

che, daß dieses Märtyrertum sich für mich mit Machtphantasien verbindet. Ich habe dann nämlich das Gefühl, ich sei besser als andere. Es ist ein sicherer Weg, der anderen Person Schuldgefühle zu machen, weil sie sich mehr nimmt oder mehr hat als man selbst.«

Wenn man so auf Neid reagiert, sollte man sich folgende Fragen stellen:
– Was ist das Schlimmste, das passieren könnte, wenn ich so handle, wie es mir zusteht oder wie es meinen Fähigkeiten entspricht? Könnten die Folgen mich wirklich zerstören?
– Wem nütze ich, wenn ich mich selbst behindere?
– Handle ich eigentlich so, wie ich es im Innersten möchte und wie es meinen Vorstellungen von mir selbst entspricht?

2. Kündigen. Manchmal kann es besser sein zu kündigen, in der Hoffnung, daß an einem anderen Ort die Leute weniger neidisch sind. Aber wenn man jemand ist, der dazu neigt, Neid hervorzurufen, dann hilft es nicht, vor ihm wegzulaufen.

3. Den Neid als solchen erkennen. Viele Leute berichten, daß sie den Neid, der sich oft gut maskiert, einfach nicht erkennen, solange sie noch in der Situation stecken. Die meisten Menschen fragen sich: »Warum, um alles in der Welt, sollte man *mich* beneiden?«

4. Den Neid nicht persönlich nehmen. Da der Neid sich normalerweise als persönliche Attacke äußert, neigt man schnell dazu, sich selbst die Schuld an einer Situation zu geben. Es ist schwer, zwischen objektiver Kritik, die auf nüchterner Beurteilung beruht, und neidvoller Böswilligkeit zu unterscheiden. Lassen sich die Beobachtungen des Neiders belegen?

Man nimmt den Neid auch dann persönlich, wenn man auf die angreifende Person seinerseits mit negativen Äußerungen reagiert. Je mehr man sich fragt, was mit dem Neider alles nicht stimmt, desto weniger ist man in der Lage, die Situation klar zu beurteilen.

5. Sich in die anderen hineinversetzen. »Bei der Arbeit«,

schreibt eine 47jährige Sekretärin, »beneiden mich die anderen wegen meiner Kleider. Sie wissen nicht, daß ich viele Annehmlichkeiten opfere, um diese Sachen zu kaufen. Aber vielleicht ist das irrelevant, und sie würden mich sowieso beneiden. Ich reagiere auf ihre Bemerkungen mit dem Versuch, ihnen etwas Positives über sie selbst zu sagen. Das schafft eine Brücke zwischen uns.«

6. Sich nicht verunsichern lassen. Jackie leitet ein Pflegeheim. »Meine Kollegen beneiden mich um meine Fähigkeit, bei der anstrengenden Arbeit meine gute Laune zu behalten. Außerdem sind sie neidisch auf die Tatsache, daß mich ihr Neid nicht aus den Schuhen kippt.«

Jackies Job ist hart. Die Leute machen auf die Fußböden und erbrechen in ihre Suppenschüsseln. Jackie bewahrt dabei ihre Freundlichkeit. Ihre Kollegen sagen: »Du hältst die Arbeit wohl für ein Zuckerschlecken!« Sie antwortet ihnen dann ganz ruhig: »Na klar.« Jackie erklärt: »Ich versuche nicht, ihnen ihre Meinung auszureden oder das, was ich tue, schlechtzumachen. Ich nehme es einfach als selbstverständlich hin, daß ich arbeiten muß und daß es das ist, was ich mir ausgesucht habe.«

7. Ein gemeinsames Ziel schaffen. Wer über Macht und Autorität verfügt, muß es lernen, sich auf eine Art zu verhalten, die nicht noch mehr Neid hervorruft. Eine Frau, die ein großes Kosmetikstudio besitzt, erzählte mir, daß sie versucht, ein gemeinsames Ziel zu schaffen: »Wir sitzen im gleichen Boot. Wenn ich Erfolg habe, habt ihr ihn auch. Wir verdanken den Erfolg gemeinsamer Arbeit.« Auf diese Art und Weise schafft sie eine Atmosphäre, in der sich ihre Angestellten geschätzt, gebraucht und anerkannt fühlen.

Ein gemeinsames Ziel zu schaffen ist nicht leicht für eine Autoritätsperson, wenn der größte Teil ihres Jobs darin besteht, nein sagen zu müssen. »Wenn Männer nicht nachgeben, dann ist das einfach so. Wenn Frauen das nicht tun, mißachten sie die allgemeine Erwartung«, grübelt eine Frau.

8. Versuche zu zeigen, wer du wirklich bist. Gloria Steinem

scheint die Kunst, eine Frau mit Autorität zu sein, gemeistert zu haben. Die Gründerin des Magazins *Ms* ist fest entschlossen, ein gemeinsames Ziel zu schaffen.

Wenn Gloria beschreibt, wie es ist, beneidet zu werden, benutzt sie Worte wie »Distanz«, »Barriere«, »Kluft«. »Ich erfahre Neid«, beobachtet Gloria, »als eine Barriere zwischen mir und anderen Frauen, Frauen, die ich aber erreichen möchte. Ich fühle mich dann einsam, so, als hätte mich jemand beiseite gestellt. Das ist frustrierend, weil ich das Gefühl habe, daß sie nicht wirklich *mich* beneiden. Ich fühle mich mißverstanden. Und das ist gewiß kein schönes Gefühl.«

Gloria würde genaugenommen lieber selbst neidisch sein, als beneidet zu werden. Sie glaubt, daß die Menschen ihren Neid auf andere kontrollieren können, dem Neid anderer aber ist man zunächst einfach ausgeliefert.

Gloria versucht, dem Neid entgegenzuwirken, indem sie zeigt, wie sie sich wirklich fühlt. »Da ich es als eine Barriere empfinde, beneidet zu werden, muß ich diese Barriere übersteigen und von meinen *wirklichen* Erfahrungen erzählen. Und das ist etwas ganz anderes, als was die Leute denken. Die Leute beneiden nicht mich, sondern das Image, das ich habe. Deswegen versuche ich, so ehrlich wie möglich über mich selbst zu sprechen und eine gemeinsame Basis zu finden.

Ich gebe zu, daß keine fünf Minuten am Tag vergehen, in denen ich nicht ans Essen denke, und daß meine ganze Familie sehr übergewichtig ist. Freßsüchtige sind wie trockene Alkoholiker. Ich beneide Leute, die nicht vom Essen abhängig sind. Ich arbeite mit einer Frau zusammen, die sich nicht einmal daran erinnert, wann sie das letzte Mal gegessen hat. Können Sie sich das vorstellen? Sie bestellt sich ein Sandwich und ißt nur die Hälfte davon. Und raten Sie mal, wer den Rest ißt? Ich! Ich wünschte, ich wäre nicht so vom Essen abhängig.«

Diese Methode, etwas über sich zu sagen, funktioniert für Gloria. »Die Menschen suchen nach Gemeinsamkeiten. Sie sind froh, wenn ich ihnen zeige, daß ich die gleichen Probleme habe wie sie.«

Etwas über sich selbst auszusagen ist etwas anderes, als sich für das, was man ist, zu entschuldigen. Gloria ist sich darüber im klaren, daß sie eine gehörige Portion dieser »allgemein vertrauten kulturellen Schwäche, geliebt und gemocht werden zu wollen«, hat. »Früher habe ich, wenn ich sprach, absichtlich getan, als ob ich weniger wüßte, als es der Fall war. Das waren diese berühmten Sätze, die immer mit einer Entschuldigung anfangen: ›Ich bin nicht sicher, aber . . .‹ Gott sei Dank bin ich heute nicht mehr so.«

Gloria versteht unter Erfolg, selbstsicherer und weniger neidisch zu werden. An ihrem Arbeitsplatz, in der *Ms*-Redaktion, benutzt sie verschiedene Methoden, um den Neid im Zaum zu halten. Nicht nur, daß sie den Mitarbeitern Aufmerksamkeit zollt. Sie ermutigt, schafft gemeinsame Ziele und teilt augenscheinliche Privilegien mit anderen.

Als das *Ms*-Magazin zu erscheinen begann, war Gloria Steinem bekannter als die anderen Mitarbeiterinnen der Redaktion. »Da ich politisch aktiver war, älter und sonst was noch, wußte ich, daß ich Gefahr lief, beneidet zu werden.« Bei anderen Zeitschriften, für die Gloria gearbeitet hatte, hatten die Redaktionskonferenzen immer die gleiche Struktur gehabt: Der Chefredakteur saß am Kopfende des Tisches, und alle anderen richteten Fragen an ihn. In ihrer Zeitschrift wollte Gloria das, was sie für einen Fehler hielt, nicht wiederholen.

»Während der ersten acht oder neun Jahre des Magazins«, sagt Gloria, »habe ich nie am Kopfende des Tisches gesessen. Genaugenommen habe ich überhaupt nie am Konferenztisch gesessen. Ich habe auf der Seite, abseits von der Gruppe, gesessen. Ein großer Teil der Gruppe konnte mich so nicht ansehen, weil sie sich gegenseitig ansahen. Wenn ich bei diesen Redaktionssitzungen im Hintergrund blieb, entstand eine Vielfalt unterschiedlicher Meinungen und möglicher Führungsstrategien. Wenn man immer nur am Kopf des Tisches residiert, kann man genausogut allein bleiben, weil man doch alle Entscheidungen trifft.«

Gloria unterstützt ihre Mitarbeiterinnen, vor allen Dingen die jüngeren, die noch weniger Erfahrungen im Journalismus haben und denen es noch schwerfällt, bei solchen Konferenzen eine eigene Meinung zu vertreten. Sie spricht vor der größeren Konferenz mit ihnen in kleineren Gruppen, wo sie weniger befangen sind, ihre Vorstellungen zu entwickeln und Gloria zu fragen, was sie davon hält.

Gloria Steinem ist nicht *nur* Superfrau. Sie weiß sehr wohl, daß die Fähigkeit, mit dem Neid anderer zurechtzukommen, von der augenblicklichen Stimmung und dem Zugang zu der Person abhängt, die einen beneidet. Auch sie hat nicht immer ein Patentrezept, wie man – gerade im Privatbereich – mit dem Neid fertig wird. Sie empfindet es als das erniedrigendste Erlebnis, für etwas gehaßt und beneidet zu werden, für das sie ihrer Meinung nach schwer gearbeitet hat und worin sie recht hatte. Wie Dolores Huerta weiß Gloria aus eigener Erfahrung, daß die schlechteste Art, mit dem Neid umzugehen, die übliche Form, nämlich die Depression ist.

Gloria schien erfreut, eine Möglichkeit zu haben, über den Neid zu sprechen: »Wenn man etwas aussprechen kann«, sagte sie, »hat man nicht mehr so das Gefühl, verrückt zu sein.«

Viele Frauen haben das Gefühl, daß mit ihnen etwas nicht stimmt, daß sie sich etwas einbilden, was gar nicht den Tatsachen entspricht, wenn sie den Neid, dem sie ausgesetzt sind, nicht durchschauen. Inzwischen wissen wir etwas mehr. Wir haben die Masken des Neides kennengelernt, desgleichen ein paar Möglichkeiten, darauf zu reagieren.

Wenn es der eigene Neid ist, mit dem man sich auseinandersetzen muß, sollte man sich fragen, ob man wirklich bereit ist, sich dem Prinzip von Konkurrenz und Vergleich völlig unterzuordnen. Oft sind Frauen beruflich besonders ehrgeizig, weil sie so vieles nachzuholen haben. Aber vielleicht ist es trotzdem möglich, daß man sich selbst als Teil eines Ganzen sieht und daran Vergnügen findet, seinen Teil zu erfüllen? Vielleicht gibt es auch Möglichkeiten, wie man selbst alte, neidfördernde Strukturen verändern kann? Wenn wir sie wahrnehmen, tragen wir manches zur Gestaltung einer humaneren Arbeitswelt bei.

## 7. KAPITEL

# Neid in der Freundschaft

Wenn etwas Freundschaft und Verbundenheit verhindert, dann der Neid. In seiner schlimmsten Form ignoriert und leugnet er die Existenz des anderen.
*Madonna Kolbenschlag, »Kiss Sleeping Beauty Goodbye«*

Meine beste Freundin und ich sitzen in einem Café und unterhalten uns. Ich weiß, daß ich eines der schwierigsten zu diskutierenden Themen, über das wir noch nie gesprochen haben, auf den Tisch bringen muß. Es läßt sich nicht länger vermeiden. Die Zeit ist knapp. Ich stehe kurz davor, das Kapitel über den Neid in der Freundschaft zu schreiben. Um das tun zu können, muß ich es riskieren, mit meiner besten Freundin über den Neid zu sprechen. »Also fang schon an«, kommandiere ich gegen meine eigenen Ängste.

BETSY: »Beneidest du irgend etwas an mir?«

KATHY: »Willst du mich auf den Arm nehmen? Laß mich aufzählen. Als du mir erzählt hast, daß du den Vertrag für das Buch bekommen hast, dieses Buch, das du schon so lange schreiben wolltest, wollte ich die gleiche Chance haben. Ich habe immer davon geträumt, bekannt zu sein. Je älter ich werde, um so geringer werden die Chancen, meinen Namen je in Neonbuchstaben zu sehen. Meine erste Reaktion war enormer Neid. Ich hab' dich dann gehaßt. Weil du mir wichtig bist, habe ich mich gezwungen, diesen Neid in Bewunderung umzuwandeln.«

BETSY (sich verteidigend, weil sie nicht möchte, daß sich ihre beste Freundin schlecht fühlt): »Das heißt noch lange nicht, daß ich bekannt werde.«

KATHY: »Aber du wirst ein Buch veröffentlicht haben.«

BETSY (immer noch sich entschuldigend und verteidigend): »Falls ich nicht verrückt werde. Falls ich es je beende. Falls es

175

den Verlegern gefällt. Falls dies, falls das. Außerdem – ich mag zwar ein Buch schreiben, aber du weißt am allerbesten, wie unstabil mein Leben gerade jetzt ist. Darauf kannst du doch nicht neidisch sein.«

KATHY (muß Betsy über ihren Neid erzählen, weil Betsy immer abzulenken versucht): »Nein, aber wenn ich neidisch bin, dann denke ich nicht an deine Probleme. Ich bin neidisch darauf, daß du einen Sohn hast. Ich kann mir keine Kinder leisten, ich arbeite zuviel. Und wenn ich wirklich in dieser Laune bin, werde ich neidisch auf deine Zielstrebigkeit, deine Energie.«

BETSY (ehrlich überrascht, um etwas beneidet zu werden, was sie selbst gar nicht so empfindet): »Meine? Du hast die meiste Energie von allen, die ich kenne. Das sagt jeder.«

KATHY (macht sich schlecht und versucht, ihren Standpunkt durchzusetzen): »Aber meine Energie ist anders. Ich gehe kein Risiko ein.«

BETSY (versucht immer noch, den Neid zu vermeiden, sich kleinzumachen und Kathy aufzubauen): »Na hör mal, Kathy! Wenn wir zusammen essen gehen, schlafe ich fast am Tisch ein. Es sei denn, ich hab' einen Milchkaffee und drei Tassen Tee getrunken.«

KATHY (versucht immer noch, ihren Standpunkt zu vertreten): »Ich meine nicht eine Energie, die es einem erlaubt, die ganze Nacht wach zu bleiben. Ich meine, daß du durchsetzt, was du haben willst. Ich möchte einen Videokurs besuchen. Aber ich gehe dann doch nicht, obwohl es mich interessiert. Ich sage, ich habe keine Zeit. Du nimmst dir die Zeit. Außerdem beneide ich deine offene Art, Gefühle auszudrücken.«

BETSY: »Das wird richtig peinlich. Kein Wunder, daß die Leute, wenn ich sie frage, warum sie beneidet werden, meistens hinzufügen: ›Ich hoffe, das klingt nicht eitel.‹«

KATHY: »Du bist nicht eitel. Du bist so, wie ich es sage.«

BETSY (winkt ab und wechselt dann das Thema, indem sie von Kathys Neid ablenkt und zu ihrem eigenen Neid auf Kathy kommt): »Nun, meine offene Art, Gefühle auszudrücken, verletzt alle in meiner Familie. Für den Videokurs hast du natürlich wirklich keine Zeit. Du machst ja jeden Tag Aerobic. Darauf bin ich neidisch.«

KATHY (verteidigt sich gegen Betsys Neid): »Ich *muß* jeden Tag in das Aerobic-Studio gehen. Ich bin dazu verdammt.«

BETSY (dreht alles um): »Das mußt du nicht. Du bist von Natur aus schön. Die Leute starren dir auf der Straße nach.«

KATHY: »Nein, das tun sie nicht.«

BETSY: »Doch, das tun sie. Ich sehe, wie sie sich nach dir umdrehen. Am meisten bin ich auf deinen Körper neidisch. Du mußt dich nicht schämen. Ich hab' einen Comicstrip gesehen, wo die Heldin ihrer Freundin erzählt: ›Wenn ich im Sommer in der Sonne liege, um braun zu werden, wird die Rückseite meiner Beine röter als die Vorderseite.‹ Die Freundin fragt: ›Wie ist das möglich, wo die Sonne doch auf die Vorderseite scheint?‹ Die Heldin antwortet: ›Weil die Rückseite meiner Beine sich mehr schämt.‹«

KATHY: »So bin ich. Die Leute starren auf deine und auf meine Beine, aber auf meine aus den falschen Gründen. Ich hasse das.«

BETSY (fühlt sich unbehaglich und muß Kathy nun schlechtmachen): »Kathy, kannst du dich daran erinnern, wie du dich dem netten Busfahrer gegenüber benommen hast, den wir getroffen haben? Du hast ihn über sein Leben ausgefragt, als würdest du dich tatsächlich dafür interessieren. Ich wünschte, ich könnte auch so sein, so unecht.«

KATHY (zusammenzuckend): »Ich bin an anderen Leuten interessiert. Das spiele ich nicht nur . . . Himmel, Betsy, hör uns nur einmal zu! Du weißt doch, daß ich all die Dinge, auf die ich neidisch bin, auch bewundere. Ich möchte dir nichts wegnehmen. Du bist meine beste Freundin und wie ein Teil von mir. Ich bin auch stolz wegen dir.«

BETSY: »Das geht mir genauso. Wenn ich anderen Leuten gegenüber damit angebe, daß du meine beste Freundin bist, hoffe ich insgeheim, daß die Leute mich mehr mögen, weil ich dich kenne.«

KATHY (fühlt sich unbehaglich, beneidet zu werden, und hebt Dinge hervor, bei denen sie weniger erfolgreich war): »Verlaß dich nicht darauf! Das, um was du mich beneidest, ergibt sich einfach daraus, daß ich funktionieren muß!«

BETSY (kann noch nicht aufhören, über ihren Neid zu sprechen): »Nun, für mich sieht es so aus, als wäre dein Leben in Ordnung.«

KATHY: »Aber es macht mir angst. Es ist eine hauchdünne und künstliche Ordnung. Ich weiß, daß ich auf andere ausgeglichen wirke. Aber das ist nur mein Image. Ich habe Angst, daß ich auseinanderbreche, wenn ich nicht alles so durchorganisieren würde.«

BETSY (zu sich selbst, verwirrt durch Kathys Neid und ängstlich, daß ihr Neid die Freundin traurig machen könnte): »Das tut ja weh.« (Laut, indem sie ihre Freundin Kathy umarmt:) »Danke für das Gespräch! Ich ruf' dich morgen an. Aber jetzt muß ich arbeiten.«

Kathy und ich sind seit mehr als zwölf Jahren beste Freundinnen, und das war unsere erste Diskussion über das, was wir bei der anderen beneiden. Warum ist das so? Weil es schwer ist, über den Neid zu sprechen – selbst mit der besten Freundin. Der Neid ist tabu. Den Neid zuzugeben heißt Schwäche eingestehen. Den Neid zuzugeben macht einem selbst und der besten Freundin angst. »Selbst deine beste Freundin würde dir nicht sagen . . .« Kein Wunder, daß ich Kathy nie verdächtigt habe, mich zu beneiden. Ich wußte nur von meinem Neid auf sie.

Diese Unterhaltung enthüllt die typischen Reaktionen, die Freunde im Anblick des Neides zeigen: Wenn Sie mit Ihrer Freundin über den Neid diskutieren, mögen Sie

– überrascht, geschmeichelt und verwirrt sein;
– sich gegen den Neid verteidigen;
– versuchen, sich gegenseitig nicht weh zu tun;
– Ihre Erfolge leugnen, sich abwerten und Entschuldigungen für die eigenen Leistungen vorbringen;
– versuchen, sich gegenseitig den Neid auszureden;
– sich gegenseitig aufbauen oder schlechtmachen, während man sich immer noch aktiv gegenseitig beneidet.

Was an der Freundschaft ist es, das Neid leicht aufkommen läßt und es doch gleichzeitig möglich macht, den Neid zu überwinden?

# Was ist Freundschaft?

In ihrem Buch über die Freundschaft, »Just Friends«, stellt Lillian Rubin fest, daß Freundschaft am häufigsten mit folgenden Qualitäten beschrieben wird: Vertrauen, Ehrlichkeit, Respekt, Verpflichtung, Sicherheit, Unterstützung, Großzügigkeit, Loyalität, Gegenseitigkeit, Beständigkeit, Verständnis, Annahme. Freunde sind Menschen, bei denen man jammern und Fehler machen und trotzdem sicher sein kann, daß sie einen noch mögen. Eine Wunschliste für einen Freund könnte folgendermaßen aussehen: Er sollte fähig sein . . .

1. dich gern zu haben, wie du bist;

2. sich Gedanken zu machen, wie du bist;

3. dir dabei zu helfen, neue Rollen und Wege zu suchen und dich dabei zu unterstützen;

4. dich zu trösten;

5. dich zu ermuntern, etwas zu wagen, wovor du Angst hast, was du aber eigentlich doch probieren möchtest;

6. Probleme zu überstehen, die in einer Freundschaft unvermeidlich sind.

Frauen haben mehr Freundschaften als Männer, und Freundschaften unter Frauen sind charakterisiert durch mehr »Intimität, Selbstpreisgabe, Treue und emotionale Unterstützung«. Von den mehr als 300 Befragten in Rubins Untersuchung konnten drei Viertel aller Frauen eine beste Freundin angeben. Zwei Drittel der Männer hingegen konnten das nicht. Schon von der fünften Klasse an treten Mädchen paarweise, Jungen aber in Gruppen auf.

Der Neid ist auch in der Freundschaft unvermeidbar. Da er aber wie ein Verrat an der Freundschaft erscheint und schwer zu besprechen ist, stellt er für die Frauen in der Freundschaft ein Problem dar. Somit sind Freunde, die bereit sind, einen solchen Konflikt auszuhalten, besonders wichtig.

### Wer ist ein Freund, eine Freundin?

Leute, die man sich als Freunde aussucht, sind meistens Menschen, die man bewundert, von denen man lernen kann, denen man nacheifern möchte, oder Leute, die ein Image von dem verkörpern, was man zu sein glaubt. Wir befreunden uns mit Leuten, deren Gegenwart uns einen Anreiz gibt, die Welt neu oder anders zu betrachten, oder die einem die Möglichkeit geben, sich von seiner besten Seite zu zeigen. Man mag sich zu seiner Freundin hingezogen fühlen, weil sie »wie ein Zwilling ist«, oder weil man sieht, daß sie das hat, was einem selbst fehlt.

Eine übersprudelnde, extravertierte, impulsive Frau sucht sich vielleicht eine Freundin, die ruhig, überlegt und zurückhaltend ist, und umgekehrt. Wie es so schön heißt: Gegensätze ziehen sich an.

Indes – gelegentlich wählt man sich aus anderen Gründen eine Freundin. Eine vierzigjährige Anwältin schreibt: »Ich glaube, es hat Zeiten gegeben, in denen ich mir unbewußt Freundinnen gesucht habe, denen ich mich überlegen fühlte, denen ich ›helfen‹ konnte. Wir hatten lange Gespräche, bei denen wir uns auf die Probleme der Freundin mit Männern und der Arbeit konzentrierten. Ich war dann die moralische Unterstützung. In Wirklichkeit ging es mir damals meistens nicht sehr gut. Aber das habe ich den anderen nie erzählt, weil ich so tun wollte, als wäre ich besser dran als sie. Das hat mein angekratztes Selbstwertgefühl aufgerichtet.« Genaugenommen hat diese Frau Freundinnen gesucht, die sie beneideten, damit sie selbst sich besser fühlen konnte. Sie wählte sich, was Lillian Rubin als »Nur«-Freunde bezeichnet, Menschen, die man für Freunde hält, die aber eigentlich lediglich Bekannte sind.

### Was ist eine beste Freundin?

Was ist der Unterschied zwischen einer »Nur«-Freundin und einer besten Freundin? Die Beschreibung einer besten Freundin (diese Charakterisierung kann sich natürlich im Laufe des Lebens ändern) könnte folgendermaßen aussehen:

- die Freundin, mit der man am intimsten und offensten ist; vor der man die wenigsten Geheimnisse hat;
- die Freundin, für die man am ehesten seine Pläne umwirft, wenn sie einen braucht;
- die Freundin, die einem am meisten fehlen würde;
- die Freundin, die einen am meisten herausfordert;
- die Freundin, von der man die »familiärste« Art des Vertrauens und der Unterstützung erfährt.

Welche Definition man auch immer wählt, um seine beste Freundin zu beschreiben, so liegt doch immer das Gefühl zugrunde, daß man die Welt durch die gleiche Brille betrachtet.

Von der besten Freundin erhoffen wir uns »das Versprechen gegenseitiger Zuneigung, Interesse, Schutz, Verständnis und Stabilität«.

Mit der besten Freundin hat man eine intensive Beziehung, in der Momente größten Vergnügens und tiefster Enttäuschung Platz haben.


## Wenn der Neid sich einschleicht . . .

Freundschaften können aus vielen Gründen zerbrechen – aufgrund räumlicher Entfernung, sich wandelnder Interessen, neuer Partner und – wegen des Neides. Manche Mütter warnen ihre Töchter vor zu »dicken« Freundschaften: »Sie werden nicht halten.« Welche Rolle spielt bei einer solchen Annahme der Neid? Warum kann der Neid manche Freundschaften aktivieren und andere zerstören?

Man neidet, weil man vergleicht. Und wenn man vergleicht, stellt man Unterschiede fest. Es ist wahrscheinlicher, daß man sich mit jemandem vergleicht, mit dem man etwas gemeinsam hat, als mit jemandem, der gesellschaftlich außer Reichweite ist oder bei dem man sich nie vorstellen könnte, selbst so zu sein.

Warum muß man vergleichen? Wir wurden zum Vergleichen erzogen. Die Eltern verglichen uns mit anderen, mit Geschwistern, Kusinen, den Idealvorstellungen der Gesellschaft, mit sich selbst. Die Medien vergleichen uns mit anderen und verlangen ständig, daß man das selbst auch tut. Schulen, Lehrer, Intelligenztests, der Sport – alle vergleichen uns mit anderen. Unser Leben wird bestimmt von Vergleichen.

Unser Selbstwertgefühl ist zum Teil von der Art geprägt, wie wir uns mit anderen vergleichen und wie andere uns sehen. Wenn andere uns akzeptieren, wenn man sich mit anderen zu eigenen Gunsten vergleichen kann, mag man sich selbst besser leiden. Wenn man unsicher ist – wie die meisten von uns –, vergleicht man sich mit anderen, um ein Gefühl für den eigenen Stellenwert zu bekommen.

Nur die Erleuchteten vergleichen nie und neiden nie.

Worin unterscheidet sich der Neid in Freundschaften von dem Neid auf die Mutter, die Geschwister oder die Kollegen?

Der Neid einer Freundin kommt einem akzeptabler vor als der Neid der Mutter. Von Müttern erwartet man keinen Neid. Von ihnen erwartet man Selbstlosigkeit und absolute Liebe.

Der Neid innerhalb der Freundschaft unterscheidet sich auch vom Neid am Arbeitsplatz, weil in der Freundschaft den Gefühlen ein viel größerer Platz eingeräumt wird. Am Arbeitsplatz beruhen Vergleiche und Beurteilungen – normalerweise! – auf Sachkriterien. Am Arbeitsplatz wird erwartet, daß man seine Gefühle hintan stellt, wenn sie einem bei einer Aufgabe im Wege sind. Am Arbeitsplatz ist es am wichtigsten, seine Arbeit zu tun, nicht, sich wohl zu fühlen oder neidfrei zu sein. In der Freundschaft ist es schwieriger, am Neid vorbeizukommen. Man mag sich fragen: »Wie fühle ich mich, wenn ich mit dieser Freundin zusammen bin? Wie fühlt sie sich mit mir?« Man mag sich fragen, ob sie einen hassen würde, wenn man ihr den eigenen Neid gestände, oder ob sie einen wohl ablehnt, wenn man mehr Erfolg hat. Könnte ihr Neid sie daran hindern, dazusein, wenn man sie braucht, und umgekehrt?

Man kann seine Freundin in der Hoffnung ausgesucht haben, daß sie einen bewundert und nicht – wie die Eltern oder ein Chef – beurteilt. Man kann sogar eine Jasagerin zur besten Freundin machen, jemanden, der alles an einem gutheißt.

Dann allerdings kommt der unvermeidbare Augenblick, in dem einer von beiden klar wird, daß es Unterschiede gibt und die andere irgendwo im Vorteil zu sein scheint. Hallo, Neid!

182

Der Traum vom Einssein, die Hoffnung auf einen Himmel fern jeder Kritik, ist zerstört, muß eines Tages zerstört werden.

Der Neid kann eine Freundschaft vertiefen, ihr im Wege stehen oder sie zerstören. Der Neid ist in allen Freundschaften vorhanden, aber er wird eine Freundschaft nicht ruinieren, wenn man das Gefühl hat, selber ein gerüttelt Maß jener Qualitäten mitbekommen zu haben, die man als wertvoll definiert, oder wenn man eine ausreichende Menge dessen, worum man seine Freundin beneidet, selber hat oder entwikkeln kann. Es gäbe keinen Neid, wenn wir alle gleich wären. Aber wie langweilig wäre das!

Man kann aber den Neid als eine Chance betrachten, die eigenen Qualitäten realistisch einzustufen. Warum ist es eigentlich so schwierig zu akzeptieren, daß alle Menschen über Wünschenswertes verfügen, statt zu sagen: »Ich sollte das haben, was sie besitzt.« In meiner Freundschaft mit Kathy beneiden wir uns gegenseitig. Wir haben beide Qualitäten, die die andere haben möchte. Kathy wünscht sich, sie hätte einen Sohn, könnte ein Buch schreiben und hätte mehr gezielte Energie. Ich wünsche mir, ich hätte Kathys Körper, ihr Lächeln, ihre ausgeglicheneren Gefühle, ihre organisatorischen Fähigkeiten und ihr Geld. Wir beide kommen, jeder auf seine Art, ganz gut mit dem Leben zurecht, und wir beide haben, jeder auf seine Art, unsere Probleme. Und deshalb können wir uns eigentlich besonders gut gegenseitig helfen.

## Enge oder lockere Freundschaft

Wen beneidet man mehr – seine beste Freundin oder die Frau, mit der man sich ein- oder zweimal im Monat unterhält? Je näher man einer Freundin steht und je besser man sie kennt, desto genauer kennt man ihre ganze Geschichte, ihre Probleme und Freuden. Heißt das nun, daß man sie weniger beneidet? Man möchte es annehmen, aber die befragten Frauen berichteten von genausoviel Neid gegenüber ihren besten und engsten Freunden wie gegenüber ihren Bekannten. Aber der Neid auf enge und weniger enge Freunde wird unterschiedlich erlebt.

Wenn man jemanden nicht gut kennt, macht man sich über sein Leben leicht falsche Vorstellungen. Man kann sich alle möglichen Vorteile dieser Person ausmalen und dadurch viel Raum für den Neid schaffen.

Die Beurteilung des anderen wird dann oft nicht durch die Wirklichkeit korrigiert. Eine Frau sagt: »Ich kann nur auf jemanden neidisch sein, den ich nicht gut kenne.«

Diese Art des Neides kann quälend sein. Es ist so, als müsse man ein Bild schaffen, auf das man dann neidisch sein und durch das man sich selbst abwerten kann.

Der Neid auf eine *enge* Freundin kann dann auftreten, wenn man es am wenigsten erwartet. Ist es Ihnen schon einmal passiert, daß Sie zu einer Freundin besonders liebevoll waren und ihr über eine schwere Zeit hinweghalfen, um sie dann plötzlich um genau diese Form der Zuwendung, die Sie ihr angedeihen ließen, zu beneiden? Oder vielleicht unterstützen Sie besten Willens eine Freundin, die ihr Leben dramatisch verändert, und entdecken hinter Ihren eigenen ermutigenden Worten das niederdrückende Gefühl, daß das Leben der Freundin viel aufregender ist als Ihr eigenes. Vielleicht braucht diese Freundin Sie eines Tages nicht mehr so dringend wie früher, und Sie sind gekränkt und beneiden sie um ihre Unabhängigkeit. Denn Sie brauchen die Freundin vielleicht noch genauso wie immer.

Man sucht sich die beste Freundin oft mit dem Hintergedanken aus, dadurch jenen Teil, der einem selbst fehlt, zu vervollständigen.

Bei einem flüchtigen Bekannten entsteht der Neid dadurch, daß man sich Unterschiede vorstellt, die es vielleicht gar nicht gibt. Bei einem engen Freund entsteht der Neid hingegen durch Unterschiede, die tatsächlich existieren.

Betrachten wir uns das Wort »eng«. Eng bedeutet: wenig, kaum ein Abstand zwischen zwei (oder mehreren) Dingen. Wenn man mit jemandem eng befreundet ist, bedeutet das, daß man den anderen fast als einen Teil von sich selbst erlebt. Da eine enge Freundschaft auf angenommener Gleichheit beruht, stellt der Neid eine Bedrohung dar: Wenn man nicht mehr gleich ist, kann die Freundschaft dann überleben?

Man kann sich – wie Kathy und ich – mit den Unterschieden selbst und den Neidgefühlen auseinandersetzen.


## Sollte man seine Erfolge herunterspielen?

Fast alle von mir interviewten Frauen gaben an, daß sie ihre Erfolge eher herunterspielen. Schließlich haben wir gelernt, wie wichtig es ist, bescheiden zu sein! Es gibt unterschiedliche Methoden, wie man seine Erfolge herunterspielen kann:

– Sprich nicht über das, was du erreicht hast!
– Tu so, als hätten die Erfolge niemals stattgefunden!
– Verleugne den Aufwand, den es dich kostete, dorthin zu gelangen, wo du jetzt bist: »Oh, das heißt doch gar nichts«, »Ich hab' eben Glück gehabt«.
– Konzentriere dich ausschließlich auf die negativen Seiten des Erfolgs: die viele Arbeit, deine schlaflosen Nächte, die Auseinandersetzungen mit dem Partner.

Bei vielen Leuten hängt das Ausmaß, wie sehr sie ihre Erfolge verbergen, davon ab, wie wichtig ihnen der andere ist. Für manche Frauen ist es notwendiger und wichtiger, geliebt als respektiert zu werden. Bei anderen ist es genau umgekehrt. Menschen, die sich danach sehnen, gemocht und geliebt zu werden, spielen ihre Erfolge meistens aus Angst herunter, beneidet zu werden und damit Zuneigung und Zuwendung zu verlieren.

Ich stelle dieses Verhalten guten Freunden gegenüber in Frage. Man kann zu einer guten Freundin eine ungewollte Distanz schaffen, wenn man das Erreichte ständig abwertet und versteckt und genau berechnet, was man sagt, weil man befürchtet, die Freundin könne dem eigenen Erfolg gegenüber so verletzlich sein, daß sie die Wahrheit nicht ertragen kann. Diese Furcht sagt auch, daß man keine wirkliche Nähe und Vertrautheit wagt, eine Beziehung, in der man auch bereit ist, Konflikte zu ertragen und auszutragen. Nur diese Bereitschaft aber verleiht unseren Freundschaften wirklich Tiefe. Und nur eine solche Beziehung gewährt uns auch vielleicht eines Tages das Erlebnis wirklicher Unterstützung und Wertschätzung der Person, die wir tatsächlich sind, mit unseren guten und schlechten Seiten.

### Wenn unter Freunden Neid aufkommt

Angenommen, ich habe zwei Wochen frei. Es ist Sommer, und ich gehe täglich an den Strand. Ich bin braungebrannt, und es geht mir prächtig. Da kommt meine Freundin Ellen.

ELLEN (voller Neid): »Mensch, Betsy, du bist ja ganz schwarzgebrannt! Weißt du nicht, daß zuviel Sonne Hautkrebs hervorruft?«

BETSY (der es unangenehm ist, beneidet zu werden oder besser auszusehen als Ellen): »Oh, daran hab' ich jetzt gar nicht gedacht. Du hast schon recht. Ich hab' zwar ein gutes Sonnenschutzmittel benutzt, aber jetzt hab' ich doch Bedenken. Vielleicht geh' ich besser ins Haus oder wenigstens in den Schatten.« Entschuldigend: »Ich habe das schöne Wetter und das Wasser genossen.«

Oder:

BETSY (der es nichts ausmacht, beneidet zu werden, und die Ellens Neid erkennt): »Danke, daß du mich daran erinnert hast! Ich war vorsichtig und habe immer Sonnencreme genommen. Du wirst auch noch braun!«

Ein weiteres Beispiel: Angenommen, Ellen und ich wollen zusammen Jeans kaufen gehen. Wir sind im Umkleideraum. Ich habe zwei Paar Hosen anprobiert. Die eine sieht gut aus, die aus Cord nicht. Ellen ist enttäuscht, weil ihr nichts gepaßt hat.

ELLEN (voller Neid): »Mir gefallen die Cordhosen. Nimm die!«

BETSY (der es unangenehm ist, beneidet zu werden): »Ich komme mir in den Cordhosen plump vor. Aber vielleicht hast du recht. Man selbst sieht sich immer anders.«

Oder:

BETSY (der es nichts ausmacht, beneidet zu werden, und

186

die den Neid erkennt): »Nein. Ich bleib' beim ersten Paar. Ich finde, die Cordhosen stehen mir nicht.« (Zu sich selbst:) Hüte dich davor, mit einer neidischen Freundin einkaufen zu gehen!

## Den Neid beim Schopf packen

Diese fiktiven Ellen-Betsy-Beispiele zeigen Situationen, wie sie zwischen Freunden auftreten können, und gleichzeitig mögliche Reaktionen. Sie zeigen, daß es die Wirkung, die der Neid auf eine Freundschaft haben kann, beeinflußt, wenn man sich seine eigenen Gefühle und Wertvorstellungen klarmacht.

Hier ein aus dem Leben gegriffenes Beispiel, wie man mit dem Neid in einer Freundschaft umgehen kann: Karen, 32, arbeitet für eine politische Frauenorganisation in Seattle.

Sie erzählt: »Vor kurzem beneidete ich meine beste Freundin um die Möglichkeit, noch einmal zur Schule zu gehen. Anfangs war ich nur irgendwie depressiv und erfand alle möglichen Entschuldigungen, warum ich nicht mit ihr zusammensein wollte. Ich rutschte in dieses totale Neidgefühl hinein und fing an, meine Freundin vor anderen schlechtzumachen.

Zum Glück habe ich diesmal begriffen, warum ich so empfand, und deshalb beschloß ich, etwas für mich zu tun. Ich habe mir zwei Wochen Urlaub genommen, den ersten seit langer Zeit. *Sie* hatte zwar die Möglichkeit, zur Schule zurückzukehren, aber *ich* hatte meine eigenen Chancen. Ich mußte nur *meine* Möglichkeiten nutzen.«

Genauso hat es Marlene gemacht, eine energische Freundin von mir, Therapeutin und Schriftstellerin, die ihren Neid einsetzte, um kreativer und veränderungsfreudiger zu werden. Sie sagt: »Ein Problem ist es, wenn ich den Neid nicht erkenne. Die sagen einem nie ins Gesicht: ›Ich hasse dich, du Aas, weil du dies und jenes hast!‹ Damit könnte ich eher umgehen. Statt dessen flechten sie ihren Neid in Form von kleinen Bemerkungen und Kommentaren in die Unterhaltung ein. Zum Beispiel: ›Du siehst wie ein Clown aus‹, weil ich so leuchtende Farben trage. Oder sie sagen: ›So was kannst auch nur du tragen‹, gefolgt von einem kleinen Lachen. Man ahnt, daß sie neidisch sind, und fühlt sich miserabel.«

Danach spricht Marlene über ihren eigenen Neid: »Wenn man genug Erfolg hat, braucht man nicht so neidisch zu sein. Nur die Verlierer empfinden diesen lähmenden Neid. Sie haben das Gefühl, ihre Möglichkeiten seien erschöpft. Es ist die Wut der Hilflosen. Ich habe gemerkt, daß mich meine Mutter aus ihrer Hilflosigkeit heraus beneidet hat, und ich habe mir geschworen: ›Das wird mir nie passieren. Ich werde meine Möglichkeiten nie als ausgeschöpft betrachten. Und ich werde das, was meine Mutter und andere mir angetan haben, nie meinen eigenen Freunden antun.‹«

Marlene hat eine Freundin, die als erfolgreiche Modefotografin in New York arbeitet. Sie führt ein Künstlerdasein in Soho, hat viele interessante Freunde und ein aufregendes Leben.

Vor fünf Jahren hat Marlene diese Freundin besucht. Obwohl Marlene viel schrieb, war noch nichts veröffentlicht worden. »Ich war Mutter und Therapeutin und kam mir wie der letzte Durchschnittstyp vor. Ich war wirklich neidisch und fühlte mich miserabel. Als ich schon längst wieder nach Berkeley zurückgekehrt war, war ich immer noch sauer auf mich. Ich habe mir über meine Freundin lauter häßliche Sachen einfallen lassen.

Aber dann dachte ich wieder an den Neid meiner anderen Freundinnen auf mich und nahm mich zusammen. Ich sagte mir, daß dieses Neidgefühl etwas darüber ausdrückte, was ich vom Leben erwartete. Ich konnte entweder herumsitzen und mich schlecht fühlen, oder mein Leben mehr so wie ihres gestalten. Das war ein entscheidender Moment in meinem Leben. Ich sah all die Jahre voraus, in denen ich mich rechtfertigen würde, indem ich die Erfolge anderer miesmachen würde. Zum Beispiel so: ›Da war schließlich jede Menge Geld dahinter.‹ Oder: ›Ihre Ehemänner haben ihnen geholfen.‹ Auf diese Art und Weise hätte ich nie das Gefühl haben müssen, mich nicht genug angestrengt zu haben. Ich wußte aber auch, daß ich bitter werden würde, wenn ich nichts unternahm.

Deshalb habe ich von da an meine Schreiberei ernster genommen. Ich bin immer noch Mutter und Therapeutin, aber wenn ich meine Freundin jetzt, fünf Jahre später, wieder besuche, habe ich zwei veröffentlichte Bücher in der Tasche.« Marlene konnte ihr Verlangen nach dem, was ein anderer hatte, in ein Verhalten verwandeln, mit dem sie für sich selbst etwas ähnliches zu erkämpfen vermochte.

## Manchmal hilft alles nichts...

Manchmal weiß man nicht gleich, wie man sich verhalten sollte, und der Neid gewinnt: Man verliert eine Freundin, einen Freund.

Gerade uns Frauen hat man immer eingeimpft, wie wichtig Beziehungen sind. So leben wir in ständiger Furcht vor dem Zerbrechen einer Freundschaft, der Quelle aller Seelennahrung. Und wenn dann Neid auftaucht, geraten wir sofort in Panik: »Was soll ich nur machen? Sie soll mir doch helfen und mich mögen. Schließlich ist sie meine Freundin!«

Jean, eine 32jährige freie Mitarbeiterin in einer Video- und Medienfirma, beschreibt den Verlust einer Freundschaft. Sie hatte es gewagt, anders zu werden als die Freundinnen aus ihrer vierjährigen Collegezeit.

»Meine Freundin Nancy beendete unsere Freundschaft jäh und kalt mit einem Abschiedsbrief. Auch wenn ich selbst zu verletzt war, um alle Anzeichen zu erkennen, begriffen meine Freundinnen, denen ich den Brief zeigte, sofort, wie neidisch Nancy war. Ich war überrascht, denn Nancy war von uns beiden immer die Selbstsichere gewesen, die sich selbst gut fand, und darüber hinaus hatte doch *ich* sie beneidet. Ich hatte mich in unserer Freundschaft immer sicher gefühlt, weil wir uns eigentlich sehr ähnlich waren.

Nancy hatte Andeutungen gemacht, daß die Politik, mit der ich mich befaßte, sie langweilte. Sie belächelte und beschimpfte mein politisches Engagement und sah die Politik als einen Bereich an, zu dem sie keinen Zutritt hatte. Nancy glaubte, nicht klug genug zu sein. Sie behauptete, der Person, zu der ich geworden war, nicht mehr das Wasser reichen zu können.

Ich hatte sie immer unterstützt und gehofft, sie würde sich an meine politische Arbeit gewöhnen. Als das nicht der Fall war, glaubte ich, sowohl sie als auch die Politik in meinem Leben behalten zu können, wenn auch säuberlich voneinander getrennt. Nancy wollte das nicht. Sie konnte es nicht ertragen, mit mir oder um mich zu wetteifern.

Weil sie sich nicht – in welche Richtung auch immer – weiterentwickeln wollte, reagierte sie damit, sich von mir zu trennen. Ich glaube nicht, daß eine von uns während unserer Freundschaft den Neid erkannt hat. Deshalb gab es auch keine Möglichkeit, damit umzugehen. Da war es zu spät, und ich war durch den Neid in ihrem Brief unheimlich verletzt.«

Nancy wollte, daß Jean so sein sollte wie sie. Nicht, daß Nancy nicht mit Jeans politischer Meinung hätte übereinstimmen können, aber als Jean anders, politischer wurde, konnte Nancy sich nicht mehr, wenigstens teilweise, identisch mit der Freundin fühlen.

Wenn sich eine Freundin verändert, wird die eigene Identität in Frage gestellt. Man fühlt sich bedroht, wenn die Freundin es wagt, eine andere zu werden. Auf diesen Wagemut ist man um so neidischer, je weniger man ihn selbst besitzt.

## 8. KAPITEL

# Die Frauen und der Neid

Frauen erlernen den Neid von Kindheit an. Sie hören Märchen wie »Schneewittchen« und »Aschenbrödel«, die ihnen zu sagen scheinen, daß man sie beneiden wird, wenn sie schön wie Prinzessinnen sind. Das Männerideal wird durch die griechische Mythologie beeinflußt, wo der Mann rivalisierend, stark und aktiv ist. In der Literatur sind die Frauen meistens auf etwas neidisch, was sich nicht erzwingen läßt, wie Schönheit und Jugend, während die Männer auf Leistungen neidisch sind.          *Anonym, 1985*

Den Männern wird beigebracht, sich für ihre Schwächen zu entschuldigen, die Frauen entschuldigen sich für ihre Stärken.          *Lois Wyse, amerik. Werbefachmann*

Welches besondere Problem haben die Frauen mit dem Neid? Viele Frauen sind, wie viele Männer auch, auf ein hohes Einkommen, finanzielle Sicherheit, den beruflichen Status, materielle Güter und Karriereerfolge neidisch. Aber bei den Frauen hört die Liste hier noch nicht auf.

Worauf sind Frauen noch neidisch? Schönheit rangiert auf der Neid-Liste ganz oben. Frauen haben sich traditionsgemäß seit je auf ihr Aussehen als Grundlage für ihren Erfolg in der Welt verlassen. Jetzt entdecken sie andere Wege zum Erfolg, in erster Linie den Beruf. Während die Männer charakteristischerweise auf den Neid mit Konkurrenzdenken und Wetteifer reagieren, wurde den Frauen beigebracht, daß der Wettstreit nicht damenhaft sei. Andererseits kann aber gerade der Wettstreit, wie wir sehen werden, die Umklammerung des Neides lockern und dem Neid eine positive Richtung verleihen, so daß er für und nicht gegen einen arbeitet.

191

# Schönheit

Eine 33jährige Frau schreibt: »Die Leute sind sofort wegen meines Aussehens neidisch, ehe ich überhaupt etwas getan oder gesagt habe.«

Eine Schwierigkeit in bezug auf die Schönheit ist die, daß sie nicht gemessen und damit nicht objektiv gewertet werden kann. Während jeder zugibt, daß ein Einkommen von 100 000 Dollar im Jahr mehr ist als eines von 13 000 Dollar, kann niemand den Grad der Schönheit messen. Ist eine Blonde hübscher als eine Brünette, eine Frau mit blauen Augen schöner als eine mit grünen? Wir können zwar die Farbe einer Iris genau bestimmen, nicht aber definieren, was an einem Blick uns besonders ergreift. Da es kein objektives Maß für Schönheit gibt, können wir uns leicht weismachen, daß unser Aussehen jedenfalls nicht gut genug oder nicht so ist, wie es sein sollte. Sich an etwas nicht Meßbarem zu messen schafft Machtlosigkeit. Man kann auf hohe Wangenknochen neidisch sein, doch was kann man tun, wenn sie einem nicht gegeben sind? Außerdem kann sich das weibliche Schönheitsideal, wie die Geschichte zeigt, unvorhersehbar und mit der Zeit ändern.

Vielleicht war die im Jahre 1922 eingeführte Miß-Amerika-Wahl der Versuch, dem Spiegel der bösen Königin ein für allemal eine quantifizierbare Basis zu geben und unwiderruflich festzustellen, wer »die Schönste im ganzen Land« ist. Können wir jetzt Schönheit endlich definieren? 1983 gewann eine Teilnehmerin, die sich plastischer Chirurgie unterzogen hatte. Repräsentiert sie nun den Inbegriff von Schönheit?

Manche Frauen haben es gelernt, mit dem, was ohnehin nicht geändert werden kann, zu leben. Aber bei vielen von uns schürt die augenblickliche Überbewertung der wie auch immer definierten Schönheit Gefühle der Unzulänglichkeit, der Unsicherheit und des Neides. War das immer so?

Robin Lakoff, Mitautor des Buches »Face Value«, sagt nein. Vor dem Jahre 1839, als die Kamera erfunden wurde, wurde die Schönheit nicht so überbetont. Die allgemeine Schönheitsbesessenheit blühte in den zwanziger Jahren auf, als die Fotografie und die Filmindustrie einen enormen Einfluß auf unsere Vorstellungskraft gewannen.

Vor dem 19. Jahrhundert hatten nur reiche Leute Zugang zu den Porträts einzelner schöner Frauen. Die Schönheit einer Frau verbreitete sich durch Mund-zu-Mund-Propaganda und später durch das gedruckte Wort und Porträts. Durch diese Art der Wiedergabe ließ sich der Begriff der Schönheit variieren und verschieden interpretieren.

Heute gibt uns die Werbung und geben uns die Modellagenturen mit ihren Stars einen ganz genau definierten Idealstandard vor. Lakoff drückt das so aus: »Die Schönheiten von heute zeigen uns das, was wir nicht sind. Es wird uns weisgemacht, wir könnten aber so sein wie sie, wenn wir nur diese oder jene Kosmetik kaufen.«

Wir werden ständig an das erinnert, was wir nicht sind und was wir beneiden sollten. Da die Kameras lügen und Fotografien retuschiert werden können, werden wir ständig im wahrsten Sinne des Wortes manipuliert, noch neidischer zu sein. Man will uns glauben machen, mit genug Zeit, Geld und Bemühungen könnten wir auch so aussehen wie dieses oder jenes Fotomodell. Die Schönheit rückt sozusagen in Reichweite.

Durch die Ausbreitung der Bildmedien und der Modezeitschriften ist der Neid auf die Schönheit gewachsen. In den dreißiger Jahren hat das ein Art-director des VOGUE-Magazins so zusammengefaßt und für die Zukunft vorausgesagt: »Das Wesentliche ist für jeden modernen Fotografen die Fähigkeit, jedes Kind von der Straße in eine Göttin und in ein Objekt von Neid und Wunschvorstellungen zu verwandeln.«

In den fünfziger Jahren wurde das Gesicht einer Frau vom VOGUE-Magazin mit Ausdrücken beschrieben, wie sie von Investment-Bankiers benutzt werden. Ein schönes Gesicht bedeutete Sicherheit, »ökonomische Sicherheit, Geld, Position und Status«. In den siebziger Jahren war eine schöne Frau nicht mehr nur reich, wie VOGUE sie ursprünglich porträtiert hatte, sondern sie war nun auch glücklich und sah so aus, als wäre ihr Aussehen ihr gar nicht so wichtig. Sie war nun aktiv und sportlich, unternehmungs- und reiselustig; und noch dazu machte sie ihren Doktor. Die passive Schönheit war passé. Die

Frau der siebziger Jahre verbreitete den »natürlichen Look« und wurde angehalten, Make-up zu benutzen, das nicht wie Make-up aussah. Auch in den achtziger Jahren muß man noch um jeden Preis fit und gesund aussehen. Das ist ein gewaltiger, unrealistischer Auftrag, dazu angetan, einem das Gefühl der Unzulänglichkeit zu vermitteln.

Heute sind wir an einem Zeitpunkt der Geschichte angelangt, an dem die Überbetonung des Aussehens absurde Formen anzunehmen beginnt.

Zwischen dem Aussehen und der Art und Weise, wie wir Menschen behandeln, besteht ein Zusammenhang. Studien haben gezeigt, daß Lehrer bei hübschen Schülern positivere Persönlichkeiten voraussetzen. Selbst ganz kleine Kinder wollen schon lieber einen gutaussehenden Freund zum Spielgefährten haben. Familien scheinen ihre schönen Kinder den weniger attraktiven vorzuziehen. Darüber hinaus werden vor den Gerichten attraktive Angeklagte seltener verurteilt und erhalten leichtere Strafen als unattraktive.

Da wir uns heutzutage nicht die Zeit nehmen, einander kennenzulernen, verlassen wir uns mehr auf die äußere Erscheinung.

Wie fast wieder zurückversetzt in die Unsicherheit des Heranwachsenden, beurteilen wir uns gegenseitig nach unserer Attraktivität und benutzen dabei eine von der Werbung vorgegebene Definition darüber, was gutes Aussehen bedeutet. Da wir die Schönheit so überbewerten, sind wir schon neidisch, ehe wir jemanden überhaupt kennengelernt haben. Vielleicht lernen wir ihn nie kennen, da der Neid dem Kennenlernen vorauseilt.

Schönheit kann uns kein Glück garantieren . . . aber sie kann Freundinnen trennen. Eine dreißigjährige Maklerin erzählt: »Meine beste Freundin ist eine schlanke, blonde, blauäugige Frau. Vor zwei Wochen gingen wir zusammen in eine Bar. Als wir hinausgehen wollten, riefen zwei Männer uns etwas nach. Wir ignorierten sie, aber die zwei waren hartnäckig. Schließlich sagte ich: ›Wir haben kein Interesse.‹ Einer der Männer wandte sich an mich und meinte: ›An dir dicken Tunte war ich sowieso nicht interessiert.‹

Ich fing an zu weinen, meine Freundin war wütend. Sie versuchte, mit mir zu sprechen, aber ich konnte einfach nicht. Zwischen uns war eine Kluft. Ich wußte, daß die Männer das nie zu ihr gesagt hätten. Ein paar Tage später sagte sie zu mir: ›Wenn du mit Nancy weggewesen wärst, hättest du dich sofort hingesetzt und das Ganze ausdiskutiert.‹ Das stimmte, denn Nancy und ich sind beide nicht besonders attraktiv.« In diesem Fall hat die Schönheit und die männliche Reaktion auf Attraktivität zwei Freundinnen gegen ihren Willen gegeneinander aufgebracht.

In einer Kultur, die die Jugend vergöttert, weiß man, daß man durch das Älterwerden sein gutes Aussehen »verlieren« wird. Von Schneewittchens Stiefmutter haben wir gelernt, die Schönheit als einzige weibliche Machtquelle anzusehen. Wer sich selbst über sein Aussehen definiert und dies auch als Maßstab für die Wertschätzung anderer nimmt, kann gegen sich selbst und andere Terror und Zerstörungswut entwickeln.

Denn das Älterwerden schafft Furcht und Verzweiflung. So kann man sich einbilden, auf einem absteigenden Ast zu sitzen, wenn sich die ersten Fältchen im Gesicht zeigen. Männer dürfen Falten und graue Haare haben; sie werden immer noch als anziehend und vital bezeichnet. Unsere Gesellschaft glaubt, daß der Mann für die Frau viel länger attraktiv bleibt als diese für ihn.

Da sich Schönheit durch den Betrachter definiert, sollte sie eine Ergänzung des Lebens und kein Ziel oder gar eine Einbahnstraße auf dem Wege zur Selbstzerstörung sein. Die Fixierung auf das Aussehen läßt sich überwinden, wenn man die Erfolge und Fähigkeiten kultiviert, die sich erst mit zunehmendem Alter entwickeln. Lakoff bietet eine hilfreiche Definition dessen, was Schönheit bedeuten sollte:

»Die Schönheit muß als etwas verstanden werden, was sich durch individuelle Erfahrungen im Gesicht als ein Zeichen eines nachdenklichen, interessierten und kompetenten menschlichen Wesens eingräbt. Die Kriterien für weibliche Schönheit sollten sich von denen für männliche Attraktivität nicht mehr unterscheiden ... Schönheit zeigt sich in den Fältchen um die Augen, in der Form des Kinns, in der Haltung eines Menschen, der weiß, was er hinter sich hat, wohin er gelangen möchte und welchen Weg er dazu beschreiten muß. Ob der Körper plump oder muskulös ist, spielt dabei keine Rolle. Eine Rolle spielt vielmehr die Fähigkeit, sich selbst zu sein.«

Unsere Recherchen haben gezeigt, daß die Frauen außer finanzieller Sicherheit und materiellen Besitztümern die Schönheit am meisten beneiden. Aber es gibt noch andere Symbole eines möglicherweise erfüllten Lebens, die Neid hervorrufen.

### Wer kriegt das Kind?

Eine Freundin aus Berkeley sagte mir, daß sie Frauen mit Babys dermaßen beneidet, daß sie solche Orte vermeidet, wo sie ihnen begegnen könnte. In Berkeley wird behauptet, daß viele Vierzigjährige beschließen, ein Baby zu bekommen, wenn sie das erste graue Haar entdeckt haben. Dieser Sprung in die Schwangerschaft schürt den Neid von Junggesellinnen, die Babys haben wollen, von Verheirateten, die keine Babys bekommen können, und von älteren Frauen, die am liebsten noch einmal von vorne anfangen würden.

Was ist mit den Frauen, die keine Wahl haben? Frauen, die – wie das heutzutage immer häufiger ist – ihre Familien erst dann gründen wollen, wenn sie eine Weile gearbeitet haben, und die dann feststellen müssen, daß sie keine Kinder bekommen können? Die 35jährige Janice schreibt, daß sie Frauen, die Kinder haben, von Herzen beneidet. »Adoptiere doch ein Baby«, raten ihr die Leute. Aber die Adoptionsbehörden teilten ihr mit, daß sie kein Baby annehmen könne, weil sie geschieden sei. Janice hat fünfzehn Jahre lang versucht, schwanger zu werden, ehe sie die Tatsache akzeptierte, daß sie unfruchtbar war. Sie versucht sich zu sagen, daß sie froh sein sollte, nicht angebunden zu sein, und daß Mutterwerden auch nicht alles ist. Aber wirklichen Trost geben ihr diese Klischees nicht.

Janice leidet: »Keine Kinder zu haben bedeutet für mich manchmal, keine richtige Frau zu sein. Ich ignoriere die Kinder meiner Freunde. Und das beeinträchtigt meine Freundschaften. Ich möchte nicht neidisch erscheinen. Deshalb erzähle ich allen, ich hätte aus freien Stücken keine Kinder, oder, es würde mir nichts ausmachen.

Ich habe es akzeptiert, daß ich keine Kinder haben kann, aber mein Neid geht trotzdem nicht weg. Dieser Neid ist gleichzeitig mächtig und macht machtlos. Ich kann durch nichts Abhilfe schaffen. Ich kann kein Kind adoptieren, ich kann nicht schwanger werden und ich kann meinen Freundinnen, die Babys haben, nicht genug Liebe entgegenbringen. Ich kann mich lediglich auf andere Ziele konzentrieren.«

Die Leute haben Janice vorgeschlagen, in einem Kindergarten zu arbeiten oder Lehrerin zu werden, aber solche Patentlösungen befreien in den seltensten Fällen vom Schmerz über einen unerfüllten Wunsch.

Wenn man schwanger ist, ist man etwas Besonderes. Die dreißigjährige Jody erzählte mir, daß ihre schwangere Freundin darauf beharrte, daß alles, was mit der Schwangerschaft zusammenhing, wunderbar sei. Aber als Jody selbst zwei Jahre später schwanger wurde und die Zuwendung nun auf sie konzentriert war, zählte Jodys Freundin all die schrecklichen Dinge auf, die nun passieren würden. Diese Freundin war neidisch auf Jodys besonderen Zustand und wollte ihr die Freude an der Schwangerschaft verderben.

Eine andere Frau schreibt: »Als ich noch in einem großen Vier-Sterne-Hotel arbeitete, überredete ich den Chef, auch meine Freundin einzustellen. Sie war ungewöhnlich hübsch. Ehe sie kam, war ich die Hübsche gewesen.

Wir waren beide verheiratet, und sie hatte ein kleines Baby. Ein paar Monate später wurde ich schwanger. Ich ging auf wie ein Hefekuchen. Ich wurde häßlicher und sie – vor allem für die Männer – immer attraktiver. Je unförmiger ich wurde, desto häßlicher benahm sie sich mir gegenüber. Eines Tages brach sie einen Streit vom Zaun. (Später erfuhr ich, daß sie unbedingt noch ein Baby haben wollte, ihr Mann aber dagegen war.) Ich regte mich genauso auf wie sie, und wir haben nie wieder miteinander gesprochen. Inzwischen sage ich mir, daß Schönheit wirklich nichts gegen einen guten Charakter ist.«

# Frauen und Erfolg

Frauen haben mehr Angst davor, beneidet zu werden, als Männer. Warum?

Matina Horner ist als erste dieser Frage nachgegangen. Sie stellte die Frage: »Warum hindern Frauen sich daran, ihr größtmögliches Potential zu entfalten?« Sie stellte *nicht* fest, daß Frauen versagen wollen, sich das wünschen oder daraus gar eine Befriedigung ziehen. Sie fand vielmehr heraus, daß Frauen zwar durchaus motiviert sind, erfolgreich zu sein, aber daß der Erfolg ihnen unbehaglich ist.

Matina Horner definiert dieses Unbehagen als »Furcht vor negativen Konsequenzen«. Sie fand heraus, daß 65 Prozent der befragten Frauen sich Sorgen machten, der Erfolg könnte negative Folgen für sie haben, und die aus diesen Gründen den Erfolg vermieden:

– Äußere Gründe: Befürchtete Ablehnung durch die Gesellschaft, Unpopularität.

– Innere Gründe: Die Angst, nicht feminin zu sein (feminine Frauen sollten sich nicht am Erfolg orientieren und nicht zu ehrgeizig sein).

Sie bat Studentinnen, eine Geschichte weiterzuerzählen, die folgendermaßen anfing: »Anne macht die beste Prüfung im medizinischen Staatsexamen . . .« Eine Studentin führt die Geschichte weiter:

»Anne zeigt ihre Überraschung und Freude. Ihre Kommilitonen sind von ihrem Verhalten so abgestoßen, daß sie gemeinsam über sie herfallen und sie zusammenschlagen. Sie ist für den Rest ihres Lebens verstümmelt.«

Eine andere schrieb: »Anne ist ganz schön stolz auf sich, aber all die anderen hassen und beneiden sie.«

### Die Angst vor gesellschaftlicher Ablehnung

Man kann entweder den Erfolg einer Frau zunichte machen wollen oder sie ablehnen, damit man den Neid, der durch ihren Erfolg hervorgerufen wird, nicht erleben muß.

92 Prozent der Männer, die die Geschichte weitererzählten (wobei der Prüfungsbeste diesmal ein Mann war), gaben Kommentare ab, die zeigten, daß sie den Erfolg als positiv ansahen. Der Erfolg würde Glück und Erfüllung bringen und nicht mit einer gesellschaftlichen Ächtung verbunden sein. Nur acht Prozent der Männer hatten vor dem Erfolg Angst. Nach Horner belastet der Erfolg den Ruf einer Frau mehr, als er den des Mannes verbessert. Männer haben weniger Angst davor, beneidet zu werden.

## Angst vor dem Verlust der Weiblichkeit

Horner stellte fest, daß viele Ängste vor dem Erfolg bei den Mädchen während ihres ersten Collegejahres auftraten, weil ihre Eltern sie lieber »sicher verheiratet gesehen hätten, als daß sie den unkonventionellen und riskanten Weg einschlugen, eine ernsthaft arbeitende Person zu werden. Die doppelte Botschaft, die ein Mädchen von seinen Eltern und der Gesellschaft empfängt, ist die, daß eine Frau, die zu klug, zu unabhängig und vor allem zu ernsthaft an ihrer Arbeit interessiert ist, unfeminin ist und daher nie heiraten wird.« Horner erwähnt den PEANUTS-Cartoon, in dem die fünfjährige Sally fragt: »Muß ich wirklich zum Kindergarten gehen? Ich möchte doch nur eine gute Ehefrau und Mutter werden. Ich möchte nicht *jemand* werden!«

## Angst, nicht zu gefallen

Für Frauen ist es ein erstrebenswertes Ziel, anderen zu gefallen. Schon in der Vorschule zeigen kleine Mädchen den Wunsch zu gefallen mehr als kleine Jungen. Kleine Mädchen erbringen Leistung für Liebe und Anerkennung, und wenn sie sehr gescheit sind, neigen sie dazu, ihre Kompetenz zu unterschätzen.

Wir haben vor dem Nicht-Gefallen solche Angst, weil wir ein so tiefes Bedürfnis nach Verbundenheit haben. Wenn wir nicht

»gefällig sind«, meinen wir unsere wertvollen Verbindungen mit anderen aufs Spiel zu setzen. Die Angst davor, jemandem nicht zu gefallen, spielt eine große Rolle bei Frauen, die Angst vor dem Erfolg haben und andere beneiden, die diese Angst nicht haben.

## Sich um die Meinung anderer Gedanken machen

Psychologen haben nachgewiesen, daß Frauen ein größeres Bedürfnis nach Feedback haben als Männer und daß ihnen die Meinung anderer wichtiger ist. Der Wunsch zu gefallen ist einer Frau noch wichtiger, als feminin zu sein und einen Mann zu bekommen. Während die kleinen Jungen lernen, daß Erfolg die Beherrschung von Fähigkeiten, Unabhängigkeit und wachsendes Vertrauen im Umgang mit der Umwelt bedeutet, wird den kleinen Mädchen beigebracht, daß ihre Wirkung von ihren Beziehungen zu anderen und ihren diesbezüglichen Gefühlen abhängt. Kleine Jungen versuchen, die Aufgabe zu bewältigen, kleine Mädchen den Lehrer. Wenn man das Bedürfnis hat, gemocht zu werden, hat man auch größere Angst vor der Ablehnung, womit wir wieder beim Schneewittchen-Syndrom angelangt wären.

Die Psychologin Judith Bardwick, die sich mit der weiblichen Entwicklung befaßt, stellte folgende Frage: »Bemüht sich eine Person, etwas zu erreichen, weil sie ein inneres Bild ihrer Potenz, ein Selbstimage und ein Selbstwertgefühl hat, das davon abhängt, wie sie sich selbst in ihrer Leistung beurteilt, oder bemüht sie sich in erster Linie deshalb, weil sie von anderen gelobt werden möchte?« Es zeigte sich, daß Jungen häufiger einen inneren Leistungs-Maßstab hatten und daß für die Mädchen das Lob von außen entscheidend war.

## Die eigene Kompetenz anzweifeln

Aufgrund unserer frühen Konditionierung besitzen wir voraussagbare soziale Verhaltensweisen. Eltern neigen dazu, die Erfolge eines Sohnes mehr zu unterstützen als die einer Tochter.

Die Leistungen von Töchtern verunsichern die Mütter, weil sie Angst haben, ihre Töchter könnten sich von ihnen distanzieren, und weil sie selbst oft in Konflikt mit ihren eigenen Entfaltungsmöglichkeiten stehen. Wenn die Mutter Besorgnis über die Kompetenz der Tochter zeigt, beginnt diese ebenfalls an sich zu zweifeln. Wer aber seine eigenen Fähigkeiten anzweifelt, läuft Gefahr, tatsächlich weniger gut abzuschneiden und dafür neidisch auf andere zu werden.

Studien haben gezeigt, daß Frauen in fast allen Leistungssituationen weniger Selbstvertrauen haben als Männer. Aber stimmt das wirklich? Ellen Lenney hat sich die Ergebnisse dieser Studien einmal genau angesehen. Sie entdeckte, daß Frauen, die ein sofortiges, ehrliches und eindeutiges Feedback bezüglich ihrer Leistungen empfangen, keineswegs erwarten, schlechter als die Männer abzuschneiden. Wenn eine Frau nach Abschluß eines Tests ein sofortiges Feedback erhält und hört, daß sie entweder bestanden hat oder durchgefallen ist, wird sie, selbst wenn sie durchgefallen ist, mit mehr Selbstvertrauen an den nächsten Test herangehen. Außerdem stellte Lenney fest, daß Frauen weniger erfolgreich sind, wenn ihnen gesagt wird, ihre Arbeit werde mit anderen verglichen und ausgewertet.

Bei der Frage nach Leistungsmotivation und Erfolg stellt sich ein doppeltes Problem. Erstens: Was ist »Leistung«? Intellektuell, körperlich, mechanisch und künstlerisch sind die üblichen Kategorien für Leistung. Frauen haben nicht in *allen* Leistungskategorien ein geringes Selbstvertrauen. Ihr Selbstvertrauen ist auf dem Gebiet der zwischenmenschlichen Beziehungen und der inneren Entwicklung besser ausgeprägt.

Zweitens: Was bedeutet für eine Frau »Erfolg«? In der Studie über die Frauen und den Neid definierten die Frauen »Erfolg« in nachstehender Reihenfolge: persönliches Glück, Zufriedenheit mit der Arbeit, genug Geld, berufliche Leistungen, gutes Familienleben, von anderen respektiert werden, das private und berufliche Leben unter einen Hut kriegen, Unabhängigkeit, Freunde, die Fähigkeit, zurechtzukommen, und Macht.

Für Frauen bedeutet Erfolg nicht unbedingt, besser zu sein als andere oder eine höhere Punktzahl zu erreichen. Die jüngste feministische Literatur – zum Beispiel das ausgezeichnete Buch »Die andere Stimme« von Carol Gilligan – zeigt uns, daß Frauen aufgrund ihrer frühen Identifikation mit ihren Müttern die Welt anders sehen als Männer. Frauen neigen dazu, ihrem Leben durch zwischenmenschliche Beziehungen Inhalt zu geben, während den Jungen die Spielregeln wichtiger sind. Frauen sehen Dinge und Ereignisse mehr in Zusammenhängen; Männer sehen die Dinge ich-bezogener und denken absoluter. Frauen ist das Erhalten und Bewahren von Beziehungen wichtiger.

Wenn sich kleine Mädchen, nicht älter als drei Jahre alt, beim Spielen zanken, suchen sie sich ein anderes Spiel, spielen aber weiterhin zusammen. Wenn sich kleine Jungen streiten, neigen sie dazu, jeder für sich allein etwas anderes weiterzuspielen. Vor einer ganzen Reihe von möglichen Erfolgen haben Frauen keine Angst. Allerdings fürchten sie den Erfolg im Wettstreit und das Gewinnen, nicht so sehr aber den Erfolg bei der Pflege von Beziehungen.

Wie auch immer man Leistung und Erfolg definiert – Horners Ergebnisse unterstreichen die weibliche Verallgemeinerung, daß sich »Wettstreit, Unabhängigkeit, Konkurrenzdenken und Führungsqualitäten . . . nicht mit Weiblichkeit vereinbaren lassen«. Gerade diese Qualitäten werden andererseits für männlich gehalten. Horner erzählte einer Journalistin, das einzige Mal, daß es ihr nichts ausgemacht habe, vor einer Menge zu sprechen, sei im siebten Monat ihrer Schwangerschaft gewesen, weil sie sich in diesem Moment als Frau sicher gefühlt habe.


### Angst vor der Konkurrenz

Wenn man Angst hat vor dem Erfolg, fällt es einem schwer zu konkurrieren. Aber damit beraubt man sich eines wichtigen Werkzeugs, mit dem man seinen Neid beherrschen und fruchtbar einsetzen kann.

Man mag belehrt worden sein, daß man den anderen verletzt, wenn man mit ihm zu wetteifern versucht. Für Frauen gilt dabei: Wer einen andern übertrumpft, verliert ihn damit als Freund. Somit sind Frauen, denen es wichtiger ist, einen Freund zu haben, als eine Sache besonders gut zu machen, nicht besonders konkurrenzfähig. Man wurde nicht nur belehrt, nicht zu wetteifern, sondern fürchtet sich gleichzeitig davor, weil man Angst hat, eine Beziehung zu verlieren.

Frauen haben mit dem Konkurrenzgedanken echte Probleme. Die Ergebnisse von Horner zeigen, daß 77 Prozent der Frauen besser alleine als in einer Konkurrenzsituation arbeiten. Aber mehr als zwei Drittel der männlichen Untersuchungspersonen schnitten in einer konkurrierenden Umgebung besser ab als im Einzeleinsatz. Horner nimmt an, daß Männer Konkurrenz deshalb weniger fürchten, weil es ein Beweis ihrer Männlichkeit ist, wenn sie einen Mitstreiter überflügeln.

Der Schlüssel zum Erfolg der Frauen könnte darin liegen, die Fähigkeit des Wetteiferns mit der Sorge um die Beziehungen unter einen Hut zu bringen.

## Konkurrenz

Bisher haben wir fast nur die negative Seite der Konkurrenz betrachtet und wie sie am Arbeitsplatz zum Neid beitragen kann. Aber im Stamm des Wortes »Konkurrenz« können wir auch eine Hilfe dafür entdecken, wie sich der Neid vermeiden läßt – »con« und »currere« stammen aus dem Lateinischen und ergeben zusammengesetzt: zusammen – laufen. Und das heißt ja nichts anderes, als zusammen mit anderen zu versuchen, ein gemeinsames Ziel zu erreichen.

Wer den Maßstab für die Bewertung einer Arbeit in sich selbst sucht, indem er seine Leistung am eigenen Selbstbild oder Selbst-Ideal mißt, läuft weniger Gefahr, durch Neid behindert zu werden. Konzentriert man sich jedoch ganz auf den anderen, kann es einem so gehen wie jenem Läufer, der bei einem Rennen so sehr auf die Mitläufer achtet, daß er stolpert und hinfällt. Wenn man sich auf seinen Mitstreiter konzentriert, ist es schwerer zu gewinnen.

In einer Konkurrenzsituation sind die Partner zur gleichen Zeit ein je einzelner und miteinander verbunden. Bei einem Tennisspiel sind die Partner durch ein Netz getrennt. Dennoch spielen sie miteinander. Man kann wetteifern, ohne sich gegenseitig zu verletzen. Man kann spielen. Konkurrenzsituationen können anders sein als die, in der zwei Frauen um einen Mann kämpfen und sich gegenseitig weh tun.

Viele Frauen haben aus einer Reihe von Gründen vor dem Wettbewerb Angst. Erstens ist es nicht damenhaft. Zweitens haben sie Angst davor, sie könnten beneidet werden, wenn sie gut abschneiden. Drittens erleben sie den Wettstreit als einen Prozeß, bei dem sich einer auf Kosten des anderen bereichert. Viertens befürchten sie, einen Freund zu verlieren, wenn sie mit diesem in Konkurrenz treten. Andererseits kann der Wettbewerb dem Neid das vergiftende Element nehmen, indem er dafür sorgt, daß diese vergifteten Gefühle in einer harmloseren Art und Weise ausgedrückt werden. Wie geschieht das?

Wenn man sich klarmacht, daß man eine bestimmte Sache auch erreichen kann, und sich überlegt, wie man das anstellen muß, tritt man bereits in den Wettstreit. Bei der negativen Form des Neides macht man sich nicht klar, daß man die Qualitäten, die man bei anderen beneidet, selbst ebenfalls besitzen könnte. Im Wettstreit versucht man, sich mit seinen eigenen Fähigkeiten, die man bisher nur der beneideten Person zugeschrieben hat, auseinanderzusetzen.

Der Wettstreit gibt einem die Gelegenheit, kompetent zu werden. In einer Neidsituation bleibt man passiv, sehnsüchtig und hoffend, tut aber wenig, um seine Chancen zu verbessern. Wettbewerb bedeutet Aktivität. Er verbessert, was man hat, und ermutigt gleichzeitig den Freund, ebenfalls über sich selbst hinauszuwachsen. Das Motto dabei: »Wenn sich einer verbessert, muß der andere nicht schlechter werden.«

## 9. KAPITEL

# Der ganz normale Neid – und seine positiven Seiten

Zu lieben, ohne zu begehren, das kannst du nicht.
*W. H. Auden, »Many Happy Returns«*

Wir *können* Bedingungen schaffen, in denen wir weniger Grund für den Neid haben; wir können Wege finden, mit dem, was wir haben, gut umzugehen und bessere Ventile für unsere neidischen Gefühle zu schaffen. Wir sollten alle versuchen, auf dieses Ziel hinzuarbeiten.

Bisher haben wir hauptsächlich über das Beneidet-Werden gesprochen. Was geschieht aber, wenn man selber neidisch ist?

– Man tut sich selbst weh.

– Man ignoriert oder verbirgt seine neidischen Gefühle vor sich selbst. Man ist dann wie eine Quelle: Wenn man seine Gefühle an der einen Stelle unterdrückt, kommen sie unweigerlich an einer anderen wieder zum Vorschein.

– Man konzentriert sich auf die Außenwelt. Man glaubt, wenn man das hätte, was andere haben, würde man sich besser fühlen.

– Man macht sich selbst schlecht und ist zu selbstkritisch.

– Man redet sich ein, das, was man will, sei einem gar nicht wichtig.

– Man ist so in Ängsten, nicht genug zu bekommen, daß man das, was man wirklich braucht, auch nicht bekommt.

– Man benimmt sich wie ein Mauerblümchen.

– Man hat das Gefühl, besonders gut dran zu sein, nur weil ein anderer nett zu einem ist.

– Man hat das Gefühl, das Leben sei unfair und man selbst immer benachteiligt.

– Man hält sich zurück, seine Möglichkeiten auszuschöpfen. Man stellt sich vor, daß all das Schöne, was man selbst gerne hätte, fest mit der beneideten Person verwachsen sei.

Wenn man neidisch ist, tut man auch der beneideten Person weh. Der Neid kann uns kalt, voreingenommen, abweisend machen und dazu führen, daß man sich auch dann von der beneideten Person zurückzieht, wenn sie für einen wichtig ist. (Damit tut man dann wieder sich selbst weh.) Man kann bösartig kritisieren, klatschen und versuchen, die Leistungen des anderen schlechtzumachen oder ihn um seinen Erfolg zu bringen. Vielleicht findet man auch einen Verbündeten, der die beneidete Person ebenfalls nicht leiden kann. Da man das Gefühl hat, das, was der andere hat, stehe einem selbst zu, kann man sein Gewissen beruhigen und für sich selbst eine Rechtfertigung für Willkür, Unersättlichkeit und Plagiat finden. Man macht den anderen für das verantwortlich, was man nicht hat, und glaubt, es sei des andern Fehler, daß man sich selbst übergangen fühlt. Wenn man selbst etwas nicht haben kann, soll es auch kein anderer haben.

Man ist neidisch, weil zwischen dem, was man ist, und dem, was man glaubt sein zu müssen, ein Unterschied besteht. Aber woher kommt die Vorstellung, wer man eigentlich sein müßte? Basiert sie darauf, was die Familie, die Gesellschaft, die Geschwister, die Lehrer für einen wollten? Oder entspricht sie dem, was man wirklich selbst möchte?

Es ist die destruktive Konsequenz des Neides, daß man sich selbst und andere abwertet. Die konstruktive Konsequenz besteht darin, sich selbst und das, was man erreichen möchte, immer wieder zu befragen und zu hinterfragen. Durch eine solche Neubeurteilung lernt man es, sich selbst und die Person, die man beneidet, einzuordnen.

Eine Frau schrieb: »Das einzig Positive am Neid ist die Tatsache, daß er so offensichtlich, so stark und ein so tiefer Teil von uns selbst ist, so mächtig und vorherrschend, daß er unsere Aufmerksamkeit erregt. Das ist gut, denn wir müssen das Gefühl beim Schopf packen und seine Ursprünge feststellen. Wir müssen wissen, *wie* wir uns ändern können.«

Ehe man sich seinen Neid nicht bewußtgemacht hat, hat man auch keine Möglichkeit, sich zu verändern. Dann aber hat man diese Chance. Wenn man hört, was der Neid einem zu sagen hat, begreift man plötzlich auch die Vielfalt und Unterschiedlichkeit der menschlichen Möglichkeiten. Unabhängig davon, wie schlecht die Situation auch sein mag, in der man steckt – der Neid kann die treibende Kraft sein, sie zu ändern.

Der Neid kann einen ermutigen, das eigene Leben zu verändern.

## Der Neid verwandelt sich

*Der Wunsch zu verletzen* → *Selbsthaß* → *Ressentiment* → *Habsucht* → *Bewunderung* → *Wetteifer*

Diese Skala hilft uns, aus destruktivem Neid herauszufinden zu positiveren Formen dieses Gefühls. Die hier angeführten möglichen Formen oder Phasen, die unser Neid durchlaufen kann, werden noch lange nicht der ganzen Vielfalt von Reaktionen gerecht, die uns im Zusammenhang mit dem Neid begegnen. Sie sind nur als eine Richtlinie dafür gedacht, wie sich unser Neid langsam fruchtbar machen lassen könnte. Betrachten wir zum Beispiel Nora.

Noras neidische Mutter hatte sie dazu gebracht, ihr Baby zur Adoption freizugeben. Wer eine neidische Mutter hatte, weiß, wie schwer man daran zu tragen hat. Es war also nicht überraschend, daß Nora eine Therapie brauchte. Am Arbeitsplatz mußte Nora lernen, mit dem Neid ihrer Vorgesetzten umzugehen. Außerdem mußte sie mit ihrer Freundin Holly die »Alles-oder-Nichts-Depressionen« durchmachen.

Als Nora in die Therapie kam, war sie selbst eine sehr neidische Person, auch wenn sie das damals noch nicht selber wußte. Sie haßte ihre Freundin, war verbittert und hatte wenig Selbstwertgefühl. Ich fragte Nora: »Möchten Sie, daß es Ihnen besser geht? Oder möchten Sie sich rächen?«

## Der Wunsch zu verletzen

Nora hatte sich scheiden lassen. Nach einem Jahr voller oberflächlicher Affären wurde sie depressiv. Eine unheimliche Wut auf ihre Freundin Holly stieg in ihr auf, die mit ihrem Freund eine glückliche Beziehung zu haben schien. Gerade so, als ob ihr Liebesleben auf geheimnisvolle Art besser würde, wenn Hollys Liebesleben gestört würde, machte Nora Holly schlecht und erzählte deren Freund von Hollys früheren Liebesgeschichten.

Wer aus Neid verletzen möchte, kann das, was der andere hat, nicht ertragen. Dem anderen weh zu tun kommt einem wie die einzige Befriedigung vor.

Nora machte sich die Absurdität der Situation klar und begriff, daß es sie nicht weiterbrachte, Holly weh zu tun. Wenn sie das tat oder ihrer Freundin Böses wünschte, bekam Nora noch lange nicht, was *sie* wollte. Nora würde keinen Geliebten finden, nur weil Holly ihren verlor.

Vielleicht möchten Sie auch jemandem weh tun, nur weil er im Besitz von etwas ist, was Sie gerne hätten. Warum stellen Sie sich nicht statt dessen folgende Fragen:

– Hilft es mir wirklich, das Gewünschte zu bekommen, wenn ich der beneideten Person Schmerz zufüge?
– Geht es mir besser, wenn ich ihr weh tue?
– Zerstöre ich das, was sie besitzt, wenn ich ihr weh tue?
– Ist der Wunsch, ihr etwas anzutun, nicht eigentlich lächerlich und armselig?

## Selbsthaß

Als Nora ihren Wunsch, Holly etwas anzutun, plötzlich als lächerlich empfindet, ist der Bann gebrochen. Vorher, bei ihren Rachegedanken, war es Nora noch schlechter gegangen, denn eigentlich mag sie die Freundin. Sie konnte sich auch weniger um das bemühen, was sie gerne gehabt hätte. Sie hatte das Gefühl, noch weniger als vorher eine neue Liebe zu verdienen.

Nora hatte immer noch Haßgefühle, aber jetzt waren sie gegen sie selbst gerichtet. Sie stopfte sich voll und vermied alle Gelegenheiten, bei denen sie jemanden hätte kennenlernen können. Als Nora sah, daß sie sich selbst schadete, begriff sie auch, daß sie neidisch war. Sie versuchte, diese häßlichen Gefühle auf andere Weise loszuwerden: Sie schrieb einen giftigen Brief an Holly, schickte ihn aber nicht ab. Sie verleumdete Holly auch nicht mehr gegenüber deren Freund, sondern stellte sich statt dessen nur vor, sie spreche mit ihm. Sie beschrieb in ihrem Tagebuch die Ungerechtigkeit, daß Holly jemanden hatte, der sie liebte, und ihren Schmerz und ihre Angst, niemals jemanden zu finden, der sie so lieben würde, wie sie sich das wünschte. Wenn man seine Gefühle niederschreibt, kann man sich von dem Bedürfnis, sich selbst weh zu tun, distanzieren.

Nora wurde klar, daß sie den Schaden, den sie Holly zufügen wollte, sich selbst zufügte. Deshalb suchte sie sich andere Möglichkeiten, um ihre Haßgefühle loszuwerden. Als sie begriff, daß sie Holly beneidete, konnte sie sich selbst verzeihen, Holly zu hassen.

Wenn man feststellt, daß man sich selbstzerstörerisch benimmt, muß man Wege finden, sich selbst zu trösten und sich wieder zu akzeptieren und zu mögen:

- Man muß versuchen, mit sich selbst freundlicher zu sein.
- Man sollte sich bewußtmachen, wodurch man sich selbst verletzt, und das durch etwas ersetzen, was einem Freude macht.
- Man sollte sich Freunde suchen, die zu einem halten, einen ermutigen und einem beibringen, sich selbst zu verzeihen.

Wenn man seinen Neid akzeptieren und ihn sich verzeihen kann, ist man soweit, daß man den nächsten Schritt tun kann.

### Ressentiment

Nora spürte danach wohl noch Ressentiments, eine mildere Form des Neides als der Wunsch, sich oder dem anderen zu schaden. Nora erlaubte sich nun Bitterkeit und Groll.

In diesem Zustand unternimmt man nichts. Man fühlt sich gelähmt, in den eigenen Netzen gefangen, unfähig, das Gewünschte zu erreichen, besiegt. Man verstrickt sich in den Gedanken, wenn man nur dieses eine gewünschte Ziel erreicht hätte, wäre alles in Ordnung. Man ist überzeugt, das Gewünschte sowieso nie zu erreichen, so daß man sich gar nicht erst Mühe geben muß. Statt sein eigenes Leben zu leben, vertut man seine Zeit damit, sich zu wünschen, man könne das eines anderen leben. Man hat Mitleid mit sich selbst und macht sich ohnmächtig und hilfloser, als man in Wirklichkeit ist.

Nora fing an, ihre Vernunft einzusetzen, als sie sich fragte: »Bleibe ich in diesem Gefühl stecken, oder wird mir das Ganze bewußt genug, so daß ich einen Schritt weiterkomme?« Der nächste Schritt besteht darin, mit Hilfe der Vernunft das, was man an einer Person beneidet, von dieser Person zu trennen. Man ist nicht auf die ganze Person neidisch, sondern auf etwas, was einem selbst fehlt oder was man sich wünscht.

Nora begriff, daß sie nicht auf Hollys ganzes Leben, sondern nur auf einen Aspekt, auf Hollys Liebesbeziehung, neidisch war. Sie identifizierte das, was sie an Holly beneidete, und trennte es von Holly als einer ganzen Person.

Was auch immer man an einem Menschen beneidet – man sollte es sich ansehen und sich fragen:

– Muß ich an meinen schlechten Gefühlen wirklich festhalten?
– Beneide ich alles an dieser Person oder nur einen bestimmten Aspekt, eine Qualität, einen augenblicklichen Erfolg?
– Bin ich bereit, mit dieser Person zu tauschen, möchte ich sie sein?

Wenn man das, worauf man neidisch ist, von der Person trennen kann, kann man sich leichter auf das konzentrieren, was man erreichen möchte.

## Habsucht

Als Nora vom Ressentiment zur »Habsucht« überwechselte, stellte der Neid ein Barometer für ihren Appetit dar. Sie hörte auf, sich auf Holly zu konzentrieren, und sah sich statt dessen ihre eigenen Wünsche, ihren Hunger und ihre Sehnsüchte an.

In der Phase der Habsucht kommt man sich immer noch gierig, kleinlich und beschämt vor. Und da das Grübeln über das, was man nicht hat, Zeitverschwendung ist, suchte Nora nach einem Ausweg aus der Habsucht. Dabei dachte sie – wie auch während der Phase des Selbsthasses – über die Natur des Neides nach. Sie erinnerte sich an unsere Diskussionen darüber, daß der Neid universal, normal und endlos ist. Wenn man nicht auf dieses neidisch wäre, dann eben auf jenes.

Außerdem erzählte Nora ihrer Freundin von ihrem Neid, was das Ganze akzeptabler machte. Nora sagte zu mir: »Ich habe mit Holly gesprochen, weil sie für mich wichtig ist. Wenn sie nicht da wäre, müßte ich mit jemand anderem über meine Gefühle sprechen.« Als Holly von Noras Gefühlen gehört hatte, war sie in der Lage, ihren eigenen Neid auf Nora zuzugeben. Dadurch kamen sich die beiden Frauen näher, als sie je gewesen waren.

Nora machte sich klar, daß ihre Konzentration auf Hollys Liebe nur ein Deckmäntelchen zur Verdeckung von Noras eigenen Wünschen war. Sie begriff, daß sie sich leer fühlte und etwas suchte, was diese Leere ausfüllen könnte.

Um die Phase der »Habgier« hinter sich lassen zu können, sollte man sich auf seine Wünsche konzentrieren und sich fragen:

– Wie sehr wünsche ich mir das, worauf ich neidisch bin, wirklich?
– Ist das, was ich ersehne, erreichbar, befindet es sich innerhalb meiner Reichweite?
– Kann ich mit der Person, die ich beneide, über meine Gefühle sprechen?

Wenn man begreift, daß das, was man begehrt, das ist, was

einem fehlt, kann man sich leichter motivieren, das an einem anderen Begehrte zu bewundern oder selbst zu erreichen.

### Bewunderung

82 Prozent der befragten Frauen sahen an ihrem Neid auch etwas Positives.

Bewunderung ist keine Idealisierung. Wenn man etwas idealisiert, ist man weit entfernt von dem Idealobjekt. Wenn man etwas bewundert, beobachtet und schätzt man die guten Qualitäten, die Stärken und die Einzigartigkeit der Person, auf die man neidisch ist. Man kann den Erfolg oder die Leistungen eines anderen nicht besitzen, aber man hat teil an dieser Leistung, wenn man sie frei betrachten und schätzen kann.

Nora und ich sprachen über die Wichtigkeit der Bewunderung. »Ich konnte eine Frau an der Arbeit, die sehr direkt war, nicht leiden«, erinnerte sich Nora. »Ich pflegte immer zu sagen: ›Diese Ziege ist unheimlich aggressiv.‹ Als ich mir klarmachte, daß es Neid war, daß ich wie sie sein wollte, selbst aggressiver, lernte ich sie besser kennen und entdeckte, daß ich durchaus lernen konnte, meine Gefühle auch offener zu zeigen.«

Da der Neid zum Teil auch daher stammt, daß man nicht tief genug in sich selbst hineinschaut, erklärte ich Nora, daß sie zwei Aufgaben bewältigen mußte, um von ihrem Neid lernen zu können:

1. Sie mußte überlegen, was ihr an sich selbst gefiel. Nora sagt sich: »Okay, Holly findet sich gut. Das würde ich auch gerne. Ich erinnere mich daran, daß ich ein gutes Leben habe; erinnere mich daran, was ich habe und kann und daß ich nicht immer das tun muß, was andere tun oder von mir wollen. Manchmal erstelle ich lieber Listen über das, was mir an mir selbst gefällt, als daß ich Verbesserungswünsche aufschreibe. Ich bin für meine eigenen Fähigkeiten, mein Wesen und meine Werte dankbar. Es gefällt mir, daß ich gut mit Leuten umgehen kann, Humor habe, vital bin und mich gern draußen aufhalte.«

2. Sie mußte erforschen, woher ihr Neid kam. Der Neid ist

genaugenommen nichts anderes als eine ins Säuerliche abgewandelte Bewunderung. Wenn man jemanden bewundert, den man zuvor beneidet hat, beginnt man zu sehen, wie man zuvor im Neid das tatsächliche Bild verzerrt hat. Durch Bewunderung lernt man von seinem Neid. Viele Frauen berichteten: »Ich habe noch nie etwas von jemandem gelernt, den ich nicht wenigstens ein bißchen beneidete. Wenn ich nie neidisch gewesen wäre, hätte ich nie etwas gelernt.« Oder: »Ich komme einer Person, die das hat, was ich mir wünsche, näher. Ich versuche, sie besser kennenzulernen und oft mit ihr zusammenzusein.«

Um festzustellen, ob das, was sie sich wünscht, in ihrer Reichweite liegt, muß Nora herausfinden, worauf sie wirklich neidisch ist. Als sie sich ihren Neid auf Holly etwas genauer ansah, entdeckte sie, daß sie nicht einfach einen Freund und Sexualität suchte, sondern ganz allgemein mehr Intimität. Und das konnte sie auch selbst zu bekommen lernen.

Im Zustand der »Bewunderung« war Nora mehr mit ihren eigenen Möglichkeiten in Verbindung. Sie ging ihrem Neid nach. Sie überlegte, was ihr an ihr selbst und an Holly gefiel. Sie hatte nicht mehr das Gefühl, daß das, worauf sie neidisch war, außerhalb ihrer Reichweite lag und daß sie selbst keine guten Qualitäten besaß.

Gehen Sie Ihrem Neid nach, indem Sie sich folgende Fragen stellen:

- Wie entstand mein Neid?
- Wie und wann habe ich aufgehört, mich in bezug auf die beneidete Person gut zu fühlen?
- Bin ich auf das neidisch, was *ich* möchte, oder auf das, was andere für mich wollen?
- Wieso glaube ich, das Erstrebte könnte mein Wohlbefinden steigern?
- Habe ich Angst davor, das, was ich *selbst* habe, anzuerkennen?
- Was an mir ist gut und ganz besonders für mich charakteristisch?

Wenn man weiß, was man an sich selber schätzen kann, kann man bewundern und wetteifern.

## Wetteifer und Ansporn

Nora erzählte mir: »Jetzt ist die Person, auf die ich neidisch bin, ein Rollenmodell und nicht mehr jemand, den ich am liebsten vom Erdboden verschwinden lassen würde.« Bewunderung und Wetteifer sind eng miteinander verbunden. Man kann bei der Person, die man beneidet, etwas Gutes beobachten, sich bemühen, diese Qualität in sich selbst zu finden, sie bewundern oder wetteifern. Bewunderung verlangt weniger Initiative als der Wetteifer. Bewunderung bedeutet, etwas zu genießen und zu schätzen. Der Wetteifer ist ein aktiver Vorgang: Man muß etwas Besonderes tun, um sich selbst oder seine Situation zu ändern.

Dennoch bedeutet das Wetteifern nicht, daß man genau so wie die Person werden muß, die man beneidet. Es bedeutet vielmehr, an der eigenen Persönlichkeit zu arbeiten und die eigenen Qualitäten zu entwickeln. Wenn der Wetteifer so aussieht, daß man sein eigenes Kind, seine Geschwister, Partner, Kollegen oder Freunde ausstechen möchte, dann ist das nicht der Wetteifer, den ich meine. Wenn Nora ihre ursprüngliche Persönlichkeit, ihre eigenen, individuellen Qualitäten in der Hoffnung aufgeben würde, dann wie Holly zu werden, würde sie sich nur noch leerer und neidischer vorkommen.

Eine Frau schrieb: »Sich wenigstens zu bemühen war schon eine gewaltige Kraft, die man gegen den Neid einsetzen konnte. Der Neid hängt mit der Passivität zusammen. Er bedeutet, daß man sich selbst verbietet, etwas zu ändern oder zu bekommen.«

Wenn man mit jemandem wetteifert, bleibt die Welt noch lange nicht stehen; auch dann nicht, wenn man in dem Bestreben, etwas für sich zu erreichen, einen Fehler macht. Es gibt einen Aufkleber mit folgender Aufschrift: »Ich habe nicht versagt. Ich habe lediglich festgestellt, daß ich etwas versucht habe, was nicht geklappt hat.«

Nora lernte, daß sie die Wahl und die Chance hatte, sich zu

ändern. Sie konzentrierte sich auf ihr Selbstbewußtsein: ihre lebhafte Persönlichkeit und die Tatsache, daß sie gut mit Leuten umgehen konnte. Sie beschloß, mehr Dinge zu unternehmen, die ihr Spaß machten. Sie sah ihre Freunde häufiger und bemühte sich, neue Leute kennenzulernen.

Nora beschließt, sich um das zu bemühen, was sie haben möchte, und findet einen Weg zu ihren Zielen.

Fragen Sie sich:

– Bin ich bereit, auf etwas zu verzichten, um daran arbeiten zu können, was ich wirklich haben will?

– Bin ich bereit, den Preis zu zahlen und meine Bemühungen zu intensivieren?

– Wenn ja, was kann ich tun, um das Gewünschte oder etwas Ähnliches zu bekommen, und zwar Schritt für Schritt? Und wer kann mir dabei helfen?

– Wenn ich das, worauf ich neidisch bin, nicht bekommen kann, ist dann etwas anderes erreichbar, das mich zufriedenstellt?

Nora bemüht sich jetzt um das, was sie sich wünscht, statt ihre Freundin zu verletzen. Sie hat es während dieses mitunter schmerzhaften Prozesses, einzusehen, daß sie nicht alles haben kann, was sie gerne hätte, gelernt, sich besser um sich selbst zu kümmern. Aber natürlich gibt es nie endgültige Lösungen. Dieses Suchen und dieser Konflikt bleiben ein Leben lang bestehen. Wir fühlen uns ein Leben lang zwischen dem Gefühl, uns ändern zu müssen, und dem Bewußtsein, nun einmal so zu sein, wie wir sind, hin- und hergerissen. Nora begreift, wie komplex und gegensätzlich auch ihre Persönlichkeit ist. Es gelingt ihr mit der Zeit, auch ihre negativsten Gefühle zu akzeptieren. Auch sie gehören zu Nora.

Während der Therapie lernt sie, den Leuten gegenüber offener zu sein und sich selbst gegenüber mehr Selbstvertrauen zu entwickeln. Sie erfährt sich nun als ein Mensch, der Liebe geben und empfangen kann. Am Ende unserer Therapie war Nora auf sich stolz: »Ich benutze meinen Neid dazu, mich um das zu bemühen, was ich mir für mich wünsche. Ich akzeptiere mich. Mein Leben ist nicht das von Holly. Es ist mein eigenes.«

Nora lernte Schritt für Schritt ihre Lektion. LouAnn, eine 58jährige Ärztin, hatte früher eine Erziehung genossen, wie Nora sie erst nachholen mußte. LouAnn erzählte folgende Geschichte: »Meine Mutter hörte sich meine Probleme an und stellte mir dann Fragen. Als ich einmal von der Schule nach Hause kam und mich beklagte, daß Henrietta so viel hübscher sei als ich und daß ich sie deshalb haßte, sagte meine Mutter: ›Stimmt, Henrietta ist hübsch. Aber was verstehst du unter hübsch? Meinst du damit das Aussehen, das Verhalten?‹

Die Fragen meiner Mutter führten mich zu den Wurzeln meiner wirklichen Gefühle. Als ich sagte: ›Oh, Henrietta glaubt, daß sie toll ist‹, fragte meine Mutter: ›Und findest du nicht, daß sie toll ist?‹ Darauf antwortete ich: ›Doch, aber sie bildet sich darauf so viel ein.‹ Meine Mutter stellte weitere Fragen, und wenn sie Neid heraushörte, fragte sie mich: ›Was stört dich an ihr? Was hat sie deiner Meinung nach, was du nicht hast?‹ Ging es dabei um das Aussehen, meinte meine Mutter: ›Gut, das sind Geschenke der Natur. Du hast selbst auch welche. Mach das meiste draus!‹ Drehte sich der Neid um Talente oder ein bestimmtes Verhalten, dann sagte meine Mutter: ›Dann bemüh dich auch darum! Wenn du Fähigkeiten bewunderst, solltest du versuchen, sie auch zu entwickeln.‹«

LouAnns Mutter erlaubte ihr nicht, vor Neid zu zerfließen. Statt dessen brachte sie ihrer Tochter bei, ihre Gefühle gründlich und richtig zu hinterfragen. Wenn LouAnn heute Neid empfindet, stellt sie sich selbst Fragen, anstatt sich von ihren Gefühlen einfach mitreißen zu lassen.

## Frieden schließen mit dem Neid

### Schneewittchen kommt zurück

Da wir doch alle in mancher Beziehung wie unsere Eltern werden, bleibt noch die Frage offen, ob Schneewittchen mit dem Neid Frieden schließen oder wie die böse Stiefmutter werden wird. Würden wir das erwachsene Schneewittchen interviewen, könnte ich mir die Frage vorstellen: »Hast du es gelernt, den Neid für und nicht gegen dich arbeiten zu lassen?«

Schneewittchen könnte vielleicht antworten: »Die böse Königin hat nie gewußt, daß der Neid ihr Leben bestimmt hat. Ich dagegen hatte Zeit, in meinem Glassarg zu gesunden und über den Neid meiner Stiefmutter, der mich fast mein Leben gekostet hat, nachzudenken. Als ich meinen Sarg verließ, wußte ich, daß ich von meinen Helfern, den Zwergen, umhegt worden war. Ich hatte mich verändert. Ich war reif für die Ehe, für eine wirkliche Verbindung des männlichen und weiblichen Teils in mir. Ich tat, was ich tun mußte; ich tötete das Teuflische der bösen Königin. Ich hatte den Mut, dem Neid entgegenzutreten und mir selbst ein Leben zu gestatten, in dem ich mich selbst und andere wertschätze.«

Wenn man sich den Neid bewußtgemacht hat, ist man frei genug, um sich zu verändern. Wenn man von seinem Neid lernt, begreift man ihn als etwas, was allen Menschen gemeinsam ist. Man ist dann freier, das Leben zu führen, das man wirklich möchte, und den Neid als eine Herausforderung an sich selbst zu betrachten, sich um mehr zu bemühen. Wenn man das, was man selbst hat, würdigen kann, wie gering es auch sein mag, hat man eine bessere Chance, den Neid in Liebe umzuwandeln. Wenn man begreift, daß der andere unter ähnlich düsteren Gefühlen leidet, kann man sich der Person, die man beneidet, viel eher zuwenden, als daß man sie oder sich selbst zu verletzen versucht. Denken wir zum Schluß an den heiligen Augustinus, der einmal sagte: »Wenn du liebst, bist du nicht jemand, der nichts hat.«

# Anmerkungen

*1. Kapitel*

Seite 12: *der Jäger.* Bruno Bettelheim sagt in seinem Buch *Kinder brauchen Märchen*, S. 236–238, die meisten Kinder hätten Angst davor, von Tieren aufgefressen zu werden, weshalb sie unbewußt den Jäger als Beschützer auffassen. Das Kind hoffe, der Vater-Jäger könne bedrohliche Tiere verscheuchen. Bettelheim vertritt zudem die Ansicht, der Jäger sei wie ein schwacher Vater, der versuche, seine Frau und sein Kind zu beschwichtigen.

Seite 14: *Geschenke der Stiefmutter.* In *Kinder brauchen Märchen*, S. 243, spricht Bettelheim von Schneewittchens Unfähigkeit, den Verführungskünsten der Stiefmutter zu widerstehen, weil diese mit ihren Angeboten Schneewittchens inneres Bedürfnis nach Reifung in der Adoleszenz anspricht.

Seite 15: *Sarg.* Auf Seite 247 in *Kinder brauchen Märchen* schildert Bettelheim Schneewittchens Schlaf im Sarg als eine Periode, »in der ein neuer Zustand ausgetragen wird«; diese Wachstumsphase ist notwendig, damit Schneewittchen eine intime Beziehung zu einem Partner eingehen kann.

Seite 18: *narzißtische Mutter.* Das Kind einer narzißtischen Mutter lernt, nicht zuviel Trauer zu äußern; werden die Klagen des Kindes vernommen, sofern sie überhaupt gehört werden, so werden sie bloß als Störung wahrgenommen. Laut der Psychoanalytikerin Alice Miller in *Das Drama des begabten Kindes* fällt es Patienten, deren Mutter wie die böse Königin äußerst egozentrisch war, selbst noch nach Jahren der Therapie schwer, über ihre Depressionen zu reden oder sie zuzulassen.

Seite 18: *Spiegeln.* In *Die Heilung des Selbst* sagt Heinz Kohut, daß die Mutter, indem sie das Kleinkind angemessen spiegelt, das Fundament für die Entwicklung von Zielvorstellungen und Ambitionen legt.

Seite 18: Auf Seite 59–60 in *Das Drama des begabten Kindes* vertritt Alice Miller folgende Meinung: Projiziert die Mutter ihre eigenen Ängste und die »Pläne, die sie für das Kind schmiedet«, auf das Kind, statt es in seiner Einmaligkeit wahrzunehmen, so »findet das Kind im Antlitz der Mutter nicht sich selbst, sondern die Not der Mutter«.

Seite 19: *neidische Mutter.* Auf Seite 30 in *Kiss Sleeping Beauty Good-bye* sagt Madonna Kolbenschlag, daß das Bild von der »schlechten« Mutter sich aus dem der »guten« Mutter entwickle.

Seite 23: *der gläserne Sarg.* In *Das Weibliche im Märchen* spricht Marie-Louise von Franz über das Glasmotiv im Märchen. Glas, sagt sie, sei eine Metapher für den Zustand des teilweisen Abgeschnittenseins, und zwar von den eigenen Gefühlen, nicht vom Verstand. Die Menschen könnten in diesem Fall ein Problem zwar wahrnehmen, aber sie könnten es nicht »fühlen«.

Seite 23: *die eigene stille Ecke*. In *Das Drama des begabten Kindes* sagt Alice Miller, das Kind einer narzißtischen Mutter könne so lange nicht wissen, wer es sei, bis es von der Mutter unabhängig geworden ist. Schneewittchen mußte sich eine Zeitlang auf sich selbst konzentrieren, damit es lernte, selbständig zu werden.

Seite 23: *Schlaf*. Auf Seite 248 in *Kinder brauchen Märchen* erklärt Bruno Bettelheim, daß die Heldenfiguren im Märchen oft in einen tiefen Schlaf fallen. »Jedes Wiedererwachen oder jede Wiedergeburt symbolisiert die Erreichung einer höheren Stufe der Reife und des Verständnisses.«

Seite 25: *Prüfungen bestehen*. Auf Seite 147 in *Kinder brauchen Märchen* spricht Bruno Bettelheim von den Heldinnen und Helden im Märchen, die, wie Schneewittchen, die ihnen gestellten Prüfungen bestehen und dadurch ihre »Eigenpersönlichkeit« finden. Auf Seite 262 zieht Bettelheim die Schlußfolgerung, Märchen wie zum Beispiel Schneewittchen und Dornröschen würden dem Kind helfen, keine Angst vor der Passivität zu haben und sich auch nicht vor einem geruhsamen Wachstum zu fürchten, denn man müsse nicht immer etwas »tun«, um sich zu verändern.


## 2. Kapitel

Seite 27: *George P. Elliott*. Aus dem Artikel »Buried Envy« in *Harpers*, Juli 1974, S. 17.

Seite 28: *Maury Silver*. Aus dem Artikel »When Envy Strikes: How to Spot It, Ways to Cope«, in *U. S. News and World Report*. 1. November 1982, Bd. 93, S. 81.

Seite 28: *Joyce Brothers*. Joyce Brothers schrieb dies in »That Green-Eyed Monster – and What to Do About Him!« *Good Housekeeping*, August 1969, Bd. 169, S. 46.

Seite 28: *Sind Sie vielleicht neidisch?* Folgende Quellen waren für mich bei der Abfassung dieser Passage von Nutzen. Mary Williams umschreibt in ihrem Artikel »Success and Failure in Analysis. Primary Envy and the Fate of the Good« im *Journal of Analytical Psychology*, 1972, Bd. 17, Nr. 1, S. 17, Neid als den Schmerz, den man angesichts des Erfolgs eines anderen Menschen empfindet. In *U. S. News and World Report* (1. November 1982), S. 81 beschreibt Maury Silver Neid als ein Laster, das darauf zurückzuführen ist, daß Menschen sich durch den Erfolg anderer erniedrigt fühlen – jenen Erfolg, den sie sich selbst wünschten. In »Coping with Envy«, *Cosmopolitan*, Juli 1980, S. 213, sagt Suzanne McNear, Frauen seien auf Menschen neidisch, die das Leben führten, das sie ihrer Meinung nach *selbst* führen sollten. Auch Hal Sampson vertrat mir gegenüber die Meinung, neidische Menschen würden gewöhnlich Ansprüche stellen. In »A Critical Review of the Status of the Envy Concept«, *International Journal of Psychoanalysis*, 1969, Bd. 50, S. 543, geht Walter G. Joffe davon aus, daß die Diskrepanz zwischen der Wahrnehmung des Selbst und der Vorstellung vom idealen Selbst ein entscheidender Aspekt dessen sei, was Neid verursache. In *U. S. News and World Report* spricht Maury Silver (wie beinahe alle anderen Autoren, die Theorien über den Neid aufstellen) vom Bedürfnis des neidischen Menschen, das Objekt seines Neides zu verletzen und herabzuwürdigen. Judith Hubback teilt uns in »Envy and the Shadow« im *Journal of Analytical Psychology*, Bd. 17, Nr. 2, S. 153, mit, daß, nachdem es wiederholt nicht gelungen ist, das zu bekommen, was man sich wünscht, der Neid mit Haßgefühlen und Zerstörungswünschen durchsetzt wird.

Seite 29: Philip M. Spielman, M. D., weist in »Envy and Jealousy: An Attempt at Clarification«, *Psychoanalytic Quarterly*, Januar 1971, Bd. 40, Nr. 1, S. 60–61, auf den Wunsch des neidischen Menschen hin, dem anderen den Gegenstand, den er beneidet, zu rauben.

Seite 29: *Anaïs Nin.* Die amerikanische Schriftstellerin und Tagebuchverfasserin Anaïs Nin wird in *A Woman's Notebook, III*, herausgegeben von Amy Shapiro, zitiert.

Seite 31: *die Neid-Skala.* Die Lektüre von Philip M. Spielmans umfassendem und erhellendem Artikel »Envy and Jealousy: An Attempt at Clarification« brachte mich auf den Gedanken, eine Neid-Skala zu entwickeln. Ich möchte ihm an dieser Stelle meinen Dank aussprechen.

Seite 32: *Bewunderung.* Steven Frankel und Ivan Sherick weisen uns in »Observations on the Development of Normal Envy«, *The Psychoanalytic Study of the Child*, 1977, Bd. 32, S. 257–281, darauf hin, daß bei der Entwicklung der Persönlichkeit der Neid als Motiv für Introjektion und Identifikation eine Rolle spielt.

Seite 34: *primäres Wollen.* In »Envy and the Shadow«, *Journal of Analytical Psychology*, 1972, Bd. 17, Nr. 2, S. 163, schildert Judith Hubback den hungernden, verlangenden Aspekt des Neides als wesentlichen Bestandteil der normalen Persönlichkeitsentwicklung.

Seite 35: *Eifersucht.* George Foster in »The Anatomy of Envy: A Study in Symbolic Behavior«, S. 167–168; Peter Titelman in »A Phenomenological Comparison Between Envy and Jealousy«, S. 194; Philip Spielman in »Envy and Jealousy, An Attempt at Clarification«, S. 59; und Harry S. Sullivan in *Die Interpersonale Theorie der Psychiatrie*; diese Autoren erörtern den Unterschied zwischen Neid und Eifersucht.

Seite 35: *der Neid des Säuglings.* Melanie Klein. *Envy and Gratitude and Other Works 1946–1963*, New York, Delacorte Press, 1975.

Seite 39: *Kritisieren.* In »The Perception of Envy«, *Social Psychology Quarterly*, Juni 1978, Bd. 41, Nr. 2, S. 108–109, vertreten Maury Silver und John Sabini die Meinung, das Bedürfnis, den Menschen, den man beneidet, abzuwerten, sei ein Selbstschutzmechanismus.

Seite 39: *unechtes Lob.* Meine freie Wiedergabe von Harry Stevens Ausführungen stammt aus »Thy Neighbor's Life«, in *Esquire*, Juli 1980, S. 17.

Seite 41: *Projektion.* Judith Viorst hat mir mit ihrem humorvollen Artikel »Envy Feels Awful«, *Redbook*, Dezember 1983, Bd. 162, S. 26(2), den Ausgangspunkt für diese Geschichte geliefert.

Seite 44: *der Teufelskreis des Neides*. Suzanne McNear schildert uns diese uns allen vertraute Geschichte vom Neid in ihrem im *Cosmopolitan* veröffentlichten Artikel »Coping with Envy«, S. 237.

Seite 45: *Neid gibt es überall*. Die meisten Theoretiker des Neides weisen auf den universellen Charakter des Neides hin. Zwei besonders zu erwähnende Quellen sind: George Foster in »The Anatomy of Envy: A Study in Symbolic Behavior«, *Current Anthropology*, S. 165–202, und Helmut Schoeck in *Der Neid. Die Urgeschichte des Bösen*.

Seite 47: *Kleinkinder und der Neid*. Melanie Klein, *Envy and Gratitude and Other Works 1946–1963*.

Ann und Barry Ulanov in *Cinderella and Her Sisters: Envied and the Envying*, S. 43, erwähnen Kohut, Winnicott und Farber als Vertreter jener Theorie, wonach der Neid beim Kleinkind nicht schon von Geburt an vorhanden ist, sondern auf eine frühe Zerrüttung der Beziehung zwischen Mutter und Kind zurückzuführen ist.

In »A Critical Review of the Status of the Envy Concept« im *International Journal of Psychoanalysis*, S. 540, sagt Walter G. Joffe, entwicklungsgeschichtlich betrachtet, tauche der Neid auf, nachdem das Kind die Fähigkeit entwickelt habe, sich in der Phantasie vorzustellen, was geschehen würde, wenn es das bekäme, was es sich wünscht.

Seite 48: *das ideale Selbst*. In »A Critical Review of the Status of the Envy Concept«, S. 543, erklärt Walter Joffe, der Neid sei eine Folge der Diskrepanz zwischen unserem tatsächlichen Selbst und unserem Wunsch-Selbst.

Seite 49: *Spiegeln*. Folgende Quellen waren mir bei der Formulierung meiner Gedanken in diesem Abschnitt über das Spiegeln hilfreich, und ich möchte mich bei den Autoren bedanken. In *Das Drama des begabten Kindes*, S. 63 ff., liefert Alice Miller eine erhellende und verständliche Analyse der narzißtischen Mutter. Auf S. 59 ff. spürt sie der Frage nach, welche Gefühle ein Kind, das angemessen gespiegelt wird, für seine Eltern empfindet. Sie spricht zudem von den Müttern, die ihr Kind nicht genügend zu spiegeln vermögen. Eine solche Mutter sucht bei ihrem Kind, das von ihr abhängig und folglich ziemlich wehrlos ist, das, was ihr selbst fehlt. Heinz Kohut liefert in *Die Heilung des Selbst* eine vortreffliche Analyse der Bedeutung der Spiegelfunktion für die Entwicklung des Kindes.

Seite 51: *sich überlegen fühlen*. In *Clinical Studies in Psychiatry* (S. W. Perry et al., Hrsg.) hält Harry S. Sullivan auf S. 130 fest, daß neidischen Menschen in ihrer Kindheit häufig ein irrationales und übersteigertes Bild ihrer selbst vermittelt worden ist.

## 3. Kapitel

Seite 54: *Abbau der sozialen Schranken*. In *Der Neid. Die Urgeschichte des Bösen* erörtert Helmut Schoeck die Bedeutung der Wechselwirkung zwischen dem Abbau der sozialen Schranken und dem Neid: Mit zunehmender sozialer Nähe gibt es auch mehr Möglichkeiten, neidisch zu sein. Wir sind eher neidisch auf das, was im Bereich unserer Möglichkeiten liegt.

Seite 54: *die begrenzten Annehmlichkeiten.* In »The Anatomy of Envy: A Study in Symbolic Behavior«, *Current Anthropology,* 1972, S. 168, erörtert George Foster das Konzept der »begrenzten Annehmlichkeiten«. Er erklärt, daß in den sogenannten beraubten Gesellschaften, die auf der Vorstellung der begrenzten Annehmlichkeiten fußen, Neid häufiger vorkommt. In diesen Gesellschaften sei das Leben wie ein Spiel, bei dem der Vorteil des einen Spielers auf Kosten des anderen Spielers gehe ... einige Menschen arm seien, andere nicht ... der Wohlstand und die Macht derer, die über vieles verfügten, für die, die nur wenig hätten, gut sichtbar sei und bei ihnen Groll auslöse.

Seite 55: *Segregation.* In »The Anatomy of Envy: A Study in Symbolic Behavior«, S. 185, erörtert George Foster das Konzept der *Abkapselung,* ein Mittel, mit dem Subgesellschaften erzeugt werden, deren Mitglieder im Idealfall denselben Zugang zu dem haben, was im Leben als erstrebenswert gilt. Foster vertritt die Ansicht, wo Abkapselung betrieben werde, herrsche weniger Neid, da der Mensch, der weniger habe, nicht erwarte, er werde jemals soviel erreichen können wie der Mensch, der mehr habe.

Seite 55: *Konsumgesellschaft.* In *Das Zeitalter des Narzißmus* bemerkt Christopher Lasch, die heute vorherrschende Leidenschaft sei das auf den Augenblick ausgerichtete Leben, das Leben für sich selbst.

Seite 56: *unrealistische Erwartungen.* In *Das Zeitalter des Narzißmus* rückt Christopher Lasch jene Probleme einer Gesellschaft in den Vordergrund, deren Mitglieder übersteigerte und unrealistische Ansprüche an sich selbst stellen.

Seite 58: *gesellschaftliche Schutzmechanismen gegen den Neid.* Für einen Großteil der nachfolgenden Informationen über das Kompliment, die Angst vor dem Lob und über den bösen Blick möchte ich mich bei George Foster, »The Anatomy of Envy: A Study in Symbolic Behavior« und bei Clarence Maloney (Hrsg.), *The Evil Eye* bedanken.

Völker, die Angst vor Komplimenten haben, finden wir im Nahen Osten, in der Türkei, in Irland, in Italien, in Indien, in Mexiko und den anderen Staaten Lateinamerikas, in Griechenland, in Tunesien, in Äthiopien und in Teilen Südasiens.

In *The Evil Eye,* S. 135, erwähnt Clarence Maloney, daß es für indische Eltern aufgrund ihrer Kultur unannehmbar sei, ihre Kinder zu loben, wie dies zum Beispiel amerikanische Eltern tun.

In »The Anatomy of Envy«, S. 135, teilt uns George Foster mit, daß in der nicht-westlichen Welt Komplimente – die, quantitativ betrachtet, weitaus häufiger gemacht werden als in den Vereinigten Staaten – üblicherweise nicht geschätzt werden. In Mexiko (Foster machte im Dorf Tzintzuntzan Studien) fühle sich ein Mensch, dem man ein Kompliment über sein Aussehen mache, höchst unbehaglich und versichere beispielsweise dem Gesprächspartner, das Äußere trüge, letzte Woche habe er nämlich auf der Schwelle zum Tode gestanden.

Völker, die vor dem bösen Blick Angst haben, finden sich im Nahen Osten, im Mittelmeerraum, in Südasien, in Nordeuropa und überall in Nordafrika; auch in den Vereinigten Staaten sind solche ethnische Gruppen anzutreffen, wie zum Beispiel die italienischen, spanischen, jüdischen und slawischen Einwanderer.

Für weitere Informationen über den bösen Blick möchte ich auf *The Evil Eye* von Clarence Maloney (Hrsg.) verweisen.

Die Annahme, Menschen, die anders seien, seien auch immer neidisch, ist ein ungerechter Vorwurf, der nur zur realen Unterdrückung jener führt, die ohnehin vieles aushalten müssen. Ich danke Matt Holdreth für die sorgfältige Überprüfung dieses Materials.

In »The Anatomy of Envy: A Study in Symbolic Behavior«, S. 183, berichtet George Foster, einige Völker würden das Niesen als Verlust der Seele auffassen, was, falls die Seele nicht zurückkehre, zum Tod führen könne. In anderen Gesellschaften werde das Niesen realistischer als erste Warnung vor einer Krankheit betrachtet, die vielleicht durch schwarze Magie oder Neid verursacht worden sei. Wünsche man dem Niesenden Gesundheit, sei dies folglich als elementare Vorbeugungsmaßnahme zu betrachten, mit der die Hoffnung geäußert werde, der Niesende bleibe gesund. Foster führt noch ein weiteres Beispiel an, wie man sich gegen Neid schützen kann – die Ansichtskarte des Reisenden, der seine Reise symbolisch mit den Zurückgebliebenen teilt, indem er ihnen ungefähr die Botschaft vermittelt: »Hier ist's wunderbar, wünsche, ihr wärt hier!«

Seite 64: *Geschenke machen.* In »The Anatomy of Envy: A Study in Symbolic Behavior« weist George Foster darauf hin, auf welch vielfältige Weise wir uns vor dem Beneidetwerden zu schützen versuchen. Die Art und Weise, wie George Foster das Verhalten interpretiert, ist natürlich nur eine von vielen Deutungsmöglichkeiten. Seine Abhandlung enthält 14 Seiten Widerlegungen seitens namhafter Anthropologen. All jene, die sich eingehender mit diesem Thema auseinandersetzen möchten, seien auf Fosters Abhandlung und die erwähnten Widerlegungen verwiesen.

Seite 64: *das Schneewittchen-Syndrom.* Die alten Griechen fürchteten die *hybris*, den Hochmut; nach ihrer Auffassung durfte der Mensch die ihm von den Göttern gesetzten Grenzen nicht überschreiten. Die Angst vor der Hybris wirkte als die stärkste Abschreckung gegen Überheblichkeit und gegen das Beneidetwerden. Als alter Grieche oder alte Griechin hätte niemand von dem Wunsch, mehr als ein Gott zu sein. Der Blitzschlag trifft den Berggipfel, oder mit anderen Worten, wenn man herausragt, trifft es einen. Daher führt der sichere Weg über Mittelmäßigkeit und Durchschnitt.

Seite 65: *männlicher Chauvinismus.* In »Some Dynamics of Male Chauvinism«, *General Psychiatry,* Januar 1976, Bd. 33, S. 63, erörtert Sherwyn M. Woods die Etymologie des Begriffs Chauvinismus.

In ihrem Artikel »Early Origins of Envy and the Devaluation of Women: Implications for Sex Role Stereotype«, *Bulletin of the Menninger Clinic,* November 1974, erörtert Harriet Lerner die Klischeevorstellung des Mannes von der Frau, die darin besteht, daß er als Erwachsener die Rolle des bedürftigen und von der Mutter abhängigen kleinen Jungen, der er einmal war, auf die Frau überträgt. Würde der kleine Junge König werden, er würde seine kindlichen Wünsche nach Macht mit dem Satz »Niemand ist mir überlegen« ausdrücken. Viele Klischeevorstellungen von männlich und weiblich rühren denn auch vom Neid des kleinen Jungen auf die Macht, die seine Mutter über ihn hat, sowie von seinem sich daraus ergebenden Bedürfnis, sie abzuwerten, her. Gemäß diesen stereotypen Vorstellungen ist die Frau passiv, abwartend, weniger aggressiv, weniger intelligent, schwach und kindisch. Nach Ansicht von Harriet Lerner entspricht dieses Bild von der Frau im Grunde dem, was der kleine Junge fühlte, als er noch von der Mutter abhängig war. Das Bild vom Mann – Aggressivität, Intelligenz, Macht, Kraft – entspricht der Art, wie der kleine Junge seine Mutter erlebte. Wenn er diese Eigenschaften übernimmt (das kleine Mädchen identifiziert sich mit dem Bild von der hilflosen Frau), so fühlt sich der Junge später als erwachsener Mann nicht mehr unterlegen.

Seite 66: *der Neid des Mannes.* Für die folgenden Abschnitte schulde ich Wolfgang Lederer meinen Dank, und zwar für sein hervorragendes Werk *Fear of Women.* Seine Nachforschungen in bezug auf die Entwicklungsgeschichte des Neides des Mannes auf die Frau waren für meine Ausführungen von unschätzbarem Wert. Sein Buch ist sehr gut dokumentiert, faszinierend und äußerst informativ.

Seite 67: *Angst vor der Vagina.* In *Die Symbolischen Wunden. Pubertätsriten und der Neid des Mannes* äußert Bruno Bettelheim die Ansicht, die genitale Sexualität könnte akzeptabler werden, wenn die Menstruation nicht mehr als entkräftend, sondern vielmehr als Quelle außergewöhnlicher magischer Kräfte betrachtet würde.

In *Fear of Women*, S. 45, sagt Wolfgang Lederer, daß nordamerikanische Indianerstämme, die Jicarilla-Apachen Neu-Mexikos und einige Stämme in Indien an die *vagina dentata* glauben.

Seite 70: *Penisneid.* In *Fear of Women* schreibt Wolfgang Lederer über den Neid des Mannes auf die Macht der Frau. Lederer stellt die Rolle des Penisneides als wichtigen Aspekt im Leben der Frau in Frage.


## 4. Kapitel

Seite 77: Ich möchte Glenna Matthews für die Information danken, die sie mir vor Erscheinen ihres Buchs *Just a Housewife* (Oxford Press, 1987) zukommen ließ; ihr Buch ist eine wichtige und bahnbrechende Abhandlung über das Los der Hausfrau.

In *Das Haus mit den sieben Giebeln* und *Der scharlachrote Buchstabe* verherrlicht Nathanael Hawthorne die Bedeutung der Hausfrau.

Seite 81: *Gelegenheiten der Mutter.* Mit ihrem Buch *Der Weiblichkeitswahn oder die Selbstbefreiung der Frau* bewirkte Betty Friedan bei vielen Frauen die Erkenntnis, daß sie sich kaum Gedanken darüber gemacht hatten, was sie anderes mit ihrem Leben anfangen sollten, als Hausfrau und Mutter zu werden.

Seite 95: *die Bienenkönigin-Mutter.* Viele Informationen, die dieser Abschnitt enthält, habe ich Ruth Moultons »The Effect of the Mother in the Success of the Daughter«, *Contemporary Psychoanalysis 1985*, Bd. 21, S. 266 und S. 269, entnommen.

Seite 96: *die Mutter als ursprüngliche Quelle.* Dieses Zitat stammt aus einem im *San Francisco Examiner* von Scott Winokur veröffentlichten Artikel über Ruth Moultons Studie über die Bienenkönigin-Mutter.

Seite 103: *Mitgefühl.* Die Definition für Mitgefühl habe ich *Origins: A Short Dictionary of Modern English* von Eric Partridge entnommen. Mitgefühl ist ein wesentlicher Bestandteil des Lebens und der Psychotherapie. Der Mensch will andere Menschen verstehen und hat ein angeborenes Bedürfnis danach, verstanden zu werden. Der Therapeut bringt dem Patienten Empathie und Verständnis entgegen, und der Patient erwidert diese Gefühle oft, indem er Mitgefühl für den Therapeuten empfindet. Dasselbe gilt für alle Beziehungen, die Raum für Wachstum und Liebe gewähren.

Seite 105: *die Gefühle der Mutter*. In *Das Drama des begabten Kindes* untersucht Alice Miller die Frage, was mit einem Kind geschieht, das sich mehr Gedanken darüber macht, was die Mutter fühlt, als über die eigenen Gefühle. Ein solches Kind entwickelt kaum die Fähigkeit, sich über seine eigenen Gefühle klarzuwerden.

## 5. Kapitel

Seite 108: *die Veränderung der Eltern*. In *The Sibling Bond*, S. 10, weisen Stephen P. Bank und Michael D. Kahn darauf hin, daß Eltern nicht ein Leben lang dieselben Menschen bleiben. Die Art und Weise, wie sie sich verändern, beeinflußt die Art und Weise, wie sie ihre verschieden alten Kinder erziehen.

Seite 114: *Geschwisterneid*. Ein Großteil der nachfolgenden Informationen über das Wesen der Beziehung zwischen Geschwistern verdanke ich Stephen P. Bank und Michael D. Kahn, *The Sibling Bond*, S. 197. Bank und Kahn sind sich dahingehend einig, daß Eltern dem älteren Kind, das seinem jüngeren Geschwister gegenüber Aggressivität äußert, Grenzen setzen müssen.

Wird ein Geschwisterchen geboren, so ist es für das ältere Kind schwierig, sich der neuen Situation anzupassen. Die Art und Weise, wie die Eltern mit dieser Anpassungsphase umgehen, beeinflußt das künftige Beziehungsverhalten der Geschwister. Bank und Kahn betrachten den »Gleichbehandlungsprozeß« als Versuch der Eltern, die Geschwisterrivalität zu verhindern. Sie weisen darauf hin, daß es unter Umständen jedoch vermehrt zu Eifersucht und Identitätsverwirrung kommt, wenn Eltern es vermeiden, das eine oder andere Kind zu bevorzugen. Die natürliche mit der Geschwisterrivalität verknüpfte Aggressivität kann den Kindern denn auch in ihrer Entwicklung von Nutzen sein. Je früher die Auseinandersetzung zwischen Geschwistern beginnt und je länger sie miteinander zu tun haben, desto intensiver wird die Geschwisterbeziehung erlebt, insbesondere, wenn sie später im Leben durch Trennung, Tod und sozialen Vergleich belastet wird. Die Geschwisterrivalität in der Freud-Familie ist, wie Bank und Kahn aufzeigen, ein extremes Beispiel für Bevorzugungen und deren Auswirkungen auf die Familie.

Seite 115: *Unzulänglichkeit*. In *Kinder brauchen Märchen*, S. 122–123, schreibt Bruno Bettelheim, daß »jedes Kind sich selbst zuzeiten als Letzten in der Familie sieht . . .«.

Seite 130: *Partnerneid*. In *Eifersucht. Die dunkle Seite der Liebe* liefert uns Nancy Friday einen sehr gut recherchierten und ausgezeichnet dokumentierten Bericht über die Intensität von Neid und Eifersucht in von Abhängigkeit geprägten Beziehungen. Unter anderem bemerkt sie, daß der Groll auf den Erfolg des anderen um so heftiger sei, je enger die Beziehung sei.

Seite 130: *Frauen, die arbeiten*. Der Mann wünscht nicht, daß seine Frau die Männerrolle übernimmt. Das verwirrt ihn. Meistens fehlt es ihm an Rollenmodellen, um die moderne Frau verstehen zu können, besonders wenn sein Vater in erster Linie für den Broterwerb verantwortlich gewesen ist. Aus Deidre S. Laiken, »When Couples Compete«, *New Woman*, März 1986, S. 38.

Seite 130: *destruktiver Neid.* Die Zitate von Nancy Friday stammen aus ihrem Buch *Eifersucht.*

Seite 138: *Teamarbeit.* Deidre S. Laiken erinnert uns in »When Couples Compete« daran, wie wichtig Teamarbeit für Paare ist, damit das Wetteifern, das heißt die »Du-hast-gewonnen-und-ich-verloren«-Haltung gemildert wird.

## 6. Kapitel

Seite 141: *Neid am Arbeitsplatz.* In *Knowing the Score,* S. 52-53, hält Betty L. Harragan fest, daß es die Arbeit und die Strukturierung des Arbeitsplatzes seien, die untersucht werden müßten. Ihrer Meinung nach sollte das Problem jedoch nicht psychologisch angegangen werden, da dies sich eher negativ auswirken könnte. Sie vertritt die Ansicht, daß ein einziger »fauler Apfel« und »unangenehmes Verhalten« zu mehr Unzufriedenheit am Arbeitsplatz führen können als die Arbeit an sich.

Seite 161: *Frauen und Macht.* In *Feminine Leadership or How to Succeed in Business Without Being One of the Boys* sagt Marilyn Loden, daß weibliche Führungskräfte stark durch persönliche Macht motiviert sind.

Seite 165: *der Neid und der Helfer.* In einem früher veröffentlichten Artikel »Fear of Envy in the Psychotherapy Relationship« habe ich folgendes erklärt: Beneidet ein Mensch aus einem helfenden Beruf seinen Patienten, so tut er sich selbst an, was der Neider anderen antun möchte. Der Helfer glaubt, er könne seinem Patienten nicht helfen, und zerstört, was er bis dahin erreicht hat. Doch nun fühlt sich der Helfer unsicher und weniger kompetent und ist somit noch weniger in der Lage, seinem Patienten zu helfen. Im Drama *Equus* von Peter Shaffer wird genau dieser Sachverhalt thematisiert. Ein Psychiater geht mit seinem Neid, den er gegenüber seinem Patienten empfindet, in der Weise um, daß er ihn gegen sich selbst richtet. Er vergleicht sich mit seinem Patienten und sagt, der Junge empfinde eine heftigere Leidenschaft, als er in seinem ganzen Leben auch nur eine Sekunde lang verspürt habe, und deswegen beneide er ihn. Zu sich selbst sagt der Psychiater, er habe sich für ein langweiliges und provinzielles Leben entschieden, weil er an Schüchternheit leide. In der Folge übersieht er all das Gute, das er für andere getan hat. Ann und Barry Ulanov behandeln in ihrem Buch *Cinderella and Her Sisters: The Envied and the Envying,* S. 77, das Problem des Neides unter Angehörigen der helfenden Berufe. Sie zitieren Dr. Harold Searles, einen bekannten Psychoanalytiker, der eine Patientin um ihre Jugend und Gesundheit beneidet. Er fühle sich im Vergleich zu seiner Patientin ungeheuer minderwertig, sei ihr sozial unterlegen und könne sich gar nicht vorstellen, auch nur im geringsten dazu beigetragen zu haben, daß es ihr besser gehe.

## 7. Kapitel

Seite 181: *Frauen und Freundschaft.* Ich möchte besonders auf das höchst informative und gut recherchierte Buch der Psychologin Lillian Rubin hinweisen: *Just Friends. The Role of Friendship in Our Lives.* Der nachfolgende Abschnitt über das Wesen der Freundschaft ist mit vielen Informationen aus ihrem Buch angereichert. Denjenigen Lesern, die sich tiefer in die Materie einlesen möchten, sei ihr Buch wärmstens empfohlen.

## 8. Kapitel

Seite 193: *Motto*. Das Zitat von Lois Wyse stammt aus *A Woman's Notebook III*, herausgegeben von Amy Shapiro.

Seite 194: *Schönheit*. Ich bin der Sprachwissenschaftlerin und Autorin Robin Lakoff für ihre persönliche Mitteilung über Frauen und Schönheit sowie für ihr äußerst informatives Buch *Face Value: The Politics of Beauty*, das sie gemeinsam mit Raquel Scherr verfaßt hat, zu Dank verpflichtet. Auch möchte ich mich bei der Schriftstellerin Mandy Aftel dafür bedanken, daß sie mich mit Robin zusammengeführt hat.

Seite 200: *Anne*. Der Kommentar zu Anne stammt aus einem Artikel von Matina S. Horner »Fail: Bright Women« in *Psychology Today*, S. 38. Die Ergebnisse der von Matina Horner getätigten Nachforschungen sind in einem ihrer Werke zusammengefaßt, »Toward an Understanding of Achievement-Related Conflicts in Women«, *Journal of Social Issues*, 1972, S. 171.

Seite 202: *anderen gefallen*. Die Beziehung zwischen dem Wunsch, andern zu gefallen, und dem Erfolg wird in Lois W. Hoffman »Early Childhood Experiences and Women's Achievement Motives«, *Journal of Social Issues*, 1972, S. 130, untersucht. Sie äußert sich zudem über das Bedürfnis der Frau nach Feedback und über die Zwiespältigkeit der Eltern hinsichtlich des Erfolgs ihrer Töchter.

Seite 202: *persönliche Maßstäbe*. Judith M. Bardwicks Ausführungen zum Thema der persönlichen Maßstäbe in bezug auf die eigenen guten Leistungen sind im 10. Kapitel ihres Buchs *The Psychology of Women: A Study of Biocultural Conflicts* zu finden.

Seite 203: *Dr. Ellen Lenney*. Die genaue Auswertung der Ergebnisse dieser Studien ist in Ellen Lenneys Artikel »Women's Self-Confidence in Achievement Settings«, *Psychological Bulletin*, Januar 1977, S. 5, enthalten.

Seite 204: *Angst vor dem Erfolg*. In »Success Anxiety in Women: A Constructivist Interpretation of Its Source and Its Significance«, *Harvard Educational Review*, Februar 1980, S. 16, sagt Georgia Sassen, die Frauen hätten hauptsächlich dann Angst vor dem Erfolg, sobald er ihre Beziehung zu anderen Menschen tangiere, und Matina Horner habe vor allem den Erfolg, der für die Wettbewerbssituationen kennzeichnend sei, untersucht und weniger das Problem des Erfolgs, wie es sich im zwischenmenschlichen Bereich stelle.
In »Toward an Understanding of Achievement-Related Conflicts in Women«, *Journal of Social Issues*, 1972, S. 158, hält Matina S. Horner fest, daß die Ergebnisse der von ihr bei Männern und Frauen durchgeführten Studien die herrschenden geschlechtsspezifischen Klischeevorstellungen bestätigen. In »Why Women Fear Success«, *New York Magazine*, 20. Dezember 1971, erläutert Matina Horner zusammen mit Vivian Gornick ihr Werk.

Seite 205: *einen Konkurrenten übertrumpfen*. Das Zitat von Matina Horner über das Übertrumpfen eines Konkurrenten ist in Lois W. Hoffman, »Early Childhood Experiences and Woman's Achievement Motives«, *Journal of Social Issues*, S. 135, enthalten. Die Ergebnisse der von Matina Horner durchgeführten Studie sind in »Fail: Bright Women«, *Psychology Today*, S. 62, zu finden.

Seite 206: *Wettbewerb und Neid.* Ich möchte mich bei der Berkeley-Psychotherapeutin Joyce P. Lindenbaum für ihre Erkenntnisse in bezug auf den Zusammenhang zwischen Wettbewerb und Neid sowie für ihre positive Beurteilung des Wettbewerbs im Rahmen von Beziehungen in »The Shattering of an Illusion: The Problem of Competition in Lesbian Relationships«, *Feminist Studies,* Frühling 1985, bedanken.

## 9. Kapitel

Seite 212: *Nora.* In persönlichen Mitteilungen haben Florence Irvine, M. D., und Jane Burka, Ph. D., auf den Gedanken von James Masterson, M. D., hingewiesen, wonach Patienten sich entscheiden müssen, ob sie gesünder werden wollen oder ob sie mit jemandem abrechnen wollen. Dieser Gedanke kommt in *The Narcissistic and Borderline Disorders: An Integrated Development Approach,* S. 188, zum Ausdruck.

# Literaturverzeichnis

Bank, Stephen P. und Michael D. Kahn, The Sibling Bond, New York, Basic Books, Inc. 1982

Bardwick, Judith, The Psychology of Women: A Study of Biocultural Conflicts, New York: Harper and Row, 1971

Bettelheim, Bruno, Die Symbolischen Wunden. Pubertätsriten und der Neid des Mannes, Fischer Taschenbuch, 1982
- Dialogue with Mother; Jealousy in the Younger Sibling. Ladies Home Journal (July, 1966)
- Kinder brauchen Märchen, Deutsche Verlags-Anstalt, 1977/dtv, 1980

Claremont de Castillejo, Irene, Die Töchter der Penelope. Elemente des Weiblichen. Walter Verlag, 3. Aufl., 1984

de Beauvoir, Simone, Das andere Geschlecht. Sitte und Sexus der Frau. rororo Sachbuch

Chesler, Phyllis, Frauen – das verrückte Geschlecht, rororo Sachbuch

Dowling, Collette, Der Cinderella-Komplex. Die heimliche Angst der Frauen vor der Unabhängigkeit, Fischer Verlag 16.–17. Tsd. 1983 / Fischer TB 1984

Eichenbaum, Luise und Orbach, Susie, Feministische Psychotherapie. Auf der Suche nach einem neuen Selbstverständnis der Frau, Kösel, 1984

Erikson, Eric, Inner and Outer Space: Reflections of Womanhood, Deadalus, Spring 1984

Farber, Leslie, Ways of the Will, New York, Basic Books, 1966

Foster, George, The Anatomy of Envy: A Study in Symbolic Behavior. Current Anthropology, 1972, 13 (2): 165–202

von Franz, Marie L., Das Weibliche im Märchen, Bonz, 1983

Frankel, Steven und Ivan Sherick, Observations on the Development of Normal Envy. The Psychoanalytic Study of the Child, 1977, 32: 257–281

Friday, Nancy, Wie meine Mutter, Goverts. 37.-41. Tsd. 1984/Fischer Taschenbuch 4. Aufl. 1984
- Eifersucht. Die dunkle Seite der Liebe, Scherz Verlag, 1986

Friedan, Betty. Der Weiblichkeitswahn oder die Selbstbefreiung der Frau, rororo Sachbuch

Gilligan, Carol, Die andere Stimme. Lebenskonflikte und Moral der Frau, Piper, 1984

Greer, Germaine, Die heimliche Kastration, Ullstein, 1984

Horner, Matina S., und M. R. Walsh, Psychological Barriers to Success in Women. In: Women and Success: The Anatomy of Achievement, New York, William Morrow, 1974

Jaffe, Daniel S., The Masculine Envy of Woman's Procreative Function. Journal of the American Psychoanalytic Association, 1968, 16. 521, 548

Joffe, Walter G., A Critical Review of the Status of the Envy Concept. International Journal of Psychoanalysis, 1969, 50 (4): 533-545

Jongeward, D. und Scott, D., Women as Winners, Addison-Wesley, 1976

Jung, Emma, Animus und Anima, Bonz, 2. Aufl. 1983

Kernberg, Otto F., Borderline-Störungen und politischer Narzißmus, Suhrkamp, 1983

Klein, Melanie, Envy and Gratitude an Other Works, 1946 – 1963. New York, Delacorte Press, 1975

Kohut, Heinz, The Analysis of the Self. New York, International Universities Press, 1971
– Die Heilung des Selbst, Suhrkamp, 1981

Kolbenschlag, Madonna, Kiss Sleeping Beauty Goodbye, New York, Bantam Books, 1979

Krueger, David W., Success and the Fear of Success in Women, New York, The Free Press, 1984

Lakoff, Robin, und Scherr, Raquel, Face Value: The Politics of Beauty, Boston, Toutledge & Kegan Paul of America Ltd., 1984

Lasch, Christopher, Das Zeitalter des Narzißmus, Bertelsmann 1982

Lederer, Wolfgang, Fear of Women, New York, Harcourt Brace Jovanovich, 1968

Loden, Marilyn, Feminine Leadership or How to Succeed in Business Without Being One of the Boys, New York, Times Books, 1985

MacLeod, Sheila, The Snow White Soliloquies, New York, Viking Press, 1970

Maloney, Clarence (Hrsg.), The Evil Eye, New York, Columbia University Press, 1976

Masterson, James F., Psychotherapie bei Borderline-Patienten, Klett-Cotta, 1980.

May, Rollo, Antwort auf die Angst. Leben mit einer verdrängten Dimension, DVA 1982 / Fischer Taschenbuch 1984

Melamed, Elissa, Mirror Mirror: The Terror of Not Being Young, New York, Linden Press / Simon & Schuster, 1983

Miller, Alice, Das Drama des begabten Kindes und die Suche nach dem wahren Selbst, Suhrkamp, 1979

Miller, Jean Baker (Hrsg.), Psychoanalysis and Women, Baltimore, Penguin Books, 1973

Quinn, Sally, We 're Going to Make You a Star, New York, Simon and Schuster, 1975

Rheingold, M. D., The Mother, Anxiety, and Death: The Catastrophic Death Complex, New York, Little, Brown and Co. 1967

Rubin, Lillian, Just Friends: The Role of Friendship in Our Lives, New York, Harper and Row, 1985

Sanford, Linda und Donovan, Mary Ellen, Women and Self-Esteem. Understanding and Improving the Way We Think and Feel About Ourselves, Garden City, Anchor Press / Doubleday, 1984

Schoeck, Helmut, Der Neid. Die Urgeschichte des Bösen, Herbig 1980 / Goldmann 1982

Schoenfeld, Eugene, Jealousy: Taming the Green-Eyed Monster, New York, Holt, Rinehart and Winston, 1979

Sexton, Anne, Transformations, Boston, Houghton Mifflin, 1971

Shainess, Natalie, Sweet Suffering: Woman as Victim, Indianapolis, Bobbs-Merrill Co., Inc., 1984

Sullivan, Harry S., Die interpersonale Theorie der Psychiatrie, Fischer 1980 / Fischer Taschenbuch 1983
- Envy and Jealousy as Precipitating Factors in the Major Mental Disorders. Clinical Studies in Psychiatry, New York, W. W. Norton, 1956

Suttie, J. D., Origins of Love and Hate, London, Paul Kegan, Trench, Trubner and Co. Ltd., 1935

Ulanov, Ann und Barry, Cinderella and Her Sisters. The Envied and the Envying, Philadelphia, Westminster Press, 1983

Webster's New World Dictionary of the American Language College Edition, World Publishing Co., 1955

Wylie, Philip, Generation of Vipers, New York, Reinhard & Co., 1942

Zipes, Jack, Breaking the Magic Spell: Radical Theories of Folk and Fairy Tales, Austin, University of Texas, 1979

Harriet Goldhor Lerner
**Wohin mit meiner Wut?**
217 Seiten, kartoniert
ISBN 3-268-00040-1

Dieses Buch geht davon aus, daß wir lernen können, unsere
Wut zum Ausgangspunkt von Veränderungen zu machen. Wir
leiden, wenn wir nicht wagen, unsere Aggressionen zu zeigen,
wir leiden aber auch, wenn wir feststellen müssen, daß unsere
Wut, wenn wir sie spontan ausleben, nichts bewirkt. In beiden
Fällen weichen wir der Notwendigkeit aus, etwas in unserem
Leben zu verändern. Wut ist nicht nur ein starkes Gefühl, sie ist
auch ein Signal. Unsere Wut kann uns sagen, daß wir gekränkt
sind, daß unsere Bedürfnisse nicht angemessen befriedigt werden, daß wir in einer Partnerschaft vielleicht zuviel von unserer
eigenen Persönlichkeit aufgeben oder daß andere zuviel für uns
tun – auf Kosten unserer ganz persönlichen Entwicklung.

Die gesellschaftliche Tradition hält – vor allem Frauen – davon ab, sich der eigenen Wut auch nur bewußt zu werden, ge-
schweige denn, ihr offen Ausdruck zu geben. »Frauen«, sagt
Harriet Lerner, »sind fähig, Beziehungen aufrechtzuerhalten,
als ob ihr Leben davon abhinge.« Entsprechend meisterhaft
sind Frauen darin, »Frieden zu bewahren«, auch wenn sie die
eigenen Aggressionen dabei unterdrücken müssen. Doch ist andererseits ein Wutausbruch noch keine Problemlösung. Im Gegenteil, er kann dazu dienen, alte Verhaltensmuster und Bezie-
hungsregeln aufs beste zu erhalten.

Mit großer Sachkenntnis begleitet die Autorin uns auf dem
schwierigen Weg, Aggressionen in der Beziehung zu erkennen,
ihren Gründen auf die Spur zu kommen und die Wut zur
fruchtbaren Veränderung des eigenen Verhaltens einzusetzen –
und dabei der Angst vor dem Neuen standzuhalten. Der Lohn
für die Auseinandersetzung mit unserer Wut kann ein klares
Bewußtsein unser selbst und eine neue, zufriedenstellendere
Form von Beziehung sein.

Kreuz Verlag

Olga Rinne
**Medea**
Das Recht auf Zorn und Eifersucht
Buchreihe »Zauber der Mythen«
148 Seiten, gebunden
ISBN 3-268-00067-3

Verliebtheit kann zum Verhängnis werden, ausgerechnet für eine ursprünglich starke Frau. Denn sie bringt ihre Fähigkeiten in eine Beziehung ein, unterstützt den geliebten Mann, ohne daß sie sich auf seine Treue verlassen kann. Zuletzt steht sie mit leeren Händen da, ihres Selbstwertes beraubt. Ein solches Schicksal hat Euripides in seinem weltbekannten Drama von Medea dargestellt, und seit ihm gilt Medea, die aus Eifersucht grausame Rache nimmt und sogar ihre eigenen Kinder tötet, als Schreckbild der Frau. Dieses sprichwörtlich finstere Frauenbild aus dem Dunkel des Vorurteils zu befreien ist das Thema der Autorin. Medea hat ein Recht auf ihren Zorn und ihre Eifersucht, weil sie um des geliebten Jasons willen ihre Heimat, ihre Stellung als Priesterin und Königin aufgab und ihm zum Goldenen Vlies von Kolchis verhalf. Jason verriet sie, als er sich einer jüngeren Frau zuwandte.

Frauen von heute, denen es ähnlich ergeht, brauchen die Emotionen von Rache und Eifersucht, um sich aus einer Bindung zu befreien und zum eigenen Selbstwert zurückzufinden.

Das Drama des Euripides personifiziert in der Gestalt der Medea einen kulturellen Konflikt: den Umbruch vom Matriarchat zum Patriarchat. Ursprünglich war Medea – »die mit dem guten Rat« – Name einer Göttin, und ihr Schicksal ist das Schicksal der Frau im Patriarchat. Ihrer Würde und segenspendenden Macht beraubt, wird sie vom Mann abhängig und zuletzt als eifersüchtige Gattin verachtet, wenn sie ihre Rechte einklagt, die sie um der Liebe willen aufgegeben hatte.

Eindringlich schildert die Autorin den Beziehungskonflikt zwischen Mann und Frau, wie er sich seit dem Drama des Euripides in Millionen Varianten immer neu wiederholt, und ermutigt die enttäuschte Frau, gleich Medea zuletzt ihre ursprüngliche Vollmacht zurückzugewinnen.

Kreuz Verlag